当代世界学术名著

·政治学系列·

欧洲自由主义的兴起

[英] 哈罗德 · J · 拉斯基（Harold J. Laski）著
[美] 约翰 · L · 斯坦利（John L. Stanley）新序
林 冈 郑忠义 译
欧阳景根 校

The Rise of European Liberalism

中国人民大学出版社
· 北京 ·

出版说明

政治学是一门古老而年轻的学科。在西方，有关政治学思想的系统研究和阐发，可追溯到古希腊时代柏拉图的《理想国》和亚里士多德的《政治学》。几乎在同一历史时期，中国也产生了十分丰富和系统的政治学思想，孔子、孟子、韩非子等一大批思想家治国理政的学说，对此后两千多年的中国政治产生了深远的影响。然而，作为一门独立的学科，政治学是 19 世纪末期在西方社会中形成的，其产生和发展的历史只有一百多年。

事实上，中国现代政治学的起步并不算晚。20 世纪初，西学东渐，政治学课程开始在国内少数大学中讲授，如果从 1905 年设立专门学习法律和政治的京师法政学堂算起，中国政治学也已有了上百年的历史，只比美国政治学的历史短二十几年。此后由于种种原因，我国的政治学学科建设和发展长期处于停滞甚至一度中断的状态。改革开放以来，我国的政治学学科建设，按照邓小平关于政治学“需要赶快补课”的意见，做了大量工作，编写出版了一批教材和学术专著，引进了一批世界各国特别是西方各国的政治学著作，培养了一批专业人才。应当说，政治学的重建工作成绩斐然。当然，在看到成绩的同时，我们也不能否认发展中的不足。与其他社会科学学科相比，特别是与邓小平提及的“法学、社会学以及世界政治的研究”相比，我国政治学的发展速度似乎更慢些，与改革开放和社会主义现代化建设的现实要求似乎还有一定的差距。中国的历史、现实和未来，都要求中国有一门成熟的政治学学科在推动中国社会全面发展中起到积极的和建设性的作用。

既然中国现代政治学是由西方传入的，那么学习、借鉴西方先进的政治学理论，并将其运用到中国问题的研究中，进而发展中国本土的政治学，是中国政治学发展的现实选择。当然，西方的理论不一定适合中国，其学术观点、理论预设等也不完全为我们所认同，但对处于相对落后的中国政治学来说，以开放的思想对待西方的理论，通过比较、鉴别、有选择地吸收，在此基础上结合中国实际进行自主创新，不失为推动中国政治学发展的一条捷径。

正是出于上述考虑，中国人民大学出版社邀请国内外政治学界的专家学者，精诚协作，组织翻译出版了这套“当代世界学术名著·政治学系列”。出版这套译丛，旨在将过去半个世纪西方政治学的经典学术著作系统地译介给中国读者，为国内政治学研究和教学提供借鉴和参考。总的来看，这套译丛具有以下几个特点：

第一，权威性。所选著作均为当今世界尤其是西方政治学界最重要、最具影响力的著作，这些著作已经得到国外学界的一致认可，并在西方主流学界被反复引用。丛书作者包括罗伯特·A·达尔、塞缪尔·P·亨廷顿、埃莉诺·奥斯特罗姆、文森特·奥斯特罗姆、安东尼·吉登斯、伊恩·夏皮罗、约瑟夫·S·奈、罗伯特·普特南……一个个政治学界耳熟能详的名字，构成了这套译丛强大的作者阵容。

第二，全面性。在过去的几十年里，国外一些政治学著作被陆续译介到中国来，但这种翻译出版不是系统性的，而是零散的。本套译丛是国内系统地、大规模地翻译出版国外政治学著作的第一次尝试，它试图涵盖政治学的主要研究领域、主要研究方法，以及不同的学术流派，包括比较政治、政治学基础理论、政治学研究方法、政治思潮、政治经济学、国际关系、政党政治、政治社会学、政治心理学等领域。

第三，前沿性。本套译丛选择了西方政治学领域很有影响的学术流派，如新制度主义、后行为主义、全球治理、公共选择理论等的著作，以期促使国内政治学专业领域的学者和学生能较为及时地了解西方政治学理论研究的最新发展。

本套译丛于 2008 年由中国人民大学出版社开始策划和组织出版，并邀请美国路易威尔大学的华世平教授担任译丛总主编，他对部分原著的推荐、译者的选择以及译丛的编辑出版工作作出了重要的贡献，我们十分感激！参与本套译丛翻译工作的译者大多是本领域的学术骨干和中青年专家，都具有政治学博士学位，并有翻译西方社会科学著作的经验。中国人民大学、北京大学、清华大学、南开大学、复旦大学等多所高校政治学系的专家学者，以及社会各界人士对本套译丛的翻译工作给予了热情关注，并提出了宝贵意见。对此，我们深表谢意！

限于水平，这套译丛的编校工作还存在些许不妥和不足之处，敬请读者不吝指正为感。

中国人民大学出版社

2012 年 5 月

导　读

哈罗德·拉斯基的职业生涯的突出之处在于他倾一生的精力写了至少 14 部著作，但很多作品都没有再版。本书是拉斯基满怀兴奋和激情论述自由主义兴起的著作，它也是在政治理论的推荐书目中少见的拉斯基的作品之一。然而，对于上一代人来讲，这本书也只有在大学图书馆里才能见到。

拉斯基名望下降的原因是他在战后社会中所坚持的左翼立场。战后政治的温和与保守主义同拉斯基写本书时所处的激进时代形成了鲜明的对比，甚至 19 世纪 60 年代的激进分子也都轻视拉斯基的作品所凭借的历史视野。拉斯基作为在政治理论中运用历史方法的倡导者，其名望受益于这种方法所阐述的道理，但也因此受累。

拉斯基第一本杰出的著作描述了维多利亚时代宗教思想的反国家主义（anti-statism）倾向，就好像这些思想具有持续的相关性。但是，随着拉斯基日益被马克思主义的方法所吸引，他越发坚定地相信，这一历史方法可以证明，政治思想，包括反国家主义，都无法超越产生它们的环境。随着拉斯基的学术思想与他自身日益明显的国家主义（statism）的政治主张相结合，他也变得广受欢迎，因为当时国家主义的观点已经成为那一时代的法则。但伴随着国家主义的衰落，他后来所付出的努力也跟他的政治主张一样变得越来越不合时宜。在此时，他既忽视了超越历史的反国家中心主义（anti-centralism）的可能性，也忽略了自己思想中所体现的历史主义的真理。

尽管拉斯基日益相信思想会随着时代的发展而消失，但他仍然被先前的残余观点困扰着，认为思想可以超越它们所处的时代而延续下去。没有什么能比这本书更好地表现出暂存性和永久性之间的紧张状态。我们能够看到，这本著作中所描述的自由主义思想的一些原则仍然同我们如影相随，而对这些原则，拉斯基也深表赞同。但是拉斯基的描述却同他的马克思主义方法论的背景相矛盾，因为后者认为自由主义同资产主义的阶级结构紧密相关，而这种结构注定要消失。事实上拉斯基认为自由主义信仰是持久存在的，而马克思式的历史主义则预言自由主义将会消失，二者之间的这种张力使本书更加富有戏剧性。此外，颇具讽刺意味的是，拉斯基的历史观念甚至强化了政治思想中的历史传统，而这种历史传统在今天依然广泛流行。

从众多对拉斯基丰富多彩的职业生涯所做的描述中，我们可以看到他长期对某些自由主义原则的坚持，例如艾萨克·克拉姆尼克（Isaac Kramnik）和巴里·希尔曼（Barry Sheerman）以卓越的才华对拉斯基进行了描述。[1]通过这些描述我们了解到，拉斯基是一颗流星，在非常年轻的时候就一举成为了政治和学术上的风云人物。他写了很多部著作和几千篇文章，这些文章虽然常常还只是未经修改的草稿，但却列举了所参考的文献来源，这都源于他那惊人的记忆力及同样令人惊讶的学识。作为一名教师，他也毫不逊色。他的演讲总是座无虚席，并且，他从前的学生在谈及他的演讲的时候，也依然兴致勃勃。他能记住学生们的名字，而且，他也广泛地影响了一大批未来的学者和世界领袖人物，包括约瑟夫·肯尼迪（Joseph Kennedy）、约翰·肯尼迪（John Kennedy）和印度后来的外交部长梅农（J. Krishna Mennon）。就算是在餐桌上或讲故事的时候，他也同样引人注目，光芒四射。拉斯基非常喜爱讲述朋友的故事，而有些故事显然是他编造出来的，或者是极度夸张的。不管怎样，在20世纪30年代之前，他已经在三大洲成为自由主义和社会主义的杰出代表人物。[2]然而，1950年他逝世时年仅57岁，此后他的大部分政治著作也逐渐地被人遗忘了。

1893年6月拉斯基出生在曼彻斯特一个颇具政治影响力的犹太人家庭。这个体质虚弱、经常因病卧床不起的男孩在书中找到了慰藉。自从他的父亲内森·拉斯基（Nathan Laski）（曼彻斯特犹太人的无冕之王）积极投身于自由主义政治活动以后，年轻的拉斯基就开始受到政治活动的熏陶。他对自己早年生活的回忆之一就是看到年轻的、崇尚自由主义的温斯顿·丘吉尔（Winston Churchill）在拉斯基父亲的家里面对着镜子练习演讲。在牛津大学，正如克拉姆尼克和希尔曼所说的"拉斯基的好斗和自信的个性"，使得他这个语言学校的局外人也可以在牛津工会（Oxford Union）的辩论中显得格外出众。

不过，在辩论方面的成功并未阻止拉斯基被吸引到较少运用言辞的政治活动当中。他不仅被女权主义所吸引（在工会的辩论中人们认为他已经同女权主义紧密相连），而且接受了工团主义（syndicalist）及其所倡导的直接行动理念。事实上，直到1920年，他仍然同情工团主义者所提出的反国家主义的立场。[3]在1914年从牛津大学毕业以后，拉斯基成为了《每日先驱报》（*Daily Herald*）的反战社论撰稿人。尽管如此，他也试图应征入伍，但因为心脏虚弱而遭到拒绝。也许，他早已预料到最终自己会因身体虚弱而被拒绝，因此他没有表现出丝毫的遗憾。拉斯基随即和他的妻子弗里达（Frida）乘船到蒙特利尔（Montreal），成为麦吉尔大学（McGill University）的历史讲师。

正是在麦吉尔大学，拉斯基结识了费利克斯·法兰克福特（Felix Frankfurter）。后者成为拉斯基的终生挚友，即使拉斯基在20世纪30年代转向了马克思主义也是如此。通过法兰克福特的关系，拉斯基得以进入哈佛。在哈佛，他令其学生和同事们刮目相看，并开始在美国政治集团的众多新秀中建立了一个由其广大仰慕者构成的崇拜网络，其中就包括庞德（Pound）、布兰代斯（Brandeis）以及同拉斯基交往甚密的《新共和国》（*New Republic*）的编辑赫伯特·克罗利（Herbert Croly)。后来，他又结识了富兰克林·罗斯福（Franklin Roosevelt）、埃莉诺·罗斯福（Eleanor Roosevelt）、爱德华·默罗（Edward R. Murrow）和马克斯·勒纳（Max Lerner），当然还有霍姆斯（Oliver Wendell Holmes），正是霍姆斯同拉斯基通信交流的观点，成为日后拉斯基作品中最具持久影响力的部分。[4]

尽管拉斯基同国家主义论者克罗利建立了朋友关系，但这位年轻的哈佛大学讲师仍然是一个反中央集权者。这可以在拉斯基的第一批著作《主权问题研究》（*Studies in the Problem of Sovereignty*）和《现代国家的权威》（*Authority in the Modern State*）中体现出来。这两本书分别在1917年和1919年由耶鲁大学出版社出版。前一本书集中论述了维多利亚宗教论战中反国家主义的因素，而后一本书则研究法国天主教反动行为的政治理论。这两本书的目的，如其所言，都力图阐述这样一个观念，即绝对的主权是一种幻想，因为几乎所有追求统一的社会秩序都必须依赖于多数人的同意。“国家”（即拉斯基所指的中央政治权威）的倡导者们，不管他们是古代的、中世纪的，还是现代的，都没有意识到，“没有哪一个社会历史时期对国家决定进行的有组织的反抗，不是根植于人们真实感受到的深切不满，在1381年时这样……在1789年也是如此”[5]。

毫无疑问这些记述都是基于史实的，而且拉斯基还明确地预言，现代主权学说将同国王神圣权力的教义一样，最终必定会消失。但是，这些消失是基于其他的先验原则，这些原则是由讲求实效的多元主义术语（一般认为最早由亚里士多德提出）表达出来的，它们不认为部分只能在整体的关系中才能被定义出来：国家“只是社会团体之一，而一个人的个性吸引他加入社会团体”。

这两本拉斯基的早期著作都坚定地为言论自由和个体反对国家权威的表达自由等自由主义原则辩护。他支持波士顿的警察罢工，批判1919年的“红色恐怖”，并由此引发了强烈的争论狂潮，其第二本书就是在这样的背景下完成的。尽管当时拉斯基广受欢迎，但也由于他在这些问题上的立场而树敌无数，而且这一点也并没有因他经常会为自己的自负深感内疚而得到任何弥补。拉斯基倾向于夸大他的朋友圈，几乎丝毫不能缓解他的自负形象。[6]然而，如果考虑到他给世人留下的这些非常真实的印象，那么，他以自我为中心的行为方式使一些熟人与他渐渐疏远，当然就不是十分令人诧异的事情了。当 1920 年拉斯基回到英国的时候，他的政见在哈佛大学的同事和监事会（Board of Overseers）中引起了震动，此时，他已经出版了三本由大学出版社出版的著作、发表了几篇重要的学术论文和很多篇评论文章，那时他才 27 岁。[7]

同拉斯基交往的大多数朋友都是非常真诚的，友情为他在伦敦政治经济学院（London School of Economics and Political Science）获得了一个职位，他在那里度过了自己的余生。[8]最初拉斯基名义上与自由党人站在一起，他的家庭支持这一政党，但他对劳埃德·乔治（Lloyd George）的机会主义越来越反感，并且随着他同西德尼·韦布（Sidney Webb）和比阿特丽斯·韦布（Beatrice Webb）的联系越来越密切，很快他就从具有反国家主义倾向的自由主义转向了费边主义和工党。到 1921 年，拉斯基已经专心致力于费边委员会的工作，不辞辛劳地制作费边主义的宣传册，其中最重要的就是在 1923 年出版的《卡尔·马克思：一篇论文》（*Karl Marx：An Essay*）。这是一部非常值得一读的作品，其对马克思主义的经济决定论作出了激烈的批评。他还在工人的教育上投入了大量的时间，在英国各地的工人团体中发表了无数的演讲，并帮助霍尔丹（Haldane）建立了英国成人教育学院（British Institute for Adult Education）。这所学校的影响力是惊人的。截止到 20 世纪 30 年代末期，根据克拉姆尼克和希尔曼的分析，87%的英国工人在他们的职业生涯中接受了英国成人教育学院某种形式的教育。[9]

工党的政治主张在拉斯基的下一部作品《政治典范》（*A Grammar of Politics*，1925）中得到了更加直接的展现。在这部作品中，他将国家描述成一种控制资本主义力量和实现机会平等的积极手段。虽然他仍认为决策应由工厂中的工人队伍来完成，但他将福利国家和某些产业的国有化视为实现这些目标的途径。此外，拉斯基继续为反对国家权力的言论自由和道德良心进行辩护，再一次反对“红色恐怖”的形势和对共产主义政党领导人的迫害——这一次是在英国。

在 1926 年大罢工之后，拉斯基出任工业法庭（Industrial Court）的仲裁人，并终其后半生一直担任这一职位。工业法庭是一个为了解决工业争端而建立起来的机构。拉斯基还写了深受欢迎的《共产主义》（*Communism*）一书，高调批判共产主义者中的宗派主义，并且规劝人们不要同他们站在一起。这本书广受赞扬（当然，共产主义者除外），并且巩固了他同工党上层已经建立的广泛联系。拉斯基已经多次被要求代表工党，作为该党的议员候选人。虽然他总是拒绝，但在 1929 年大选期间，他在三十余个选区参与工党候选人竞选活动，并为工党赢得了权力。次年，他成了重获生机的《每日先驱报》广受欢迎的每周专栏作者。这是世界上第一份一天卖出两百万份的报纸。[10]

在这一时期，拉斯基与工党的左派逐渐趋同——并且第一次跟工党领导层形成对比，因为在拉斯基看来，他们大都缺乏政治理论——但这并不意味着他已经放弃了对自由表达的坚定辩护。在 1930 年出版的《现代国家中的自由》（*Liberty in the Modern State*）一书中，拉斯基重申了这种思想。然而，1931 年 9 月麦克唐纳的背叛（Great MacDonald Betrayal）瓦解了工党政府，并建立了依然由麦克唐纳领导的“国民”联盟。在这之后，拉斯基更加坚定地站在左派的立场上。在 20 世纪 30 年代的“粉红色十年”（pink decade）期间，即马克斯·贝洛夫（Max Beloff）称之为“拉斯基时代”期间，拉斯基成为英国和美国左派的主要代言人。[11]拉斯基对已经被地方党部开除出党的麦克唐纳发动的攻击引起了巨大的争论。他认为麦克唐纳的“背叛”与乔治五世违宪操控事件的“宫廷政变”可以等同，这一背叛使拉斯基坚信，在资产阶级处于危难的时候，它将采取一切手段（甚至是违宪手段）来维护自己的权力。[12]

但是，鉴于以上这些情况，工党又该如何应对共产主义者对议会政治的奚落，而为自己辩护呢？拉斯基对这种两难困境所做的回应体现了他对社会主义和自由主义宪政原则的双重忠诚，这一回应使他更深地卷入工党政治。用他的传记作者的话来说，拉斯基所期望的是，“试图巧妙地通过议会手段，制止利用资本主义的力量发动议会外的蓄意破坏活动”[13]。这在当时看来是一件很难达到平衡的事情。他希望发生在1931年的灾难性事件能够使工党清除内部的中间派和自由派分子，为此他同斯塔福德·克里普斯（Stafford Cripps）一道成立了社会主义者联盟，宣称它的目标就是成为一个所有成员均是社会主义者的政党。

1933年，拉斯基出版了《危机中的民主》（*Democracy in Crisis*）一书。尽管这是他到那时为止最具“中央集权主义”（centralist）色彩的一本书——排斥多元主义、联邦主义和行会社会主义——但仍然体现出拉斯基的内心深处所秉持的自由主义和社会主义信念的相互冲突。一方面，他认为在社会主义革命期间，统治者不会坐视不管（本书不断重申这一主题），甚至还建议新生的社会主义政府可以诉诸紧急权力或者实施宪法专政（constitutional dictatorship）。另一方面，他认为英国的统治阶级将会赞同和平革命，并且，他还坚定地支持自由主义的议会制度。

工党内部对前一个观点的强烈反应是可想而知的。党内的温和派开始动员，抵消他们所认为的拉斯基给工党带来的窘境，因为工党的纲领仍然是凯恩斯主义和温和主义。尽管拉斯基受到工党内部各阶层的欢迎，但他还必须赢得足够的支持，以便在该党的全国执行委员会里（National Executive Council）谋得一个职位。1935年，拉斯基写了《国家的理论与实践》（*The State in Theory and Practice*）一书，在书中他公开采取了一种马克思主义的立场（尽管他并不是一个共产主义者），成为第一个敢如此行事的英国重要学者，这也表明拉斯基在工党内部正趋于边缘化。[14]他再一次声明自己对公民自由的坚定信念，并主张英国的统治阶级应该倾听理性的声音和坚持英国的传统。但他也再一次坚称，阶级斗争仍旧主宰着公共生活，只不过现在完全是用马克思主义的术语来表述这一观点的。

一年以后，即1936年，拉斯基试图在理论层面处理先前一直困扰他的左派论述的两难困境，即阐述社会主义和自由主义传统之间的关系。《欧洲自由主义的兴起》一书对自由主义思想的发展进行了历史的考察，从最初清教徒思想中的萌芽，一直到它对20世纪30年代“粉红色十年”的重大意义。然而，尽管本书以其广阔的视角和深刻的洞见令人惊奇，它的副标题“一篇解释性的论文”（An Essay in Interpretation）倒也非常贴切。它既不是一部教科书，也不是一部不容置疑的作品。事实上，此书对于英语世界的重要意义在于，它成为马克思主义者对自由主义思想的标准诠释，而拉斯基的得意门生之一麦克弗森（C. B. Macpherson），也将这一观点戏称为“占有性个人主义”（possessive individualism）政治理论。

拉斯基在本书中认为，自由主义作为一种哲学，是伴随着资本主义的兴起而产生的，因此，它的主要功能就是为商业文明中的私有制提供意识形态上的辩护。一场取消财产规则的社会主义革命也将推翻自由主义。也就是说，拉斯基以标准的马克思主义方式宣称，自由主义在为财产辩护的过程中也包含了“自我摧毁的条件”。[15]拉斯基认为在自由主义内部存在着一种经常同保护资产阶级财产相矛盾的趋向，一种进步的或主张采取社会行动的趋向，它将会通过规范财产，以强化自由的其他价值。但他也认为，绝大多数的自由主义者还没有激进到令自己的意识形态同对财产的规制保持一致。自由主义这种进步的或“社会化”的一面注定会遭到失败，因为在其历史的发展进程中，它的意识形态中“资产阶级”的一面始终占据着主导地位，并且，拉斯基还预言，这种情形还会一直持续下去。

尽管如此，拉斯基依然支持自由主义及其所派生的民主制度，尽管自由主义注定会在社会主义的大潮席卷下灰飞烟灭。事实上，本书虽然简短，但提供了关于自由主义的社会行动面向的许多丰富案例，以至于我们完全可以提出疑问：拉斯基在这样做的时候，是否削弱了他自己有关自由主义终将失败的论点。因此，尽管本书体现了他的才华，但它依然延续了拉斯基思想的暧昧态度，因为在他看来，自由主义和社会主义水火不容。

拉斯基无法在本书的四个章节中理清这些为数众多的模棱两可的思想，这就使他的马克思主义历史研究途径出现了四个相互交织的方法论问题。这种马克思主义的历史研究途径，就像第一章中列出的那样，在强调人类思想依赖于经济和阶级关系的同时，也贬低（即使并没有抹杀）了前者的独立性，而且，它还强调物质性的历史力量对思想所具有的决定性影响，而不是强调思想和具体行动的相互影响。第一，如果从这个一般基础出发，拉斯基可以继续宣称自由主义“就像所有社会哲学一样……无法超越产生它的［历史］载体”，那他又怎么能够赋予自由主义具有超越历史的特征，并赞同自由主义思想的永久贡献呢？[16]

第二，正如拉斯基在第二章中所说的那样，当17世纪自由主义“诞生”的时候，它的占据主导地位的流派是洛克式的，如果洛克主义是有产阶级的意识形态，那我们怎样解释拉斯基所论述的自由主义的激进表现方式？后者是由早于洛克的平等派提出来的，并由受到洛克影响的改良家进一步阐发的。

第三，在第三章中，拉斯基对自由主义的一场政治胜利进行了描述，它消极地抵御了18世纪“左派分子”或者社会潮流对财产权的攻击。作为一种抗议的表达方式，或者作为未来可能取得胜利的一种表现，这种社会潮流依然具有活力。但是，如此一来，对这一点他的认识是不是过于不足？也就是说，他是不是将政治理论的命运同应用这些理论的政党的命运过于紧密地联系在一起？

最后，拉斯基在结论篇中总结道，社会革命必须由自由主义以外的理论建构所激起，因为社会行动同自由主义的资产阶级本性是不相容的。但从当前或我们所知道的情形来看，他的这一命题在多大程度上是正确的呢？拉斯基是不是犯了一个基本的错误，即高估了为自由主义准备了原始基础的环境的持久影响力？还是他错误地解释了这种历史环境？或是他曲解了自由主义学说本身？还是他在这些事情上都搞错了？

尽管这部“马克思主义”的编年史可能存在上述不足，但拉斯基在书中所展现出的丰富知识，以及书中提供的大量信息，肯定使本书超出了“红色十年”（red decade）的应时之作（livre de circonstance）所具有的意义。此外，拉斯基在书中所提出的四个相关问题，精确地呈现了本书的宝贵和永恒的特性。因为他所提出的这些问题（这些问题直到今天仍是学者们辩论的内容）比他所提供的答案更加重要。现在我们就转入考察第一个问题，即一般思想的永恒特性问题。

一

拉斯基在作为导言的第一章中为自由主义下了一个基本的定义，即自由主义就是提倡世俗主义，保护少数人的权利，以及思想和质询的自由。这些都是自由主义所包含的因素，可以按照“尽管不是普遍如此，但通常情况下”这种模式加以适用，而且，拉斯基也全心全意地拥护这种适用模式。但他继续说道，因为它“总是服务于”有产者的“目标”，自由主义“总是以消极的态度对待社会行动……总是乐于保护个人创新，而不是赞许政治权力所追求的社会一致性”，“总是倾向于在自由和平等之间提出反论”。这些都是拉斯基谴责的自由主义所具有的消极特征。

在接下来的章节中，拉斯基承认自由主义具有社会行动的一面，这一社会行动的方面是因应历史条件的变化而发生的。这里，他在谈论自由主义“总是”消极地对待社会行动时，赋予了自由主义一种超越历史的特征，而这同他所强调的思想的历史性是相互矛盾的。但当他将反对社会行动归为自由主义的普遍性之后，他似乎又急切地宣称，自己热烈支持的宽容和自由原则“并不具有普遍性”。

拉斯基坚称，自由主义的历史不是一部“有意识地不懈追求”好的自由主义目标的历史。相反，他认为，这些好的目标都是在非故意和无意识下产生的副产品，它们服务于保护私有财产这一有意追求的目标。因此，当自由主义提出超越其最初狭窄财产范围的有意识的普遍性主张时，它根本无法获得成功，因为它的历史渊源已经多少给这些主张形成了致命的约束。

拉斯基没有回答以下这一可能，即自由主义者有意识地关注所有的目标，而且这种意识已经超出了自己最初所能企及的范围。拉斯基似乎想要说的是，自由主义最初的意识形态面向，即对财产的保护，可以被有意识地保留下来，因为自由主义的这一面向，已经在历史上成为现实。而自由主义很少意识到的另一个方面，即普遍论者对自由的辩护，是其无法实现的或“乌托邦”的面向。当然，像拉斯基这样的公民自由主义者不会仅仅因为普遍论者对自由的辩护无法实现，而质疑为自由辩护的正当性或呼吁。他所必须展示的是，普遍论者在狭义上（in particular）对自由主义的要求和在广义上（in general）对思想观念的要求所具有的历史影响要比这些要求背后的物质利益来得小。马克斯·韦伯（Max Weber）曾经出色地解释了清教职业伦理的形成同自由资本主义兴起之间的关系，而拉斯基正是通过批判韦伯的这一解释来论证自己的观点的。

根据拉斯基的观点，清教主义帮助了自由主义和资本主义的发展，而这是一个无意促成的结果，并非有意为之（他认为韦伯就坚持这种观点）。因此，韦伯和他的门徒犯下了一个严重的时代性错误：他们构建了一套资本主义的职业伦理，并将其追溯到宗教神学，而如果将这种神学置于实际的历史背景中加以考察的话，它与“中世纪晚期的宗教法规学者的观点完全一致”。尤其是韦伯认为，加尔文派所倡导的“神召”（calling）观念为职业伦理注入了力量，而这种观念在产生之初就与阿奎那（St. Thomas Aquinas）的思想差异不大。按照拉斯基的话来说，清教主义独特的“神召”思想在“在受到资本主义精神的影响”之前就已经存在一个半世纪之久。“到那时为止，资本主义精神对天主教徒的态度产生了根本影响，至少就跟它对清教徒的态度产生的影响一样。”（确实，即使清教徒也“不是出卖物质财富的人”。）

这样一来，清教主义与其说是一股导致资本主义产生的力量，还不如说，它与那个时代的经济巨变同时发生，并且在特定程度上，也是由这种经济巨变所造成。只是在这之后，才产生了一种新的态度，开始将失败与缺乏体面等同起来。个人利益构成了公共利益，这种观念直到后来才渗透到清教主义的思想当中。但是，如果拉斯基能够认为清教主义到后来才被资产阶级所利用，也就是说，清教主义可以根据历史上新形成的阶级利益来适应新的环境，并改变自身教义的内容，那么，为什么其他的思想就不能显示出类似的延续力量（staying power），并被那些最初并未信奉这种思想的阶级所接受呢？不管怎样，将一个狭窄的阶级基础归因于自由主义，尤其是洛克式的自由主义，拉斯基这样做是否得当？

二

在第二章中，拉斯基阐述了17世纪自由主义的具体发展。根据他的描述，在自由主义中出现了两种趋向，一种趋向带有资产阶级和财产导向，主张个人主义，相信有限国家；另一种则带有激进、实验性、乌托邦、普遍主义和国家主义倾向，并不"总是"敌视社会行动。尽管拉斯基在本章中比在第一章中更加大张旗鼓地描述了激进倾向，但他坚持认为这种激进倾向始终"处于主流之外"，因此它已经超出了洛克的思想范围。拉斯基恰当地认为，洛克已经为"下两个世纪的自由主义学说勾画出了基本轮廓"。"左派"或者是社会自由主义被边缘化了，因为它在政治上已经落败于洛克谨慎的保护财产的理论，这种理论的历史根基已经牢固地扎根于那个时代之中。

拉斯基认为，既然洛克学说的最初目的就是保护财产所有者，这就和《政府论》（下篇）出版之前长达数代人之久的革命时期中存在的更为激进的思想潮流有着明显不同。因此，拉斯基希望将洛克从英国平等派（Levellers）的左翼阵营中分离出来。这些左翼人士在失败的社会革命中提出了更加广泛和平等的要求。英国的平等派普遍建议，应由一个积极的国家救助穷人，这"暗示着无产阶级意识形态的产生"——这是一种更加适合19世纪而不是17世纪的意识形态。与此相反，洛克更好地代表了拉斯基所谓的当时人们的"心境"："理性主义、信仰自由、宪制政府、保守中庸"。洛克对生命、自由和财产的辩护，以及他提出建立有限政府以保护这些权利的理论，还有他所主张的个人主义人类观和劳动义务思想，这一切都“为上升中的中产阶级提供了他们正在寻找的思想观念”。因此，洛克为自由辩护的理论并非是为没有财产的劳动者服务，这与激进的平等派的思想规划截然不同。

但是，如果自由主义是有产阶级的意识形态，且来源于有深厚历史根源的现实，那么拉斯基又怎能说洛克主义“在洛克提出时尚属于不切实际的空想”呢？对自由主义进行这样一种“乌托邦式”的描述，需要更高程度地独立于自由主义所赖以产生的历史力量之外——尤其是在这一理论的成长和成熟时期。事实上，拉斯基有关洛克的政治理论对地主、农场主、商人和店主有利的观点得到了他称之为洛克哲学的“宽松目标”（loose ends）的补充。正如他所提到的那样，洛克的理论产生了后来的贝克莱（Berkeley）的理想主义、休谟（Hume）的怀疑主义、康德的绝对律令和“游离于主流之外”的左派思潮：马克思的劳动理论，戈德温（Godwin）的无政府主义，以及各种激进分子、乌托邦主义者和那些并不是“有意鼓吹”自由主义的改革者的思想。[17]这对于一个人（指洛克）来说，堪称表现不俗。拉斯基曾将洛克的政治理论描述为“简直就是这样一份契约，它由一群构成有限责任公司的商人签订。这一公司的合作备忘录禁止其董事那些……使斯图亚特王朝背上罪名的行为”。[18]

正如我们所注意的那样，不管拉斯基的描述有多么晦涩，但还是激发了随后的广泛争论。既然拉斯基大体上指出了自由主义的两种趋向（虽然他并没有果断地表明自己更加信任这两种趋向中的哪一个），这也就有助于打开未来学者的观察视角，使他们可以看到自由主义思潮中更激进的方向，特别是对洛克式的自由主义而言，更是如此。一方面，拉斯基本人对洛克的“有限责任公司”所做的解释，在拉斯基逝世10年后，由他的学生麦克弗森更精确地阐述出来。麦克弗森撰写了《占有性个人主义的政治理论》（*The Political Theory of Possessive Individualism*）一书，这本书对洛克进行了标准的马克思主义阐释。在一代人之后，尼尔·伍德（Neal Wood）进一步明确了这本书的观点。事实上，麦克弗森比拉斯基更加强调平等派的财产所有观念。[19]

另一方面，当前一些学者认为，在洛克和极端平等派的纲领之间存在更为紧密的联系，而这是拉斯基所不愿认同的。针对拉斯基、伍德和麦克弗森所阐释的洛克的资产阶级属性而提出最主要批判的是理查德·阿什克拉夫特（Richard Ashcraft），他也是马克思主义者，并且是政治理论中历史学派的有力倡导者。在其著作《革命政治和洛克的政府二论》（*Revolutionary Politics and Locke's Two Treatises of Government*）中，阿什克拉夫特同意拉斯基的观点，认为洛克理论是历史特定利益在思想上的反映。[20] 他也认为极端平等派是社会主义者和平等主义者，这与拉斯基一致，却与麦克弗森不同。然而，他与拉斯基和麦克弗森都不同的是如何看待洛克的激进主义。洛克与沙夫特伯里（Shaftbury）和以前的平等派保持着密切的联系，而有些平等派人士已经提出工人应该享有普选权利。为此，阿什克拉夫特把洛克的《政府论》（下篇）描绘成一部激进的道德平等主义宣言，它支持平等派所提出的所有人的生存权利主张，而不是只维护资产阶级财产。[21]

大卫·伍顿（David Wootton）最近对阿什克拉夫特的观点提出了挑战，他认为洛克比后者所认为的要保守得多。[22] 事实上，阿什克拉夫特承认，洛克在对社会和经济不平等进行辩护时是保守的，并且，这种承认至少朝着拉斯基的观点迈进了一步。拉斯基认为，自由主义对政治平等的捍卫同它为经济不平等所做的辩护之间存在着矛盾。可以肯定的是，洛克认为从民众那里圈占土地是正当的。无论如何，阿什克拉夫特的著作看来是他的更大研究项目的一部分，该项目试图调和自由主义和社会主义的矛盾。这跟拉斯基是不一样的。拉斯基自己的著作同样充斥着这种在洛克时代和以后一个世纪中随处可见的自由主义内部的左派潮流。

三

在关于启蒙运动的章节中，拉斯基认为法国在 18 世纪期间是自由主义的创新中心。在英国，自由主义的理论建构不过是为财产的辩护进行的一场清理场地的工作，缺乏原创性，因为在英国，中产阶级和资本主义已经建立起来并日益稳固。[23]根据拉斯基对18世纪所做的丰富而复杂的描述，在亚当·斯密（Adam Smith）为支持自由贸易进行辩护和——具有讽刺意味的——伯克（Edmund Burke）从保守主义的视角对财产进行辩护的过程中，英国的自由主义思想已经走向了巅峰。

拉斯基用了相当巨大的篇幅来描述亚当·斯密，这同他在描述其他关键人物（包括洛克）时所用的篇幅一样。关于这一点，更多的是出于兴趣，而不是强调亚当·斯密的原创力。拉斯基称他为18世纪的“代表人物”，亚当·斯密的观点是“根据时代需要的思想总结”。在亚当·斯密的努力下，前一个世纪全面兴起的自由主义现在已经大功告成。亚当·斯密继承了洛克的个人主义和对财产的捍卫，从《政府论》（下篇）的观点中得出了富有逻辑的结论。如果洛克是认识到有必要尽量减少国家对财产的干预，亚当·斯密则认为根本就不怎么需要国家的干预。如果说洛克所暗示的是企业公理，那么亚当·斯密则将这种基本准则提升到类似神学的重要地位。

“用具体标准来界定国家干预的限制，要比用抽象标准更为困难，对于这一事实，亚当·斯密表现出了一种不安情绪”。而有趣的是，拉斯基也注意到了斯密流露出的这种不安。他同时还注意到了亚当·斯密思想的激进方面：对沉默的股东的厌恶，对工人的热爱，以及随便坦言国家的职能就是要让富人睡得更加安稳。[24]然而，拉斯基也清楚地看到，在亚当·斯密批评资本主义的文章中充斥着对自由放任的提倡。正因为亚当·斯密这方面思想的胜利巩固了自由主义同已经建立起来的秩序的联系，拉斯基将这位18世纪英国最伟大的自由主义者同保守主义的奠基人伯克联系起来，因为伯克也富有主见地提出了同亚当·斯密类似的自由放任观点。

显然，拉斯基对伯克怀有最崇高的敬意。伯克对法国大革命的批判“在事实上也是迄今为止最具见地的”，被拉斯基称为“继弥尔顿（Milton）之后最伟大的人”[25]。实际上，用拉斯基的话来说，伯克观点的重要内容“在今天就像他刚开始提出来的时候那样富有活力”。在拉斯基看来，正是作为辉格自由主义者的伯克，“超越其他任何思想家……为洛克国家理论的形而上学框架（metaphysical outline）提供了流传至今的实质性内容”。正是作为保守派的伯克，丰富了洛克式的财产权利观念，因为他将这一观念植入到了英国的传统当中。对拉斯基而言，财产权利是伯克思想中“不言而喻的主要前提”，它暗示着国家扮演着尽量小的经济角色，劳工是财富的来源，存在一个自发的劳动力市场，一份隐含的劳动契约，以及阶级和竞争者的共同利益。

所有这一切都是拉斯基更博大的理论的组成部分，这一理论表明自由主义具有捍卫财产的内在保守特征，“左派”和社会自由主义所起的作用微乎其微。拉斯基向前跨了一大步，并强调指出伯克对洛克学说的阐述以及他将洛克式的传统与法国大革命相区分的做法，完成了将英国自由派团体的思想与社会内容相脱钩的工作。然而，与关注社会内容的做法相反，他们只关注表面层次的政治形式。“他们所说的一切并不表明他们意识到了财产和权力之间的关系”。他们对社会问题所表现出的兴趣是勉强的，他们更感兴趣的是约束工人阶级，而非解放工人阶级。

尽管拉斯基认为在这一时期法国自由主义者具有更大的创造力，但他仍然试图淡化他们关于社会问题的论述。他承认在 18 世纪的法国，无疑“存在对社会问题的极大关注”。仅在贫困问题上，即使在牧师当中也有很多富有创造力的文献作品。也有许多关于国家工厂的详尽计划，马布利（Mably）甚至为共产主义的社会组织框架辩护；林奎特（Linguet）预言不公平将导致革命和社会灾难。但所有这一切都被贬低为极具乌托邦色彩或者是徒劳的实验。因为除了马布利以外，法国自由主义也都没能动摇私有财产和自由企业的原则。拉斯基再一次暗示，自由主义中的社会主义潮流微不足道，因为它只是纯理论的，而不是马克思主义的。

但是，正如拉斯基注意到的那样，当法国大革命实际上将财产权利带入政治思索领域时，我们就不能将这种理论思索贬低为毫无作为的乌托邦主义。可以肯定的是，他也注意到那些为此作出贡献的思想家们，包括林奎特、梅叶和马布利，当然还有卢梭，都对社会问题提出了见解。拉斯基并不否认卢梭的自由主义一面，并且他也敏锐地注意到了卢梭在“攻击社会基础适当性”上所具有的“特殊倾向”，甚至还具有一种“无产阶级的微妙意味”。然而，像马拉（Marat）、罗伯斯庇尔（Robespierre）、萨维尼（Savigny）和伟大的康德这样激励人心的人士却没有受到他足够的重视，反之，他对伏尔泰要关注得多，并将后者视为这一时期法国的“最独特的代表”。

拉斯基将伏尔泰对“暴民”和“大众启蒙”的轻蔑与伯克的观点相比较。但是，如果拉斯基可以认为“[在伏尔泰的思想中] 找不到贯穿于整个卢梭思想的对不公社会秩序的强烈愤慨”，那么，他为何重视这些比卢梭肤浅的思想家，难道他们真的要比卢梭对历史有更大影响吗？此外，拉斯基认为狄德罗（Diderot）在攻击“文明社会的基础”方面甚至“似乎已经超越了”卢梭，因为狄德罗主张累进式征税、建立一个更加平等的财产分配制度、救助穷人和关注教育。然而，因为狄德罗的思想建立在薄弱的社会基础之上，这些观念还被其后的曼海姆（Mannheim）称为“乌托邦”，因此它们被轻视为不过是虔诚的希望，这些观念没有一个在自由主义的政权中实现。正如拉斯基在更早期的小册子中所言，就算是 1789 年公开阐述社会主义的小册子中也仅仅是慷慨激昂的痛斥，没有明确的纲领，仅有的一份清晰的社会主义纲领却是主张专政和反自由主义的。[26]

不过当时的社会行动主义显然不全是社会主义的，拉斯基本来可以强调法国大革命中雅各宾掌权时期——在这一时期，普选制得到了最高程度的实现——的反自由主义甚至极权主义的因素，然而，拉斯基却没有这样做。他的论述风格表明了这样一种观点，尽管当时存在非自由主义的政治潮流，但同时在明确要求减轻苦难方面，也有一种自由主义的面向。像他较早前就注意到的那样，“国家中的所有政党都不接受过度的财富差距”，并且普遍主张累进式征收所得税。[27]尽管包括拉斯基在内的许多历史学家认为法国大革命非常重要，但正是在那场动乱中我们发现，左翼人士和工人阶级提出了权利要求，这些要求用自由主义的语言公开表达出来，譬如“地球的果实属于穷人，这是自然的权利”[28]。

拉斯基正确地指出，对普选权的要求没有取得多少实效，大革命属于寡头政治和资产阶级性质，而不具民主属性。即使在大革命的短暂高潮期间，也存在对普选权的实际上的限制。虽然拉斯基关于自由主义潮流中的资产阶级脉络在大革命期间及随后的一个世纪取得了胜利这一认识是对的，但这并不意味着，任何对其表示抗议的自由主义声音可以被成功地湮灭。尽管他也注意到，除了资产阶级以外，不存在其他的革命主体，并且在选举议会（electoral assemblies）中，“没有证据表明工人阶级参加过会议”，但他确实承认有“工人阶级的组织”。[29]

拉斯基认为，法国自由主义实际上“系统阐述了新兴［资产阶级］权利索取者所提出的人权要求，但它没有看到，当人们的［要求］得到满足以后，他们仅仅是为一场新的冲突设定了条件”。在此基础上，拉斯基对自由主义是否具有满足这些新条件的能力表示怀疑。这些工业革命的新条件即使不是自由主义创造的，也是它尽力为此辩护的。“左翼”自由主义即使继承了权力，也不足以满足生存和适应新环境的需要。为此，他转而倾向于实现一个现代的伟大社会变革，这种社会变革将由自由主义传统以外的力量所推动。自由主义是无法从内部得到更新和重建的。

四

每个人都会同意，许多19世纪的自由主义者都关注社会问题。在本书的结论篇中，拉斯基着重关注了进步的欧美思想。他依然不断地向人们阐述这样的观点，即由于没有触及私有制观念，“政治民主和表现政治民主内在目标的自由主义意识形态都无法超越限制它的框架，就像封建社会也无法超越自己的构建原则一样”。因此，那些确实对社会问题进行过解释、属于自由主义阵营的“心胸更为宽厚的思想家”，如密尔（Mill）、霍布豪斯（Hobhouse）和格林（T. H. Green），对“作为一个整体的学说的演变”只发挥了微弱的影响。用今天的术语来说，拉斯基认为，自由主义的财产私有范式和社会主义范式之间存在着根本对立。

拉斯基在20世纪30年代持有这种非此即彼的立场是可以理解的，特别是鉴于当时欧洲社会主义和马克思主义的强烈影响。他说，如果我们检视一下左翼主义的传统，我们可以看到，欧洲大陆的社会主义者从19世纪就开始排斥自由主义思想，他们认为自由主义“不过是伪装成普遍规律的历史特例而已”，仅仅是“人类同环境的不断斗争中出现的一个不规则和暂时的学说阶段”。但是，社会主义民主中的“民主”究竟是从哪里来的呢？从拉斯基所作的阐述来看，几乎没有证据能够证明他的观点，即自由主义的思想应完全被社会主义取代，或者说自由主义和社会主义是不相容的。

拉斯基注意到，到19世纪为止，甚至在自由主义内部也出现了民主和国家主义的情感。令托克维尔这位保守自由主义者极为惊愕的是，“19世纪的经验已经教育了人们，使他们在国家中看到一个组织，在充足的压力下，人们就能从这个组织中获得源源不断的物质利益”。此外，拉斯基也注意到，尽管保守自由主义者将国家的调控规制行为当成敌人，将其与旧政权的制度联系在一起，但最重要的“进步的自由主义者”密尔却转向社会主义思想。确实如此，如果拉斯基宣称典型的英国社会主义不是马克思主义，而是费边主义，“在这种思想中，约翰·斯图尔特·密尔的观点比马克思的观点要重要得多”[30]，那么，他的论述至少表明，自由主义和社会主义可以建立和睦友好的关系。

但拉斯基却对密尔放弃了对自由市场的信仰这一事实略而不提，理由是这只是密尔在晚年才这么做的。[31]他批评费边主义者没有清晰地看到他们的信仰依赖于自由主义最重要的两个原则：既然他们期望保存议会制度，他们就必须依赖这样的一个共识，接受民选政府的自由主义政治前提，即失败者毫无怨言地放弃权力；并且既然他们希望从私人企业那里征得税收，他们就要继续依赖自由资本主义的经济信条。

不过，拉斯基在很大程度上接受了控制失败者行为的民主规范，并且在工党内部，他也屡次尝试、历尽艰辛地遵守这一规范。的确，正如拉斯基所说的，对于他本人和大多数的英国社会主义者而言，如果社会主义在本质上是民主的，如果自由主义是现代民主的核心观念，那么，自由主义和社会主义的分离不仅是不必要的，在理论上也是不可能的。然而，拉斯基曾经提出，民主规范依赖于资本主义。虽然在本书中，他并未设想任何特别新颖的社会主义制度，在这之后他却可能会说，我们必须接受这样的观念，即政治民主必须在经济领域中运行。但是到1949年，他可能又抱怨说，“我还没有找到能将工会和国家工业管理结合在一起的合适方式，以使得它们的关系既是民主的又是高效的”[32]。

拉斯基认为，费边主义和自由主义的结合就如同自由主义本身一样，“依赖于经济状况的发展态势，而这种经济状况的持久存在就能够保证政治体制发挥有效的作用”。然而，对拉斯基而言，所有的政治观点（包括真实的观点）都会历史地依赖于这种发展态势，后者总是以这种或那种方式独特地表现出来。拉斯基在20世纪30年代大危机期间写这本书的时候，其立场在很大程度上依赖于他对这种特殊环境的解读，他认为，这种特定的环境可能致使左派或社会自由主义在20世纪遭到失败。但是，其他独特的环境也可能得出完全相反的结论，并且拉斯基注意到，在美国就产生了一致同意自由主义的“例外状况”。他说，这种共识“不能被看作不合理地实现自由主义理想”。尽管拉斯基将这种实现称为美国的“世界帝国”，但他并没有预料到，这种世界帝国的“例外”可能变成普遍的规律，会成为后来现代社会的全球性目标。

对于自己不愿预测这种可能性的原因，拉斯基指出，当时美国最高法院一直拒绝批准“罗斯福新政”中所包含的规制经济和干预市场的各种项目，因为罗斯福新政是拉斯基倍加赞扬的。由于本书写于最高法院认可新政合法这一著名“转向”之前，因此拉斯基认为美国的自由主义传统无法应对新政对私有财产的规制。基于这种观点，拉斯基指出自由主义正处于十字路口。他说，要么改变美国的阶级关系，要么现存统治阶级将被迫改变民主的政治形式，以实现基本的利润目标。

然而，在得知新政措施已经占据上风后，拉斯基在他1940年发表的一篇演说中修正了自己的立场。他指出，对罗斯福所发动的攻击正表明了新政获得胜利。但是，为了阻止这种攻击产生不好的反应，他也建议“美国必须迅速地复兴自由主义的概念，为新的世界提供一种新的哲学”，他认为这不但是可能的，也的确是不可或缺的。[33]至少美国可以找到一种办法，以克服“在既定信仰中无法超越自身环境”的困难。就是在1940年这篇演说的开端，拉斯基一再重申，情况“始终”如此。[34]如今，围绕自由主义的灵魂之争可以在自由主义传统内部得以解决。

20世纪30年代政治上的坏消息使得拉斯基和当时许多社会主义者得出结论，认为可供他们选择的解决方案只能在自由主义之外的两种意识形态中选取：要么是追求人类解放的无产阶级社会主义，要么是奴役人类的资产阶级法西斯主义。而最终的现实是，以英语为母语的自由主义国家后来击败了法西斯主义，与此同时又接受了“社会民主”或混合经济，这种混合经济将私有财产的自由主义和对财产的“社会主义”规制结合了起来。

对于今天拉斯基的政治继承者来说，坏消息当然是混合经济找到了自己的战略防御地位。一旦来自内部的工人阶级暴动的威胁和来自外部的马克思列宁主义的威胁消退以后，西方自由主义者就不再需要福利国家这一维护稳定的机制，或者不再需要显示他们对社会的关注了吗？拉斯基的继承者们在自由主义是否以及何时能通过宣称市场原则已经战胜一切，从而显示其“真实”面目问题上，还有其最后的发言权吗？

不管在21世纪社会机构是否会最终且成功地转变成企业组织，在思想领域中，自由主义内部都可能继续存在阶级形式和社会形式的争论。拉斯基无法预料到在20世纪的最后十年中，在他曾经工作过的哈佛大学的哲学系里居然出现一场争论。这场争论的一方是罗伯特·诺齐克（Robert Nozick）所主张的明显的洛克式最弱意义国家的自由主义，另一方是新康德主义者约翰·罗尔斯（John Rawls）所主张的“福利国家自由主义”。[35]不管发生在自由主义内部的争论的结果如何（如果它将会有一个结果的话），自由主义思想的这两股潮流直到今天仍显示出巨大的生存能力。

在第二次世界大战期间，拉斯基对美国自由主义复兴的可能性基本上持悲观态度。当拉斯基指出新政已经被大企业挟持的时候，曾一度令罗斯福感到不悦，他同法兰克福特的关系也开始紧张起来。拉斯基的激进社会主义经常使得他同老朋友的关系恶化，包括他的那些工党朋友。就算是在1937年他最终入选工党的全国执行委员会，他同工党及其全国执行委员会的关系也很少处于和缓状态。他们一度考虑将拉斯基开除出党，因为他经常对工党提出公开的批评，而这些批评在全国执行委员会关起门后提出更为妥当。[36]此外，战时联合政府中的工党成员们几乎完全关注于手头的紧急事务，而根据拉斯基的观点，他们已经被权力软化了。另一方面，拉斯基想要在战争期间制定清晰的社会主义目标，但随着他在工党中被日益边缘化，他的期望也逐渐破灭。

在1945年进行大选时，拉斯基通过轮替制而当选为工党全国执行委员会主席，这成为一些保守分子最主要的反对焦点，包括后来很快成为英国首相的工党领袖克莱门特·艾德礼（Clement Attlee）。拉斯基强烈主张工党全国执行委员会有权力对艾德礼发号施令，给自己招来了许多攻击。他针对欧洲听众所做的引发争论、好斗的不同主题的演说，使工党陷于尴尬的境地，这促使艾德礼给拉斯基写了一封后来广为人知的信件，建议拉斯基保持“一段时间的缄默将会受到欢迎”。[37]

颇具讽刺意味的是，享年57岁的拉斯基在1950年逝世的时候，他在美国这个“世界自由主义帝国”的首都所结交的大量朋友，都对他表达了最强烈的赞颂。正是由于他在许多播音员、政治家和自由派杂志的编辑们（拉斯基为他们写了很多文章）中的名望，才使得法兰克福特称颂他“对西方政治思想和政治行为的影响可能超过了其他任何人”[38]。这些来自很多人，包括那些曾经强烈反对他的人的赞美，使人们强烈地认为，拉斯基启发政治思想的能力同他描述政治思想的能力一样强。从这方面来说，他的著作就像是他的教导。他喜欢同学生们讨论，乐见他们不同意自己的观点，这反过来也使大家喜欢这位老师。对于学生而言，本书所提出的问题和争论是无价的，不论是对于文本进行阐释的基础，还是关于社会学，不论是关于马克思主义的历史分析，还是关于自由主义的本质，这些问题直到今天仍然影响着我们。尽管拉斯基的著作存在前后不一致之处，但它仍是检验自由主义，也是检验一般政治思想的试金石。

约翰·L·斯坦利

【注释】

[1] Isaac Krammick and Barry Sheerman, *Horold Laski*: *A Life on the Left* (New York and Hammondsworth: Allen Lane/The Penguin Press, 1993). 我主要依靠这本书提供拉斯基的传记信息。先前的研究包括：Herbert Deane, *The Political Ideas of Harold Laski* (New York: Columbia University Press, 1955); Granville Eastwood, *Harold Laski* (London: Mowbrays, 1977); Kingsley Martin, *Harold Laski*, *1893—1950* (London: Gollancz, 1953); Michael Newman, *Harold Laski*: *A Political Biography* (Basingstoke: Macmillan, 1993); Bernard Zylstra, *From Pluralism to Collectivism*: *The Development of Harold Laski's Political Thought* (Assen: Van Gorcum, 1968)。

[2] 拉斯基不但在不列颠和美国具有影响力，他与梅农的密切关系，以及其后与尼赫鲁（Jawaharlal Nehru）的关系证明了他在印度的影响。至少有五本关于他的书籍是在印度出版的，包括：Ram Chandra Gupta, *Harold Laski*, *A Critical Analysis of His Political Ideas* (Agra: Asia Press, 1966); G. N. Sarma, *The Political Thought of Harold J. Laski*, 2d ed. (New Delhi: Sterling, 1984); G. L. Mehta, *Harold Laski Revisited* (Ahmedabad: Harold Laski Institute for Political Science, 1960); Yaakov Morris, *Laski's Concept of Socialism and Israel* (Ahmedabad: Harold Laski Institute, 1970); G. N. Singh, *Laski-the Teacher and the Political Scientist* (Ahmedabad: Harold Laski Institute, 1957)。还有一位墨西哥和两位日本学者对拉斯基进行了研究。

[3] 对拉斯基早年工团主义倾向的分析，参见 Herbert Deane, *The Political Ideas of Harold Laski*, pp. 55-68。

[4] Mark DeWolfe Howe, ed., *Holmes-Laski Letters* (Cambridge: Harvard University Press, 1953).

[5] Laski, *Authority in the Modern State*, p. 387.

[6] 根据克拉姆尼克和希尔曼在 *Horold Laski*：*A Life on the Left* 一书第 149 页的记载，一位知情者曾谈道，拉斯基宣称自己和威尔逊总统有朋友关系。

[7] Ibid.，p. 149.

[8] 克拉姆尼克和希尔曼观察到，“对拉斯基有关自己是圈内人和权力中介者的宣称，即使我们运用丽贝卡·韦斯特（Rebecca West）的最严格规则，即大约50%的准确度，而不是运用萨维尔（Saville）的更宽厚的规则，即 85%～90%的准确度，那么，很可能的是，拉斯基的部分宣称至少是真实的，因为其中有两个属于最有权力的人——对于他们，[工党领袖拉姆齐（Ramsay）] 麦克唐纳（MacDonald）必须予以关注——是拉斯基的强硬后台，他们是西德尼·韦布（Sidney Webb）和罗德·霍尔丹（Lord Haldane）”。同上书，212 页。

[9] Ibid.，p. 181.

[10] Ibid.，p. 287.

[11] Ibid.，p. 291.

[12] 这一指控被这一时期的许多历史学家坚决否认，包括以下两位作者及其著作：Reginald Bassett，*Nineteen Thirty-One*：*Political Crisis*（London：Macmillan，1958）；Kramick and Sheerman，*Harold Laski*，pp. 299-300。

[13] Kramnick and Sheerman，*Harold Laski*，p. 301. 另外一个类似的判断是由迪恩作出的，参见 Herbert A. Deane，*The Political Ideas of Harold Laski*，chapter 5。

[14] Kramnick and Sheerman，*Harold Laski*，pp. 360-361.

[15]本书在美国第一版出版时的标题是《欧洲自由主义的兴起：一种商业文明的哲学》（*The Rice of European Liberalism*：*The Philosophy of a Business Civilization* [New York：Harper，1936]）；本书的英文第一版系由 Allen and Unwin 在 1936 年出版的，其后在 1947 年、1958 年和 1962 年再次印刷。

[16] 拉斯基在《自由主义的衰退》一书重复了这一观点，见 *The Decline of Liberalism*（Oxford：Oxford University Press，1940），p. 5。

[17] 有关针对拉斯基分析洛克思想的简短批评，可参见 Herbert Deane，*The Political Ideas of Harold Laski*，pp. 180-181。

[18] 在拉斯基成为马克思主义者之前的 1920 年，拉斯基也曾说洛克心目中的国家是一家责任有限公司，但他当时这么说，只是作为表述洛克的最弱意义国家观念的方式。在那时，拉斯基根本没有提到洛克是资产阶级哲学家或资本主义的捍卫者。参见 *Political Thought in England*：*From Tyndale to Hooker*（London：Ox-

ford University Press，1920，1961)，p. 44。但是可以比较第 34 页和第 50 页的不同。洛克先是被描述成民主人士，而后作者又通过引用塔克院长（Dean Tucker）的原话，将洛克描绘成——不合时宜地——“平等派的偶像”。

[19] C. B. Macpherson，*The Political Theory of Possessive Individualism*：*Hobbes to Locke*（Oxford：Oxford University Press，1962)；Neal Wood，*John Locke and Agrarian Capitalism*（Berkeley：University of California Press，1984)；and *The Politics of Locke's Philosophy*：*A Study of An Essay Concerning Human Understanding*（Berkeley：University of California Press，1983).

[20] Richard Ashcraft，*Revolutionary Politics and Locke's Two Treatises of Government*（Princeton：Princeton University Press，1986). 关于将洛克视为活动家的类似观点，参见 Maurice Cranston，*John Locke*（New York：Macmillan，1957)。

[21] See Locke，*Second Treatise*，para. 25.

[22] See David Wootton，“John Locke and Richard Ashcraft's Revolutionary Politics，” in *Political Studies* 40，no. 1（March 1992)：pp. 79－82；Ashcraft，“Simple Objections and Complex Reality：Theorizing Political Radicalism in Seventeenth-Century England，” Ibid.，pp. 99－115. 伍顿将洛克视为一位索齐尼主义者或基督教理性主义者，参见“John Lock：Socinian or Natural Law Theorist?” in *Religion，Secularization，and Political Thought*：*Thomas Hobbes to J. S. Mill*，ed. J. E. Crimmins（New York：Routledge，1989)，pp. 39－67。关于洛克宗教动机的另一观点，参见 John Dunn，*The Political Thought of John Locke*：*An Historical Account of the Argument of the Two Treaties of Government*（Cambridge：Cambridge University Press，1969)。

[23] 拉斯基在这里忽略了尼德兰。

[24] 关于现代人对亚当·斯密的更多修正观点，参见 Donald Winch，*Adam Smith's Politics*（Cambridge：Cambridge University Press，1978)；William Letwin，“Was Adam Smith a Liberal?” in Knud Haakonssen，ed.，*Traditions of Liberalism*（St. Leonards：Centre for Independent Studies，1988)。

[25] See Kramnick and Sheerman，*Harold Laski*，pp. 184，287.

[26] Laski，*The Socialist Tradition in the French Revolution*（London：Fabian Society/Allen Unwin，1930)，p. 9. 由此可见，巴贝夫（Gracchus Babeuf）的思想，通过“一个明确的规划和一个同样明确的寻求实现目标的方法”，导致了“在

这个时代的一场真正的社会主义运动”（p. 7）。可以参照上书的第 32～33 页，在那里，拉斯基把巴贝夫的专政计划与马克思列宁主义相比较，他三年前就在《共产主义》（*Communism*）一书中对后者的反自由主义观点进行了批评。

[27] Ibid.，p. 15.

[28] Ibid.，p. 23. 拉斯基在这里谈到了 Boissel 的要求，后者是自行其是的极左的雅各宾党人。参见他的著作 *Le Catechisme du genre humaine*。

[29] 参照拉斯基的著作 *The Socialist Tradition in the French Revolution*，27 页，那里谈到了“工人俱乐部中的会议”。

[30] 除了功利主义的费边主义者，理查德·阿什克拉夫特详细描述了许多事情，其中 19 世纪英国工人阶级组织的理论表述经常使用了自由主义者的自然权利的语言。参见“Liberal Political Theory and Working Class Radicalism in Nineteenth Century England,” *Political Theory* 21，no. 2（May 1993），p. 249。

[31] See John Stuart Mill，*On Socialism*，ed. Lewis S. Feuer（Buffalo：Prometheus Books，1987）. 关于功利主义的传统从密尔延续到维百斯（Webbs），参见 Shirley Letwin，*The Pursuit of Certainty*（Cambridge：Cambridge University Press，1961）。

[32] Laski，*Trade Unions and the New Society*（New York：Viking，1949），p. 156. 他补充说，“没有认真的观察者可以接受一些工会的要求，让其成为国有工业的主要董事”。

[33] Laski，*The Decline of Liberalism*（Oxford：Oxford University Press）. Hobhouse Memorial Trust Lecture，1940-05-24，pp. 20-21.

[34] Ibid.，p. 5. 拉斯基对于这种复兴的机会也不是绝对乐观的。就像他所指出的，自由主义的进步面向“已经遭遇到抹杀，其显著和彻底的程度可以和 1688 年革命对国王的神圣权利学说的打击相比较”（Ibid.，p. 3）。

[35] See John Rawls，*A Theory of Justice*（Cambridge：Harvard University Press，1971）and *Political Liberalism*（New York：Columbia University Press，1993）；Robert Nozick，*Anarchy，State and Utopia*（New York：Basic Books，1974）.

[36] Kramnick and Sheerman，*Harold Laski*，pp. 440-449.

[37] 关于这一冲突的更广泛后果的讨论，参见 R. T. McKenzie，*British Political Parties*（New York：Praeger，1963），p. 333 and n。

[38] Kramnick and Sheerman，*Harold Laski*，p. 580.

目　录

序

在某种程度上，本书是为我去年出版的《国家的理论和实践》（*The State in Theory and Practice*）一书提供历史背景。既然自由主义在过去的四个世纪中是欧洲文明的杰出学说，在我看来，对自由主义在今天登峰造极所赖以发展的因素加以说明，将有助于解释我们目前遇到的一些困难。

我希望读者能注意到这么一个事实，即本书基本上是一篇论文。像这样篇幅的书籍，只能限于对主题提供主要的轮廓。我很清楚地意识到，要充分地说明问题，必须对这一主题进行远比现在详尽的分析。我在这个问题上研究的越多，就越清晰地了解到，我必须进行远比现在广泛的研究，例如，法律和经济发展的关系，立法机关的社会构成和它们所通过的法律的关系，宗教宽容思想和宗教迫害的经济后果的关系。在对这些问题深入研究前，是无法对自由思想进行真正全面的论述的。但是，如果本书对自由主义的初步研究，可以引发读者去考察书中所涉及的某些议题，例如对林奎特进行详尽研究（这本来早该进行），我就会感到莫大的欣慰。

尽管是一本小书，我却从他人那里受惠良多。首先，我要感谢伦敦政治经济学院研究生课程的参与者，他们对我的批评和带有怀疑精神的友谊，对我帮助甚大。我从托尼（Tawney）教授的巨著《宗教和资本主义的兴起》（*Religion and the Rise of Capitalism*）中获益匪浅，但我却只能在本书中以通常的方式予以记录。我的同事比尔斯（H. L. Beales）先生和杰宁斯（W. I. Jennings）博士同我进行了无休止的讨论，大大帮助我理清了思路。

本书的部分内容曾经于今年 2 月在都柏林的三一学院（Trinity College）作为多尼兰（Donellan）演讲系列发表过。我必须感谢三一学院的院长和研究员，他们对我的热情好客，与基金会的支持完全无异。

我力图避免在本书的字里行间增加太多的注释。我尽可能地减少注释的数量，只限定于提供基本的参考文献，这样可以节省研究者的大量时间，或者提示进阶阅读书目。根据我自己的经验和研究者的习惯，我想他们可能认为这样做是有价值的。

哈罗德·J·拉斯基

于小巴德菲尔德

1936 年 1 月

第一章　背景

一

在欧洲宗教改革运动和法国大革命期间，一个新兴的社会阶级已经完全拥有了统治国家的权力，并在获得权力的过程中冲破了各种壁垒。这些壁垒在教会以外的所有生活领域中曾经使特权成为身份地位的衍生物，并且还将权利意识与土地所有权紧密地联系在一起。这一新兴的阶级为了达到目标，实现了人与人之间法律关系的根本变革。

契约取代了身份地位成为社会的法律基础，宗教信仰的同一性让位于信仰的多样性，即使是怀疑主义者也具有了表达的权利。由“君权神授”和“自然法”观念所支撑的模糊的中世纪帝国也屈服于具体而不可抗拒的国家主权。以土地占有为权力基础的贵族，开始与完全凭借流动资本所有权发挥影响力的人士共享政治统治的权力。银行家、商人和工厂主开始取代地主、教士和武士，成为社会的主导力量。渴望改变的城市取代了厌恶变革的农村，成为立法的主要力量。科学虽然发展缓慢，但仍以不可阻挡之势取代了宗教，成为塑造人们思想的决定性因素。对以往黄金时期的缅怀和与之伴随的原罪观，让位于进步主义以及与之相伴的诉诸理性来成就完美的思想。社会首创与社会控制的观念向个人首创和个人控制的观念转变。简言之，新的物质条件孕育了新的社会关系。总而言之，新的哲学应运而生，为已经到来的新世界提供理性的辩护。

这种新的哲学就是自由主义。本书旨在从总体上探寻这一思想产生并发展成为具有凝聚力的信条的历史动力。当然，这一演化向来都不是直接的，也很少是有意为之。思想起源的历史从来都不是直线型的，在自由主义的发展过程中出现了各种不同的流派，这些流派的起源存在巨大的差别，以至于很难对它们进行清晰的描述，更无法做出精确的勾勒。对自由主义思想的发展作出最重要贡献的是那些对自由主义的目的不了解，通常还抱有敌意的思想家们，包括生活在同一世纪的马基雅维利（Machiavelli）、加尔文（Calvin）、路德（Luther）、哥白尼（Copernicus）、亨利八世（Henry VIII）、托马斯·莫尔（Thomas More），和在另一世纪的黎塞留（Rechelieu）、路易十四（Louis XIV）、霍布斯（Hobbes）、朱里厄（Jurieu）、帕斯卡（Pascal）和培根（Bacon）。与思想家们刻意塑造自由主义产生的精神氛围所作的不懈努力相比，历史事件的无意识影响至少发挥了同样的作用。地理大发现、新的宇宙学说、技术发明、经过更新的世俗的形而上学（metaphysic），更重要的是新的经济生活方式的出现，这一切都推动了自由主义观念的形成。如果没有我们称之为宗教改革运动的神学革命，自由主义不会如此发展，而神学革命的大多数特征也隐含于文艺复兴之中。欧洲中世纪基督教共和体（Respublica Christiana）的瓦解，导致一系列独立主权国家的产生。每一个独立的主权国家都有要解决的特殊问题，从而提供了独特的发展经验，这些都影响了自由主义。自由主义的诞生并不是一件容易的事情，革命和战争主导了它的孕育和诞生。我们可以毫不过分地说，在1848年以前，它的成长因一直受到暴力反动的挑战而受阻。人类会狂热地维护业已形成的习俗，因为这些习俗与他们的特权紧密相关。人们把自由主义看成是对五百多年传统形成的神圣不可侵犯的既得利益的一种挑战，没有什么比这种理解更合适的了。

不管从何种角度来审视，由自由主义所引起的改变都是无法衡量的。一个社会正在缓慢地解体，在这一个社会中，社会地位基本固定不变，市场主要停留在地方层次，文化和科学在社会中随波逐流而失去了本来的特质，变化在潜移默化中发生并且引发了对社会的普遍不满，习俗被宗教规则所控制，却很少有人怀疑这些规则（即使被怀疑，也很难被成功打破），资本积累的规模很小并且市场需求只是为了满足当地的需要。随着 19 世纪新社会秩序的确立，教会让位于国家，成为掌握人类命运的制度性的仲裁人。对出身的要求让位于对财产权的要求。一次又一次的发明促使变革，而不是稳定，成为社会最主要的特征。世界市场已经成为现实，资本大规模积累，其对利益的追逐影响了社会生活和财富。对整个社会来说，欧洲的先前文明是没有什么意义的。即使文化和科学依然是财富的附庸，它们的意义却已经被社会各个阶级所赞赏。即使宗教规则仍在起作用，但它们对生活习俗甚至僧侣的主宰权也消失了。

即使取得了胜利，自由主义实际上依然不是清晰明了的理论或实践。它努力建立世界市场，但这种努力的逻辑却难敌民族主义的政治影响。民族主义随着自由主义的诞生和发展而欣欣向荣。自由主义想要证明个人享有决定自身命运的权利，而不用顾及那些企图限制个人潜能的任何权威。然而，同这种权利要求与生俱来的还有社会共同体对个人权限的不可避免的挑战。自由主义致力于减轻那些强加到财富积累权利上的法律束缚，但也发现，在为这种权利辩护的同时会遭到无产阶级的趁势攻击。自由主义一旦实现了自己的目标，很快就会被迫面临对由其信条产生的反抗。这一挑战肯定要求改变自由主义所催生的秩序。

那么，我们在此讨论的自由主义究竟是什么呢？对自由主义进行描述诚非易事，要下定义更为困难，因为它既是一套教义，也是一种思维习惯。毫无疑问，作为一套教义，它与自由直接相关，因为它天生就是特权的敌人，反对社会共同体的任何阶级只因出身高贵和信守教义就获得特权。但是，它所渴望的自由并不具有普遍性，因为在实践中，它提倡的自由仅仅局限于那些需要保护财产的人士。历史上自由主义一经诞生，就寻求限制政治权威的范围，将政府事务限定在宪政原则的框架之内，并因此一如既往地试图发掘一个政府无权侵犯的基本权利体系。但是，在行使这些权利的过程中，它又再一次急切而巧妙地运用这些权利去保护有产者的利益，而不是保护那些一无所有只有靠出卖劳动力为生的弱者也应该享有的利益。在可能的时候，它企图遵守道德良心的要求，敦促政府按照既定规则履行职责，而不是滥用权利。但是，自由主义所遵守的道德良心仅仅是以对财产的关注为限，并且它对法治的热情也因其对自由适用范围的限定而减弱。

由于自身的历史原因，自由主义通常对教会的权利要求怀有敌意。它不支持霍布斯那种把宗教团体置于国家支配之下的主张（Erastianism），而是倾向于把宗教团体看作和社会共同体内的其他组织一样的社团，只要它不威胁现存的社会秩序就可以予以容忍。自由主义赞成代议制的自治政府，尽管这样做的结果是承认普选原则。一般来说，它支持民族自决的思想。尽管不是普遍如此，但通常情况下，自由主义会温和地对待少数群体和自由结社的权利要求。它质疑政府对思想的控制和政府权威对个人自由活动的限制。我不是说自由主义的历史就是围绕对这些目标的刻意不懈追求而展开，更准确地说，是因为有更加终极的目的才使自由主义追求这些目标，在后面我会论述终极目的和目标的不同所带来的影响。

但是，正如我所强调的那样，自由主义既是一套教义，也是一种思维模式。它的思维趋向是怀疑主义，总是以消极的态度对待社会行动。出于历史的原因，它总是将传统视为进攻对象，总是乐于保护个人创新，而不是赞许政治权力所追求的社会一致性。也就是说，自由主义通常将传统和同质性视为对个人权利的侵犯，即个人所享有的将自我判断和自我认知上升为普遍性原则的权利。这些普遍性原则的约束力，不是因为政府接受它们，而是因为其自身的有效性得到了大家自愿的认同。因此，在这里人们可以看到自由倾向中包含一种浪漫主义气息，这是很重要的。自由主义倾向于主观主义和无政府主义，渴望由个人首创精神所引起的变革，并且坚信这种首创精神包含了社会公益所需要的种子。相应的，它总是倾向于在自由和平等之间提出反论（一般说来是无意识的）。首先它强调个人行动，并始终予以热切的期盼；其次它看到权威干预的结果是对个人人格的压制。这一思维的后果是重要的，因为这意味着自由主义虽然始终以具有普遍性自居，但自由主义的制度运作结果却不可避免地关注较狭隘的利益，不如它努力导向社会利益来得广泛。虽然自由主义理论上拒绝承认其适用范围存在局限性（无论是就阶级、教义还是种族而言），但其运作的历史条件对其自身还是构成了限制。这种限制的含义是我们理解自由主义思想的关键。没有这种限制，我们就不能解释自由主义产生以来的成功和失败。

自由主义的产生是中世纪晚期新的经济社会出现的结果。作为一种教义，它是由新的社会需求塑造的，就像所有社会哲学一样，无法超越产生它的载体。因此，和所有社会哲学一样，从诞生的那一刻起，自由主义就包含了自我毁灭的因素。新的中产阶级凭借它那鲜活的道义原则取得了政治统治的宝座。自由主义的武器就是所谓的契约型国家理论。为了建立这样的国家，它尝试将政治干预限定在最小的范围之内，并与维持公共秩序的目标相兼容。它从来没有理解，也没有彻底承认在各方享有平等议价权利之前，契约自由绝不会是真正的自由。平等议价权利是平等的物质条件的作用结果。个人自由主义所寻求保护的无非是在其创造的社会中那种可以购买的自由。但是，拥有购买手段的人毕竟只是人类的一小部分。简单地说，从历史的角度来看，自由主义的思想不可避免地和财产所有权相联系。它所追求的目标也是那些拥有财富地位的人的目标。在这个狭窄的范围之外，作为它所强烈追求的权利载体的个体，只不过是一个抽象物，事实上，自由主义的好处无法在个体身上充分实现。因为自由主义的意图是由财产所有者所决定的，在自由主义所宣称的目标和实际结果之间总是存在着一道鸿沟。

我并不否认由主义的胜利代表着一种真正而深远的进步。由它所催生的生产关系极大提高了总的物质条件的水平。科技的进步只有在自由主义所创造的精神氛围中才能实现。总之，中产阶级登上权力舞台是历史上最具善果的革命之一。但毫无疑问，自由主义的代价也是巨大的。它的到来让人们失去了践行某些中世纪道义原则的能力。而在我看来，这些原则的恢复也会使人类受益匪浅。但是，回顾从15世纪到16世纪甚至17世纪的历史，我们就会感受到人类已经具有更加广泛和创造性的视野。对人类个性固有价值已经予以更大关注，具有对承受不必要苦痛的敏感性、为自身利益而追求真理的热情和勇于实践的意愿，这些都是社会遗产的内容。没有它们，人类就会不断陷入贫乏。这些就是自由主义信仰的胜利所带给我们的东西。当然，无论从什么角度来说，它们都不是文明社会里所有人平等共享的礼物，悲剧也会随着它们的成功而来。但是如果没有自由主义革命，会有更少的人对他们已经得到的生活感到满足。毕竟，这是最高的衡量标准，每一种社会思想都要接受这一标准的检验。

二

自由主义作为一种新的意识形态，它的出现适应了新世界的要求。地理大发现、封建经济关系的瓦解、不再承认罗马教廷的最高统治地位的新教会的建立、完全改变人们思想观念的科学革命、给人类带来新财富和人口增长的日积月累的技术创造、印刷术的发明和由此必然带来的文化的广泛传播、由模糊和初生的地方主义联合而形成的集权和高效的民族国家，所有这一切的出现，使我们可以谈论创新。从这些创新中产生了一种新的政治理论，也就是马基雅维利和布丹所说的，人与人之间的关系取代了人与上帝的关系成为社会探索的基础。也正是由于西班牙和葡萄牙，以及后来法国和英国大肆的殖民扩张，才有了新的习惯和新的期望的产生。这些新习惯和新期望与传统的思想和行为发生冲突，并在过去三个世纪中不断地影响着后者，产生了一个新的社会，其鲜明特征对一个生活在中世纪的观察家来说几乎是无法辨识的。这是一个不同的社会，并且它了解自身的与众不同。它满怀愉悦之情对外扩张，这种扩张的欲望在那些认识到自己正在参与社会基础重构过程的人群中弥散开来。

什么是这一新社会的本质？我认为首先是它重新定义了人与人之间的生产关系，因为那时人们发现，要充分利用新的生产关系，就不能依靠从旧社会继承下来的制度和思想观念。生产关系需要变革的原因其实很简单。到 15 世纪末期，在人们思想中资本主义精神已经获得了主导地位。这意味着对财富的追求成为了人类行为最主要的动机。在中世纪，这种追求财富的思想被一系列得到宗教权威认可并强加到人们身上的道德准则所束缚。但在 1500 年以后，这些准则以及由其所派生的制度、习惯和观念已经不能再满足人们的需求。这些准则被看成是一种限制，人们逃避、批判和抛弃了它们。因为，在人们看来，它们阻碍了新的生产方式的运用。人们需要新的理念来将新的财富潜力正当化，而这些财富潜力是人们在旧时代一点点发现的。自由主义从哲学的意义上使新的实践获得了正当性。

我并不是要刻意暗示，有关财富的观念是在这一特定时期突然出现的新观念。毫无疑问，这种观念就如同文明的历史那样悠远。显而易见的是，我们称之为资本主义的精神早在 15 世纪就被圣・戈德里克(St. Godric)[1]、雅克・科尔（Jacques Coeur)[2]或佛罗伦萨的银行家们提出来了。可是在那之前，它并未开始改变社会的整体精神面貌，当时关于正当活动的标准并不是仅仅从对财富的追求（作为目标本身）得出来的，而是由道德规则来决定，经济原则处于从属的地位。中世纪的生产者，不管是在金融领域，还是在商业或制造领域，都必须使自己的举动牢牢遵守行为规则才能实现自己的目标。这些行为准则认为，财富的获得只有在符合道德原则的框架内才是正当的。一个人有权利获得财富，但必须通过符合道德原则的手段来获得。不能仅仅根据需求的功能来衡量价值，也不能仅仅支付工人所要求的工资。举例而言，劳动时间、原材料的质量、销售方式以及获利方式等都必须受到一系列规则的约束。这些规则在根本上是按照某些道德原则制定出来的，对这些道德原则的遵守是一个人能否在天堂获得救赎的关键。中世纪弥漫着超越现世实现最高目标的思想，所有的行为都必须与这一最高目标保持一致。就对财富的追求本身而言，是与这种思想水火不相容的。财富被当成是社会意义上的资产而不是个人的拥有物品。富人不是因为个人的缘故享受财富，他是代表共同体利益的管理者。因此，在一个人可能得到什么和使用什么手段获得这两个方面都受到了限制。中世纪的所有社会道德都是建立在这种思想的基础之上的。教会的规则和民法强化了这一思想。

随着资本主义精神的出现并取得了主导地位，中世纪的这一思想开始消失。社会财富观被个人主义财富观所取代，由圣意决定行为规则的观念逐渐被用功利主义指导行为的观念所取代。功利原则不再取决于社会公益（social good），而是取决于能否满足个人需要这一愿望——人们认为，个人拥有的财富越多，就越能保证这种满足。一旦这种态度扎根于人的心灵，它就催生了一种革命的力量。中世纪占主导地位的生存观念——这一观念暗含一个稳固的传统社会——被不受限制的现代生产观念所取代。这种现代生产观念意味着社会是变化的、反传统的，因为对财富的欲望永无止境，所以必须不断地寻求尝试和创新。这也意味着，在社会中总是存在着反权威主义的倾向，因为权威在本质上是保守的，总是担忧在无休止的尝试中所隐含的无序。这一新精神的逻辑将促使它按照自身的目标去塑造整个世界。如果它所遇到的观念和制度阻碍了它追求财富的进程，那么它就会按照自己的目标来改变这些观念和制度。它能为其信仰者在现世带来切实而直接可得的满足感，这是以前的观念所不能提供的。为此，它能在思想观念的竞争中改变社会关系的基础。人们愿意建立一个新的世界，因为他们认为旧的平衡必须进行重新调整。

如果我们问为什么资本主义精神会取得胜利，理由无疑是非常充足的，即在旧制度的禁锢之下，无法再进一步拓展生产的潜力。渐渐地，具有新思想的人以及他们的新的方法，就为人们如何获得巨额财富指明了道路，而在旧社会，这些财富是难以获得的。财富的诱惑激起了新的期望，这在旧社会的前提下是无法得到满足的。因此，人们开始怀疑这些前提的正当性。对高利贷的否定态度，将行会视为控制生产的理性方式，将教会视为伦理道德标准的合适来源，所有这一切都开始显现出不足，因为它们阻碍了新精神的潜力的发挥。中世纪文化的限制无法包容资本主义观念，因此，资本主义者开始改变这种文化以适应自己的新目标。毫无疑问，为了达到这个目标，它不得不经历长期而渐进的过程，直到战胜已经存在三个世纪的敌人后才获得成功。它寻求建立自己获得财富的权利，并且将社会权威的各种干预限制在最小的范围之内。概括地说，在这一努力的过程中，它经历了两个大的阶段，一方面试图改造社会，另一方面力图控制国家。它寻求通过适应社会的风俗习惯来实现改造社会的目标；它力图掌握国家权力，因为这样一来就可以长期掌控社会的最高强制权力，然后就可以有意识地运用这种权力来实现自己的目标。为了证明这样做是正当的，它努力劝服他的追随者，使其相信在追求财富的过程中难免涉及社会公益——即使在这个劝服的过程中使用了大量的强制手段。那些变得富裕起来的人们也仅仅因为他们变得富有这一事实而变成了有益于社会的人，这就是新精神的本质所在，也是现代伟大冒险事业的中心线索。

这里很重要的一点就是我们要强调发展过程中的一个事实，这一事实因为演变的循序渐进，而有些难以察觉：资本主义的内在思想与生俱来就是一种生活哲学，那些接受资本主义的人，不需要资本主义以外的事物来证明他们行为的合法性。作为个人，人类对财富的追求，影响和塑造了他们对世间一切行为的态度。假如不是这样，资本主义就不会取得它所引发的革命的胜利。在生活的任何一个领域，它都遇到了与其精神相违背的行为规范，它毫无例外地改变了这些行为规范，或是试图改变它们。它从修正旧的行为实践和制度入手，最后废止它们；它从回避和争取例外权利入手，再将上述回避和例外行为变成特权。雅克·科尔在与异教徒贸易时也许需要许可证，但他的后来者却不再需要任何形式的许可。在一个阶段里，行会限制的放松看起来已经足够了，但是，当一个新时代来临的时候，只有行会的瓦解才能让人们感到满意。早期的资本主义理论，至少是在重商主义理论结束之前，都把经济从属于政治看成是自然而然的事情。但是，当一个缺乏管理效率的国家阻碍了社会经济资源的充分开发时，人们就开始倡导自由放任的原则。直到18世纪早期，国家还被广泛地看成实现资本主义目标的有益代理人，然而，到了 18 世纪末期，国家几乎被认为是其天然的敌人。一句话，资本主义的全部精神就是努力解放生产资料的所有者，使他们无须遵守那些阻碍其充分利用生产资料的规则。自由主义的兴起，意味着试图为资本主义精神的实践进行辩护的理论教义的兴起。

让我们以另一种方式来说明这一切。在资本主义精神产生以前，人们生活在这样的一种经济秩序中：不论是国家、教会或是行会，有效的社会制度是通过源于自身之外的标准来衡量人们的行为，而不是把个人利益作为最终的衡量标准。人们拒绝将物质功利作为有效评判经济行为的标准。他们试图将一系列的规则强加到（也确实部分地施加到）经济生活中，这些规则的内在原则就是，考虑社会福利时，必须念及个人的来生能够得到拯救。出于这样的考虑，人们应该准备牺牲个人的经济利益，因为只有这样才能保证他们在天堂的命运。考虑到这一目的，竞争受到了限制，商人可能拥有的顾客数量也受到了限制，贸易因为宗教的原因被禁止，价格和利率被固定下来，宗教节日每个人都必须参加，工资和劳动时间有严格的规定，投机被广泛地禁止。当然，这些只是在极为广泛的规章制度中所列出来的一小部分，足以证明经济行为是用非经济标准来衡量的。当追求财富的动机取代中世纪理想的时候，上述规则遭到瓦解，因为支撑这些规则的精神束缚了人们满足自身期望的能力；人们本来是可以凭借生产手段实现这些期望的。新视野中的几乎每一个元素在中世纪就出现了。例如中世纪时期的发明创造，和资本主义精神类似，同样显示出了追求收益的巨大热情。就连像采矿业这样的基础工业，它的劳动分工也延续了中世纪的生产实践。但是，尽管有资本主义精神的存在，它却不能决定经济生活的发展速度。那时，人们将资本主义精神视为例外而非规则。人们向往财富，但是，对财富的追求并不是 16 世纪社会的主导特征。社会组织尚未基于以下的认识实现理性化，即公认对财富的追求才是满足人性的真正途径。

一旦资本主义精神占据了主导地位，整个社会氛围就会发生改变。社会组织的方方面面就会焕发新的光彩。新的企业精神的出现、近乎狂热的活动和对创新的热衷，这在本质上和中世纪所表现出来的完全不同。仿佛有一种新的挑战摆在了人们的面前，而他们也决心显示自己的力量来面对这种挑战。资本积累、风险承受和工厂组织等各种新鲜事物不断涌现。商人欢迎能够更好地保障国内和平的新民族主义，因为这不仅意味着企业更加安全，还可以在行会的特权范围以外的工业地区避免前者的规章制度。他们也欢迎对教会的攻击，因为这意味着对旧事物和阻碍其发展的规则进行打击。毫无疑问，当一些重要资源被教会所控制时，对教会的攻击使得这些重要资源更加可以为资本家所利用，并且市场规模的扩大产生了一种对生产的新的态度。人们对资本的需求更加迫切，这种需求导致了新型银行和金融的出现。市场的扩大，使得快捷的运输方式和低廉的运输成本比罗马帝国崩溃以来的任何时期都显得重要。这反过来又进一步鼓励了中央集权国家的发展，而中央集权国家又通过将对公民的保护组织起来从而使得这一切的改善成为可能，而且这些充分的保护大多是采用非常实际的建设铁路和发展航海的形式。会计学的进步也使经济预测成为可能，这提高了在更大的范围内组织生产的能力，人们可以信心十足地从事更大的冒险活动，它的影响是巨大的。

我们必须认识到这种资本主义精神是一个新兴事物，就像一个人到了中年后期突然变得充满渴望。对利益的追求就如同有记录的历史那样久远，但其新颖之处是一种新哲学的出现。这种哲学主张最大限度地给予个人创新以行动自由，以获得更好的社会福利。它之所以是新的，是因为如果存在可以发挥这种创造性的空间，那么中世纪的社会观念，以及与之相伴随的明显的等级制度和由最高圣意所规定的惯常义务，都变得不合时宜了。中世纪的社会观念否认了人们一望可知的事物，否认人们对所拥有的资源予以开发的权力，虽然在当时改变了的经济条件已经使人们可以进行这样的开发。人们发现，要开发新的资源就要建立新的阶级关系。但是，新的阶级关系反过来又需要一种新的哲学，以证明那些由其推动才建立的行为习惯的正当性。从封建主义向资本主义的转变，是从一个旧世界向一个新世界的转变：在旧社会里，个人福利被视为社会控制的行动所带来的结果，而在新社会里，社会的美好生活福利是个人自主的行为所创造的。

因此，爆发的革命实质上是一种真正意义上的个人解放。因为这种解放使社会获得了更令人满意的结果，从而证明了自身的正当性，它逐渐摧毁了阻碍其发展的主要障碍。但是，就改变而言，我们必须警惕两种错误。我们绝不能因为自己认识到真实的变化就把变化看成是突然发生的。正如我一再强调的那样，变化的实现差不多用了三个世纪的时间。它不得不战胜那些源于习惯和观念的不同思潮，而这些习惯和观念与历史上的其他习惯和观念一样被坚实地武装起来。同时，我们应该知道不管在什么地方，这些变化都不是以相同的步调发生的。在 15 世纪，意大利似乎将要充分展现自我。但是，一方面由于政治的分裂，另一方面由于地理大发现的经济影响，使得意大利获得世界领导地位的幻想遭到了致命的打击。同样，在德国，激烈的宗教战争和由此带来的灾难使德国的发展差不多倒退了两个世纪。在科尔伯特（Colbert）时代取得巨大发展之前，法国也不得不同组织严密和势力强大的分裂势力展开斗争。英国是比较幸运的，封建主义在索尔兹伯里誓约（Oath or Salisbury）以后就一直是民族国家的基础，这就使得它在政治上要比除荷兰以外的任何国家更广泛和深入地接受了新的资本主义精神。在俄国，新的资本主义精神在彼得大帝之前几乎没有产生任何影响。总之，新的哲学就像潮水一样缓慢地征服它所要达到的领域。它的发展在这里得到帮助，在那里却受到阻碍。自然条件是如此的不同，以至于在新哲学所要涵盖的大陆最终消失之前，我们实际上很难把它看成一个统一的运动。更困难的是，在新哲学实现了它的最终目标时，我们却发现它已经改变了发展的方向。

三

资本主义新精神在产生之初遇到了我们称之为宗教改革的神学运动，后者在形塑新精神的主要信条上发挥了举足轻重的作用。在此我们必须慎重界定宗教改革的影响。作为杰出的思想家，韦伯认为清教的出现使资本主义精神的胜利成为可能，他还在清教徒有关“神召”的教义中，发现了一种几乎可以说是为促进新精神的发展而阐发的社会气质。[3]韦伯的理论得到了广泛的支持。以严谨著称的历史学家托尼教授曾经写道，资本主义精神在清教主义的教义中发现了“一种强大的力量，后者为在法国大革命中取得最终胜利的商业文明开辟了道路”[4]。那么，自由主义和宗教改革有什么联系呢?

清教主义的兴起有助于自由主义哲学的成长，这一点是毫无疑问的。但不管怎样，把这说成是宗教改革家们的目的之一是不能成立的，我们所掌握的一切重要证据都不能支持这种说法。宗教改革摧毁了罗马教皇的最高统治地位，在这一过程中，产生了新的宗教思想，引起了财富分配方面的广泛变革，极大地促进了世俗国家的发展。由于宗教改革是对权威的致命打击，因此它减轻了传统对人们生活的束缚。宗教改革对长期支配的思想提出了疑问，极大地推动了理性主义的发展。新的宗教思想和社会结果是对个人的解放。但是，这并不是说宗教改革的推动者有意要达到这样的结果。他们只是被迫根据不计其数的社会影响来调适思维，在这一思想氛围中采取行动。这些社会影响跟他们原先关注的目标是格格不入的。有时，为了赢得对他们来说至关重要的支持，他们有意识地调适自身的观念；有时，他们只是相当无意识地做出调整，没有真正洞察这些调整的含义。个人的解放只是宗教改革的副产品，而和宗教改革的本质全然无关。

让我们记住，宗教改革首先是一场反对教皇统治的斗争。它是一次为了重新发现基督教生活所需要的条件而进行的尝试。它的倡导者相信教皇是反基督的，因此对教皇的服从会危及他们的得救。他们将个人从教皇的控制中解放出来，不是为了使人们将对财富的追求本身视为社会行为的主要原则，而是在他们看来，这样可以把个人变成一个更好的基督教徒。他们中的每个人都对基于自由社会原则的一些明确陈述持厌恶的态度。从根本意义上说，路德在所有社会组织问题上都是一个保守者。[5]他厌恶高利贷，敌视新的金融机制。正如特洛尔奇（Troeltsch）所指出的那样，路德相信由纯属中世纪术语所构成的超自然启示所控制的社会组织。毫无疑问，他认为每一个信徒都是教士，但他并没有肯定他们拥有不同信仰的权利。他们必须相信圣经里面的“简单话语”，这些“简单话语”规定了一种行为准则。根据他的解释，这些行为准则从所有关键角度来看，同中世纪的理想都是一致的。

路德主张君主拥有控制臣民宗教信仰的权力，因此他强力推动政治的世俗化，即使这种推动不是直接的。但路德的国家理论不过是一种驱动每一个改革者的急功近利的实用主义，它仅仅是寻求取胜的条件。路德所作的每一个让步——在让步方面他很少保持一致——都是为了保证得到他所需要的支持。他从未用权力来限制国家，因为权力使得国家可以否认路德的宗教前提。对于他来说，国家总是附属于基督教的社会秩序的理念，这种思想同正在出现的资本主义新精神是不相容的。

韦伯和他的弟子们承认，他们是在加尔文而不是在路德的论述中发现了支持自己观点的主要依据。诚然，加尔文的思想同路德的思想存在着显著的不同，但是在这个强势权威人物身上，也没有什么理由可以让我们将其奉为个人主义的倡导者。确实，加尔文在日内瓦所做的一切就是最真实的证据[6]，他制定了大量的专制纪律准则，他主张商业行为应该严格服从于宗教训诫，并且他还激烈反对信仰自由。加尔文主义的本质就是神权政治。在这一政体中，没有人拥有独立个性，正如舒瓦西(Choisy)所说的那样，个人属于集体，个人只是集体的一部分。反过来这个集体又属于一系列神圣规则，人们不会冒着得不到拯救的代价去违反这些规则。加尔文在写给克劳德·德·萨钦（Claude de Sachins）的一封著名信件中，声称同意收取利息，但同其主张的绝对主义相比，是极不平衡的。[7]

加尔文在那封信中对已经有很多人论述过的问题又说了些什么呢？他主张《圣经》对高利贷的禁止不是确定不变的。他拒绝接受早期教会领袖所提出的不能以钱生钱的理论，认为对这个问题的判断必须建立在一定的前提之下，这个前提就是人们现在生活的状况和圣经时代已经是非常不同了。他最后总结指出，只要贷款的条件是公平的，金钱就可以借出去来赚得利息。针对这一普遍理论，他还提出了七种例外的情况。从文字上看来，加尔文实在不怎么像是一个改革家。[8]他认识到在一些商业交易中为资本的使用支付报酬是合理的，但是在我看来，他没有在佛罗伦萨的圣·安东尼（St. Antonino）的论断基础上增加任何东西。[9]他也没有超过加布里埃尔·比尔在他自己的一部著作中的观点。[10]他们二人都认为有关正义价格的教义已经不再适用了。加尔文的态度和中世纪晚期的宗教法规学者的观点完全一致，这种观点会变成什么样子是一个不同的问题。但是，对于后来变成什么样，加尔文的确不应该负什么责任。

然而有人说，我们应该看到在“神召”中清教教义对个人主义经济的出现所作的贡献。我认为，时代因素才是最重要的，清教教义不是固定不变的。从 16 世纪到 17 世纪，再从 17 世纪到 18 世纪，它都不断发生变化。而加尔文的经济思想却没有显示出和前一时代的思想有何重大分歧。不论是在加尔文所处的时代，还是在贝扎（Beza）所处的时代，日内瓦的实践都证明了中世纪精神的顽固性。16 世纪英国的改革者几乎无可非议，因为他们没有对新富阶层展现仁慈。每一个人所看到的就和阿奎那所看到的情形一样，世俗社会中存在一条神圣的旨意，它要求每一个人在经济生活中各安其位，不能寻求超越，因为那将是非常危险的。这就是罗伯特·格罗利（Robert Growley）的态度[11]，这和以往的清教徒毫无区别。这是托马斯·列弗（Thomas Lever）的态度[12]，也是休·拉蒂默（Hugh Latimer）的态度[13]。他们对财富的观点，对不论是穷人还是富人的个人义务的看法，都与路德相同，带有与生俱来的中世纪精神。确实，他们所有的人都受自己从“神召”中获得的观点之驱使，维护旧秩序，反对新秩序，反抗他们那个时代出现的“新富有阶层”的行为，因为后者与基督教的生活原则是相悖的。当然，他们也猛烈抨击懒散行为：如果没有对禁欲主义的大加赞赏，他们就不会被称为清教徒了。但是，在他们的观点中也找不到进步性和世俗性的元素：按照能够得救的方式生活；接受生活中预先安排的位置，并在自己的位置上勤劳履行职责；将贫穷和富有均视为上帝赐予的礼物，是获得上帝“恩惠”的机会。我想，这些就是他们说教的本质。这与那些正在塑造新社会的人的观点相差甚远。在17世纪的下半叶，“神召”思想受到了资本主义精神的影响。在这之前，新的社会已经存在了150年，资本主义的精神对天主教徒的态度产生了根本的影响，至少就跟它对清教徒的态度的影响力一样。韦伯和他的弟子们在急于证明一个理论的时候犯下了一个严重的时代错误。他们好像是在用18世纪教会对社会问题的反应来判断教会对20世纪社会问题的反应。我们是不会用塞克（Secker）和沃森（Watson）的概念和行为来评估当代教义的。

四

因此，要理解宗教改革的影响，我们就必须观察一下其他的维度。从教义方面来说，宗教改革试图寻求一条创新而不是逃避基督教生活原则的道路，在那些观点中找不到滋养自由主义的成分。宗教改革对于社会思想的重要意义源于它与时代的经济巨变同时发生，并且在某种程度上可以说是由这种经济巨变所造成。面对这些挑战，教会已经毫无办法。结果是将整个中世纪积累下来的不满释放了出来，冲击教会的基础。这些不满以不同的形式表现出来，包括针对宗教的、法律的、政治的和王朝的。由于教皇拒绝给予它们充分的重视，这些不满情绪获得了新的内容，更加有根有据。同往常一样，拒绝改革就会引发革命。教会未能在会议运动*时代成功进行内部改革，是其面对新的社会条件时，企图维系原先地位的努力遭到失败的原因。

如果观察一下英国宗教改革的特征，并由此推导，我们可以更加清晰地看到这一点。基本上，英国社会的不满情绪在本质上并无新颖之

* 会议运动（Conciliar Movement）是指在1409—1449年期间发生在罗马天主教内部的一场加强教会大公会议权威的运动，主张大公会议具有最高权威，可以罢免教皇，以结束教会的分裂局面。——译者注

处。神职人员的诉讼（provisors' appeals）*，每户每年被迫向教廷缴纳一便士奉金（Peter's pence），对这些事情的抗议已经持续了几个世纪。向有钱的牧师征收适当的国家税收，这种做法并不是新鲜事情。对教会腐朽的感受，对神职人员拥有财富的愤恨，对这些情绪的描写在中世纪的英国文献中是无所不在的。英国宗教改革的爆发不是因为亨利八世好色的性格，甚至也不是有关凌驾教会之上的王权的性质的争辩结果。变革的根源已经孕育了数百年的时间。从亨利二世（Henry II）和托马斯·贝克特（Thomas Becket）的斗争中我们就可以看到变革的种种迹象。在爱德华一世（Edward I）对教皇颁布的《不对教会随便征税》的诏书（the bull *Clericis Laicos*）中也隐约可见。不管是威克利夫（Wyclif）的有关论述，还是乔叟（Chaucer）和朗格兰（Langland）的诗歌，都可以看到变革所产生的影响。宗教改革的一些精神是由在1381年对坎特伯雷（Canterbury）地区的大主教——出生于萨德伯里（Sudbury）——西蒙（Simon）予以处决的反叛者们所代表的。它的另一些精神可以从亨利七世时期的摄政会（Council of Regency）的态度看出，该摄政会对红衣主教博福特（Beaufort）提出的有效分享权力之要求作出了回应。

就在宗教改革的前夕，对教会的忠诚从没有受到过怀疑的牧师科莱（Colet）对教会发起了攻击，其所抨击的内容是其他所有改革的支持者不会否认的。在1512年圣保罗的宗教集会上，他指出："一切腐败，一切教会的腐朽，世间所有的罪过都源于教士的贪婪。"[14]他描绘了一幅令人讨厌的腐败画面。身兼数职、买卖神职、世俗化的倾向、贪婪、任人唯亲、商业化风气、放高利贷、长期缺勤、为了升职对大人物卑躬屈膝，所有这一切都遭到他的控诉。他毫不犹豫地告诉他的牧师兄弟们，他们所拥有的巨额财富会使他们过上懒惰的生活，使他们屈服于美食和

* 1353年，英国颁行蔑视王权罪法案（Statute of Praemunire），禁止在英国皇家法院正式受理案件之前，向英格兰境外的任何法庭（意指罗马宗教裁判所）提起诉讼，否则将被判处蔑视王权罪。这一法案的颁行，其直接目的是阻止涉及英国神职人员的案件向罗马教廷提起诉讼，是王权与教权斗争的结果。——译者注

性欲。他的辩论广受欢迎，意义重大。值得注意的是，他竟然要求实施旧法律来反对“那些日常生活中新出现的赚钱手段”，试图向过去寻求改革的原则。

我们可以在非常熟悉英国情况的伊拉斯谟（Erasmus）那里发现同样的控诉。[15]在西蒙·菲什（Simon Fish）非常著名的小册子中也可以发现相同的观点。[16]这本小册子极为重要并广为流传，不但得到了国王的赞同[17]和托马斯·摩尔爵士（Sir Thomas More）的回应[18]，还被翻译成了德语和拉丁语。菲什为王室针对神职人员的行动进行了全面的辩护，他还认为没收神职人员的财产是促进新兴国家繁荣的手段。《乞丐的乞求》（Supplicacyon of the Beggars）一文充满了挑战性的夸张口吻，居然如此深得人心，表明了教会领导受到削弱的程度。人们并不反对天主教，但却积聚了几代人的能量来强烈反对教皇。

要理解英国的宗教改革，特别是它的轻而易举的成功，我们就应该将其反教皇主义的特征铭记于心。宗教改革在理论方面的影响有限，但在实践方面的影响是巨大的。英国宗教改革的主要立法直接反对那些因维护教会的利益而致使国家陷入贫困的行为。在英国宗教改革背后是某种切实的实践经验，这种经验是在吉尔福德（Guilford）认证威廉·克朗普顿（William Grompton）的遗嘱说明中体现出来的。向罗马教廷提起的诉讼、征收教会中人的第一年收入、身兼多职、非在职、圣职候补、教士关注世俗职业、停尸间里的邪恶行为，上述所有的一切都遭到宗教改革会议（Reformation Parliaments）的激烈批判。迅速采取的措施，以废除修道院为结果。这使我们能够理解为什么福克斯（Fox）在1523年给沃尔西（Wolsey）的信中这样写道，“人们不断地呼吁反对教会滥用职权”[19]。他们的呼吁得到了完全的回应。

简要来说，英国的宗教改革做了三件事情：废除了教皇的权限；将人们从教会的沉重的苛捐杂税中解放出来，防止教会滥用职权及由此产生的大规模的腐败；将大量的财产从教会的手中转移到世俗力量手里。为什么会接受宗教改革呢？我想既不是在道德上对滥用职权的愤恨，也不是要追求一种更加纯洁的神学。虽然有人对这两者都有明显的兴趣，但宗教改革能取得成功，一个很重要的原因就是人们怀疑教会的外国利益。这与都铎时代强烈的民族主义情感相交织。教会对罗马教皇的忠诚，在罗彻斯特的菲希尔（Fisher of Rochester）的案例中不言而喻[20]，其意义重大，充满危险，因为政府认为教会的财富可能被用于捍卫罗马的权力。伦敦主教试图向神职人员强征罚款证明了这种怀疑[21]，最终导致感恩朝圣（pilgrimage of grace）行动的神职人员爆发有组织的不满活动，也是一种证明[22]。此外，很显然，在1536年的一段时期内，在北方的强力领导可以轻易地使国家陷入解体的威胁当中，就像法国在宗教战争期间所遭受的苦难那样。剥夺教会的财产显然可以减轻这种危险。[23]

另外一个要素是当时中央集权的民族主义的发展结果。正像威克利夫强烈倡导的那样，没收教会的财产可以在不加重纳税人经济负担的情况下增加国家的国防开支。[24]西蒙·菲什也着力强调这一点。他对教会批判的一个主要基调就是，在战争的情况下，国家无法承受资源的流失，让金钱流往国外。[25]亨利八世的陆海军政策及其产生的开销无疑是促使修道院受到压制的真正原因。切尔伯里（Cherbury）赫伯特勋爵（Lord Herbert）写道，这些准备“似乎为国王镇压大修道院提供了借口，而人们也愿意节省自己荷包里的钱，开始心平气和地忍受苦难，特别是当他们看到在海岸线建造要塞和防御堡垒的命令被执行的时候”[26]。于是，就像现在一样，一个令人鼓舞的外交政策产生了意想不到的结果。

毫无疑问，王国的总体经济状况为没收教会财产提供了广泛的支持。汗牛充栋的小册子和请愿书的作者们都竭尽全力地建议如何处置教会的财产，以用于社会的共同福利。国防开支有了着落，因圈地而造成的苦难可能得到缓和。促进公共设施建设的政策的实施，特别是修建道路，则可以缓解失业的负担。据我们所知，这些计划后来都没有付诸实施[27]；他们是否有经过认真考虑都让人质疑。但是，很少有人怀疑正是在他们的庇护下宗教改革政策才得以贯彻实施。显然，人们在很大程度上失去了对教会的幻想，以至于许多人都将教会的财产视为国家的基金，在苦难时期，国家可以正当使用这些财产而求得解脱。

但是，毋庸置疑，镇压政策之所以广受欢迎，是因为它为国王、贵族和靠自己力量致富的上层中产阶级创造了机会。人们的贪婪在这里起了至关重要的作用：从诺福克公爵（Duke of Norfolk）这样的大贵族到汉弗莱·斯塔福德（Humphrey Stafford）这样的乡间绅士，甚至是那些不知名的城市资本家，这些人为了能够分享一份战利品，采取了请愿、讨价还价以致行贿等各种手段。[28]它创立了维护新秩序的稳固集团，促进了巨大的不动产的积累，因此推动了圈地运动的发展。它刺激了资本的积累，从而使更多的人冒险将剩余的财富投入到新的商业投机活动中。毫无疑问，宗教改革所代表的政策不过是中世纪经济秩序在心理层面瓦解的表现。贸易和工业的扩张要求一个强有力的君主统治来维护利益需求。教会是不支持扩张的。教会的实践——见诸拉蒂默对宗教节庆的邪恶后果的抨击——阻碍了生产。[29]教会的财产不仅有对外国效忠之嫌，而且又不能用新的方式加以充分利用。教会的财产阻碍了有利的贸易平衡，而这对国家来说变得是至关重要的。甚至教会的慈善行为也被视为对懒惰的鼓励。作为社会的控制机构，教会的整个组织与新精神是对立的。当人们为获得新的机会而头昏目眩的时候，教会组织的瓦解正好为人们获得新的财富提供了美好的前景，而教会自身的腐败为那些急于寻找托辞的新的贪婪者提供了辩护。正像这些贪婪者所盘算的那样，他们既可以将自己的纳税负担转移到其他人的肩上而使自己富足起来，也可以积极地参与分赃。对新的社会秩序来说，教会作为一个组织，看起来是一个明显的障碍。教会所坚持的原则意味着阻碍大量的财富、土地、劳动力和资本等要素投往新的用途。一方是渴求财富的商人和都铎时代贪得无厌的地主，另一方是教士和僧侣，这两者为争夺教会财产而进行斗争的结果是毫无疑问的。当教皇在特伦多会议（Council of Trent）上意识到应该改革的时候，已经太晚了。因为那时他的帝国已经丧失了一半。新的人物已经打下了江山，新的剥削标准已经设定，新的精神已经不再需要向教会妥协，现在是教会向新精神妥协的时候了。

五

因此，宗教改革以间接的方式为自由主义的发展提供了支持。它通过没收那些以遏制个人发展机遇为原则的财富，为个人主义的发展开辟了道路。随着这些财富的消失，它所支撑的原则产生的影响也减弱了。与此相对照的是，一种世俗的生活观念缓慢地出现了。这一概念将人们所能维系的帝国限定在更加狭小的范围之内。不仅如此，这种世俗观念反过来又影响了基督教原则的内涵，并按照自身的需要对其进行了改造。这一进程是复杂而又混乱的。这部分源于一系列迫使教会改变观念的事件，例如，在寻求同盟者时，衰弱的神圣罗马帝国已经不能再提出自己的条件；这也部分源于在提出新观念的奋斗过程中，思想得到了发展，并且在绝大多数不同的领域中，思想发展带来的长远影响符合新精神所需要的方向。在 16 世纪，这一思想意识的革命有三个关键点。第一，它属于政治思想的演变，将国家视为自足自立的实体（self-sufficient entity）的理论得以确立；第二，它也是一种新的宗教体系，在这一框架内，人们所做的研究削弱了宗教信仰对人类心灵的掌控；第三，它建立了新的宇宙观，这一方面导致了新的科学观念的产生，另一方面也产生了新的形而上学观念。从哥白尼、开普勒、卡丹和维萨里斯，到伽利略、哈伊、培根和笛卡儿，人类不断进步。当我们进入 17 世纪的时候，作为个体的人有了一种征服宇宙的新观念，满怀抱负。人类似乎准备好同上帝争辩一下谁拥有统治命运的最高权力。

这些要素都需要我们对其进行独立的考察，尽管事实上没有哪个要素能够独立于其他要素之外。整个 16 世纪的政治思想史就是人们努力为新出现的环境辩护的历史，其中仅有一部分的努力获得了成功。[30]他们面对的事实是，政治权力正在从先前的神学基础的束缚中分立出来。人们过去遵守的教会法令正处于消失的过程中，新的道德约束力量还有待发现。人们再也不能将自己的共同体建立在由罗马控制最终解释权的神圣法典的基础之上了，因为罗马的解释权受到了半个欧洲的挑战，再也不能教导政治责任和宗教义务的共效性（coevality）；在经历革命之后，这两者已经分化了。他们必须解决的问题无疑是实现自由和秩序的永远和解。但是现在，自由这一观念已经被置于一个新的框架内。在它所遇到的新环境中，对物质的重视区别于自教皇统治以来的任何时代。这一新的现象导致了演变的发生。

16 世纪的政治哲学通过对现代性的表述而展现出来，不管是就现实主义还是就洞察力而言，这种现代性都是空前的。文艺复兴的全部内容都在马基雅维利那里表现出来。那里有对权力的渴望，有对成功的赞美，有为了达到目的而不择手段，有对中世纪契约的拒绝，有坦诚的异教信仰，有对国家统一促使民族兴盛的强烈信心。他的愤世嫉俗和对阴谋诡计的崇拜都不足以掩盖在他身上表现出来的理想主义色彩。他全心全意地信奉但丁想要建立的一个团结和革新的意大利的梦想。但他也是一个地地道道的行政官员，一个有勇气坦白承认自己追求结果必须注重手段的行政官员。他相信自由，但残酷的经历告诉他，权力是获得自由的代价，所以他会无情地除掉影响权力的获得和维持的任何障碍。对行为的道德约束，一个独立的教会，这些都是对软弱的认可，而软弱则是冒犯圣灵的罪恶。马基雅维利的君主可能就是他那个时代新型人群的代表。他知道自己追求的是什么，在追求理想的过程中冷酷无情。他是一个坦诚的唯物主义者，不被任何根植于中世纪实践的来世生活所束缚。功利是实践的关键，权力是衡量功利的标准。他的目标完全是世俗化的，他的国家会把目光集中在现实世界中。如果要考虑宗教的话，它也仅仅是一个重要的工具，用这一工具使民众专心致志地服务于自己的目标。

马基雅维利是一个天才，也许天才从来就不能成为他所处时代的典型人物。但十分重要的是，在新时代即将到来的时候，应该有一本书直率评述时代的内在本质。因为他所描述的君主性格毕竟不是下一个世纪的人物漫画，而只是它的一个索引而已。我们在那个时代的典型代表人物身上，如在英国的克伦威尔（Cromwell）和沃尔辛汉姆（Walsingham）身上，在法国的盖斯（Guise）和凯瑟琳·德·美第奇（Catherine de Medici）身上，甚至透过特别的保护色，在路德、加尔文、教皇保罗三世和教皇保罗五世身上，都能发现马基雅维利所属意的君主的影子。在依纳爵·罗耀拉（Ignatius Loyola）这样的宗教狂热分子以及霍金斯（Hawkins）和德雷克（Drake）这样出名的海盗身上，也可以看到这一君主的影子。新的企业和效率服务于新思想。对马基雅维利而言，这一思想是现实存在的，因为，从双重意义上来说，一个新的世界已经进入了他的视野。他一次性地勾勒出了本身值得追求的非道德权力的理想轮廓。他揭示出了一个秘密，即在人性的结构中存在一种冲动。这冲动如此巨大，为了满足这一冲动，没有什么牺牲会被认为太大。

但是在16世纪，马基雅维利所唤起的愤慨也是具有非常重要的意义的。直到培根的时代到来之前，他问心无愧的世俗性情是不合乎人们胃口的。虽然他们不比马基雅维利缺乏对权力的热情，但都试图掩盖其追求权力的目标，以符合当时的道德氛围。建立强大自立国家的理念费力地从互相竞争的目标的束缚中求得解放。路德有关君主是上帝所选择的工具的观点，帮助了新国家理念的形成。在路德看来，根本不需要教会在后面对人的行为进行评判。加尔文坚持认为基督教有义务遵守合法的权威（除了仅有的一次踌躇），他的观点也对新国家理念起了推波助澜的作用。此外，长老会教义中的两个王国概念——这一贡献主要是由安德鲁·梅尔维尔（Andrew Melville）完成的——也对新的国家理念的形成有益，因为这一概念已经涉及承认在宗教的控制范围之外存在一个现世的人类世界。新的国家理念也从耶稣会的有关教皇拥有间接权力的理论中吸取了营养［此理论主要是由贝拉明（Bellarmine）提出的］[31]，因为这一理论是建立在这样的命题之上的：一个不去迫害信仰的国家可以拥有不受教会干预的自由权利。最重要的也许是它从对宗教战争中的愤怒情绪中获得了帮助，因为在社会悲惨和政治无政府状态中，国内战争的代价是巨大的，人们（布丹理所当然是最著名的一个）

开始争论不应该因为宗教的道德良心的缘故而导致国家的灭亡。就像法国的《政治学》所论述的那样，人们试图寻找一个政治行动的空间，使其所要求的权威得到认可，以免于受到宗教争端的侵害。这一方面意味着宽容［这一概念与中世纪难免无缘，除了像帕多瓦（Padua）的马西略（Marsiglio）这样极少数人以外］，另一方面也意味着这是一种营造马基雅维利想要构建的共和国所需环境的途径，尽管这种途径是迂回曲折和饱受怀疑的。在这个世纪结束之前，教会可能不会放弃它的主张，但它已被深深地束缚住手脚，在这个世纪结束以后，教会就不再是个威胁，它的主张也不能够得逞了。

在理论方面，16 世纪政治变革最显著的成果就是布丹的《国家论六卷》（*Commonwealth*）。[32]就其动机和观点而论，这是一本中世纪的思想家无法企及的著作。如果不是对自然法思想作出贡献的话，它也不会属于那个时代。但这本书的意义完全是在另一个不同的方面。这是一部关于如何避免无政府状态的专著。它强烈主张在任何的政治社会里，都需要一个能对全社会制定法律的最高权威，而这个权威本身不必服从任何的法律。布丹认为，一旦一个国家拥有了主权，它就不会受到法律方面的任何挑战。他是近代第一个看到这一点的作家——国家的意志理当不受限制。因此，他为国家活动找到了一个空间，在这一空间里，任何同其争夺权威的对手，就像教会，都先验地就是不可能成功的。虽然布丹论述得无比清晰，但在面对其结论的后果时，他显得有些迟疑。在建立一个理论上无法限制的国家以后，他又提出了一些国家应该放弃最高权威、予以遵守的原则。这些就是神法，即共和国的基本法以及阻止君主掠夺臣民财产的自然法。[33]

很显然，这些限制具有非常重要的意义。在我看来，它们意味着布丹已经看到一个纯粹世俗国家将不可避免地出现。但是，从其自身曾经在弗洛斯（Vulois）君主统治下生活的生动经历中，他也认识到不受限制的权力是危险的。因此，他试图施加给国家的这些限制都是从他所处时代的精神中构想出来的。一方面，在神法的习惯名义下，他接受了当时的道德传统。另一方面，他努力寻找在什么情况下民众会产生对当权者行为的同意，特别是涉及经济事务的安全需要时。例如，他强调的萨利克法（Salic law）的不可废除性，其实就是现实主义者对以下一点的坚决承认：文艺复兴时代的男人，倾向于利用女王的弱点来获得好处。布丹认为，当人们感到自己的财产受到威胁时，从来不会为国家作战。基于此，他主张特别规定个人财产的神圣不可侵犯性，对个人财产的控制必须最终得到法律的同意。布丹的主权理论就是要刻意探讨，在一个充满国内战争苦难的时代如何得到和平。它是适应现实环境的变化而采取的措施，必须从公民主权思想中发现治世良方。在他看来，中世纪那种动乱的二元社会终于寿终正寝了。教会和公民之间的权力之争向着对后者有利的方向发展。这就意味着——显然，它本就应该意味着——对行为的认可越来越成为世俗的事情，而非教会的神圣职责。

布丹的理论在本质上是建立在功利的基础之上的，视秩序为最高利益。我们应该记住的是，这是在无政府状态下法学家所主张的典型观点。它试图在法律的范围内寻找服从的基础。这一时期慢慢地出现了各种相互矛盾的理论假设。其中最著名的要数君权神授的思想（这并不是一个新提出的理论，背后还有圣经的支持）和颇有新意的社会契约理论。显然，这些理论的再度出现是有充分缘由的。在这个纷乱不安的时代里，人们感到社会到处充满了革命性的新生事物。所有的战士首先都竭力表明自己并不想参与战斗，然后还要证明他们参与战斗的正当性。因此，从路德开始，所有的人都受到驱使，来审视政治权威的基础。人们都同意应该存在对秩序的服从。特别是宗教的改革者，他们对被指控为社会混乱的支持者的罪名感到极为愤怒。但是，他们不准备无条件服从，并且，他们创造了一系列的原则，说明他们的最终目标实际上就是建立这些所有理性的人都应该接受的普世永恒的原则。更重要的是，他们的国家观建立在宗教辩论的框架内，宗教辩论对冲突提供了最近的来龙去脉，但正如我在下文所要展示的，在这个背景之后，我们可以发现宽广的视野。

要考察这些争论的重要意义，也许最简单的途径就是观察一下存在争论最多的时代，即反对宗教改革的时代。在那个时代，最显著的讨论是在法国发生了圣巴托罗缪节（Saint Bartholomew）大屠杀之后的讨论，这一讨论以充满狂热激情的方式持续，直到二十多年以后亨利四世进入巴黎才告结束。[34]讨论的问题是那些在混乱中获得秩序的条件，包括宗教差异、经济冲突、王朝对立和宪法争论等。在圣巴托罗缪节大屠杀之前，胡格诺派（Huguenots）已经明言，他们是支持王权的，他们拿起武器仅仅是反对国王的邪恶顾问。在大屠杀以后，他们开始变得更加激进。他们认为权力是一种信托，从而将掌权者和好政府联系起来。它产生于君主和人民的契约，在契约中规定人民有权从暴君手里收回他们曾经让渡的权力。暴政的标志就是迫害那些尽忠于上帝的子民。因为上帝的子民已经同造物主建立了契约，并将对上帝的忠诚置于一切人类应尽的义务之前。因此，当君主迫害臣民的时候，臣民的反抗也就随之而来了。不过，人民使用这种权力是受到极大限制的。胡格诺派的理论是在拥有雄厚资产的人的赞助下提出来的，这些人绝不会忘记像德国农民战争和再洗礼派教徒（Anabaptists）的无政府共产主义这样的危险事件，因为当反抗被宣扬为一种权利的时候，一切可靠的原则都可能受到怀疑。因此，他们否定了普通民众的反抗权利。民众的义务是被动的，只有得到天生的领导者之召唤，才能投入到战斗中来。这些天生的领导者包括因血统而登基的君主、贵族以及共和国机构中的行政长官，他们是决定何时进行合法反叛的裁决者。我们可以这样认为，他们会尽量确保不会出现推翻私有财产神圣不可侵犯原则的抵抗行为，也不允许打着宗教信仰旗号进行的反叛，以掩盖过分的社会激进主义。

拥护这一观点的小册子比比皆是，其中的一部分对政治思想产生了永久的影响，例如布坎南（Buchanan）和贝扎（Beza）的作品，以及《辩护》（*Vindiciae*）的作者。但是，在1589年以后，纳瓦拉（Navarre）的亨利（Henry）成为国王，他是一名胡格诺派信奉者。从那时起，胡格诺派论辩的调子发生了转变，其所有主要人物都接受了君权神授理论。他们有了一个行为值得信赖的君主稳坐宝座。此时，抵抗的观念在他们看来绝对是邪恶的了。权力是上帝授予的，反对他们的法令就是亵渎神明。在 1589 年以后，胡格诺派虽然始终是一个少数派，但却是一个充满希望的少数派，他们知道，一旦亨利的权力得到巩固，获得信仰宽容就不再是难事了。因此，他们竭尽所能地证明，公民的国家是建立在上天授意的基础之上，那些对抗国家法令的人就是亵渎神明的罪人，是破坏社会美好生活的敌人。他们几乎没有感觉到自身有什么前后不一致的地方。新的环境使他们把和平作为这一代人的目标，就像在旧的条件下必须把战争作为目标一样。他们真正的忧虑是如何获得生存，如何在生活中追求自己的目标而不受影响。他们坚持这一观点，主要是为了将其当成政治哲学最合适的基础。

天主教则向着相反方向发展。直到 1589 年，他们的主要参与者都对那些威胁到社会秩序基础的人充满了恐惧和愤恨。他们认为，国家是他们的国家。他们竭力鼓吹君主拥有统治臣民的权利，理由很简单，因为自圣巴托罗缪节大屠杀以来，君主的统治使得他们有利可图。但是，在亨利四世继位以后，这些人的观点完全改变了。一个异教徒登上了君主的宝座，由此力格尔斯（Ligueurs）毫不迟疑地主张，反抗总要比接受一个异教徒国王更好。因此，他们宣扬人民的主权是不容废止的，人民可以随心所欲地让渡或收回这种权力。人民让渡权力是为了追求一个好的政府。但是，如果没有宗教，好的政府是不可能存在的。当然，宗教必须是真正意义上的宗教，也就是罗马的天主教。因此，联盟的鼓吹者创造了政治权力的民主理论，因为他们认识到大多数人会站到他们这一边。的确，可以毫不夸张地说，《辩护》就是后来辉格（Whig）——包括布彻（Boucher）这类持激进观点的人士的说教——哲学的源泉。当然，天主教的观点只不过是暂时的，其发展缘于巴黎暴民嗜血的狂热情绪以及他们对如下可能的担心：胡格诺派一旦回到巴黎，就将威胁到他们在首都对贸易和就业的实际垄断地位。如果我们对当代德国小业主和职业人士的反犹主义记忆犹新的话，我们就可以理解天主教徒对这些激进思想的反弹。这一类推是很重要的，因为即使在亨利对天主教的皈依结束了天主教对基于契约的人民主权学说的需要之后，教会仍然用经济优势的观点，鼓励人们在异教徒问题上采取敌意态度。

在实用主义的反对声音的冲击下，慢慢产生了一种不同的教义。胡格诺派和天主教都呼吁一种超越功利原则的权利理论，不管这种理论所服务的权利观念是如何的有限。政治党派的起源也许可以追溯到米歇尔·德·洛皮塔勒（Michel de l' Hopital）为了和平而付出的高尚努力，它有一种完全不同的观点。只要有望获得成功，他们不怀疑宗教联合的可能性，甚至也不否认宗教迫害的可欲性。但他们坚持认为，不能因为宗教信仰的缘故而导致公民社会的毁灭。和平的利益是首要考虑，宗教利益是第二位的。对于他们来说至关重要的是，不管是贵族、地主还是商人，所有的法国人应该认识到作为法国公民的共同利益，而不应该根据宗教的不同把法国分成两个国家，从而招致社会毁灭。他们提出，如果宗教是实现和平和繁荣的巨大障碍，那么让我们将其束之高阁；让我们允许宽容，因为国内冲突带来的长期困扰使我们清醒地认识到战争并不是通往国家统一的成功大道。他们还主张为政治行为寻找一个空间，在这个空间内，人民作为公民交往，而无须理会宗教信仰的不同。[35]

这就是那时盛行的观点，我没有必要强调它胜利的重要意义。这意味着世俗国家的胜利，意味着政治权利的地位再也无须根据神学的认可来定义。从中世纪的角度来说，它把人类的世俗利益置于人们所认为的天堂利益之上。它意味着秩序的维持是政治的最高目标，为此，国家应该摒弃一切扰乱秩序的干预行为，放弃这种主张。一旦这种观点被人们所接受，国家的自足性（self-sufficiency）就不必再有争议了。对行为的判断不再是看它是否和符合神圣法典的权利观念相一致，而是要看是否与国家所选择的目标相一致。并且，一般来说这些国家目标自此以后在本质上将是世俗的目标。从这以后，国家将无法纯粹以某些神圣真理的名义从事宗教迫害活动。在这种观点之下，国家所关切的总是自身需求，甚至对南特法令的撤销（the Revocation of the Edict of Nantes）也是以政治统一而不是宗教真理为目标，并没有在罗马激起任何热情。一旦秩序本身变成了目标，人与人之间的区别基本上就和由秩序引起的经济问题相关，简言之，就是和国家对财产所有者主张的权利作出的回应相关。在这一阶段，回应的衡量标准不再是神圣法典，而是与物质利益相关的功利概念。作为社会目标，对财富的追求已经成为政治活动的基石。

在这一时代的政治思想中还有一些更加深远的方面值得我们重视。16 世纪是这样的世纪：新的法律原则被创造出来以满足新兴社会的需要。这些原则可以从两个方面来考察。一方面，它们是现代意义上国际法的摇篮，即管理作为有效单位的国家间关系的法律体系。另一方面，公法开始与私法明显区分开来，而在封建体系下两者是含混不清的。我们看到法律的制定从某种意义上说极为接近现代的立法创新观念，我们也看到了对法律思想的司法修正，目的是适应人类新经历的商业需要。[36]甚至可以断言，没有什么地方可以比法律领域更能明显地看到新社会的现实存在。

在宗教改革以后，对国际法的需要变得日益显著。[37]在地理大发现以后，这种需求就更加清晰。什么将构成一个新的殖民帝国的行使权力的有效名义呢？教皇的权威已经无法再满足需求，因为他不能约束清教的权力。因此，必须根据不同的认可建立一套学说。国家统一的新现实使得这一需求更为强烈。同一个世纪前的情况相比，得以实现统一的国家与其他国家建立了更加紧密的联系，尤其是在商业领域。正如荷兰崛起所发生的那样，新型民族国家的兴起提出了这种需要。贝拉明（Bellarmine）所含蓄承认的对宗教差异的最终解决，涉及给教皇一种新的国际地位。16 世纪的使节总是有意使自己区别和超越 15 世纪的典型使节，并且，他们所代表的新型君主、他们所履行的新型职能，需要新的规则来定义他们的地位和这种地位所拥有的特权。此外，地理大发现引发了国际贸易权利的重大问题，这些权利涉及一系列复杂的条约安排。在这种情况下，国际法专家必须找到一系列的世俗规则来约束不同信仰的人。动力是清晰的，但汇成主流的源泉是多种多样的，这种主流在格劳秀斯（Grotius）的作品中达到了顶峰。正如弗朗西塞斯·维克托利亚（Francisus è Victoria）在其著名作品中所阐述的那样，道德原则也作出了一定的贡献。一股道德理性主义的思潮应运而生，其目的带有基督教性质，但在方法上这一色彩有限。这一思潮来自于反宗教改革人士索里茨（Suarez）和伟大的阴谋家耶稣会的会士们（the great Jesuits）。出现了源于新的国家理由（raison d'ètat）所产生的元素，而马基雅维利正是国家理由的源头，虽然他只是某些时候有意为之。人们还可以看到罗马法的影响，罗马法在这个世代恢复了权威，其影响与诸如阿尔贝里科·金泰利（Alberico Gentili）这样的人提出的新问题有关。这最终形成了一门具有重大影响的学说。

这一学说是基于这样的观念：自然产生了一系列的理性原则，这些原则如同数学和物理的原则那样明晰和无法改变。这是一个令人吃惊的类比。因为从格劳秀斯有关约束力量的观念来看，他已经走向了新兴科学而不是陈旧的神学。他心目中的国家完全建立在人的社会本能的基础之上，并且，国家的实践是由理性原则所指导的，这些原则就是他所推崇的自然法。社会的目的是保护。对于格劳秀斯，一个亲历过为独立和商业霸权而斗争的荷兰作家来说，和平是实现保护的最佳道路。上述无休止的大量引证使我们意识到格劳秀斯有时是如此接近学者风范，从丛林中挖掘出一个又一个的原则，这些原则意味着人们已经吸取了新的教训。对正义战争与非正义战争的区分、对仲裁的期许、对中立权利和义务的阐述、对伴随战争而来的毁灭和掠夺的约束，这所有的一切不仅意味着一种新的人道主义，也意味着一种处理国家间关系的新规范。重要的是，整个体系存在于神学体系的范围之外。更加重要的是，保护私有财产规则的发展受到格劳秀斯的如此关注。并且，读到格劳秀斯就海洋权利同塞尔登（Selden）展开著名辩论的文章时，我们不难从其结论中看到新兴商业授予帝国的许可证，对这一帝国的边界尚未予以限定。

民法的发展具有更加复杂的含义。但是，它的本质无疑是世俗化。教会法规的衰落明显地反映了罗马教廷的主张遭到了挫败。德国、斯堪的纳维亚、苏格兰以及拉丁美洲国家之所以接受罗马法，是因为罗马法的原则相较封建原则而言，更加符合要求统一和强势政府的时代特征。对罗马法的盼求不仅是由于它在联盟中的声望，还因为它提升了国家的影响，并把君主作为国家的象征，无可挑战地作为政治权力的仲裁者。

罗马法的更深远优势在于，它适应了新型社会中阶级分化的要求，这比已经过时的基于荣誉的封建原则更具有创造力。重要的是，罗马法是为从事全球贸易的帝国而创立的。因此，同它所取代的旧体系相比，罗马法的财富概念更加适应新经济秩序的要求。如果说，这些财富概念导致了对穷人阶级的剥夺，那么在接受这些概念的人士眼中，这种影响也许是值得赞扬的。最为重要的是，一旦发生了这种变化，国家的权力就将处于与任何可能的竞争者所处的不同层次，使后者难以对其挑战。法院正在应用一种受哲学关照的学说，这种哲学不会轻易允许对世俗权力的挑战。

当然，英国是沿着不同的方向发展的[38]，因为习惯法被证明太根深蒂固，阻碍了民间社会的转变。对于我们来说，重要的不是马上到来的新信条——新的信条在 17 世纪才缓慢地得以发展——而是这样一个事实，即势力强大并深受欢迎的都铎王朝扫清了封建权力的最后残余。这意味着封建王廷的衰退，与此相应的后续发展是国家享有裁决的权限和威望。新的立法、一个主要由新人（novi homines）组成的势力强大的官僚阶级、对和平审判机构的革新以及该机构与王权紧密相连的附属关系，这些都是这一时代作出的主要探索，并且都是为了实现中央集权的民族主义，而后者又正是那一时代最紧迫的需要。我们也绝不可忽视议会的重要意义，它在本质上不同于任何大陆国家的立法机构。毫无疑问，都铎王朝的君主是独裁专制的。波拉德（Pollard）教授就曾经指出，亨利八世实际就是现实版的马基雅维利所描述的君主。但是都铎王朝的专制得到了民众的同意。不管贵族中有多少分歧，中产阶级都会团结在他们的周围。地主和商人可以将议会作为国家使用政治手段获取经济福利的手段。都铎王朝将新秩序所需要的精神贯彻到法律当中，使法律能够成功推行。通过为资产阶级提供安全保障，都铎王朝在中产阶级中培植了自信和企业家精神，这样的氛围通常会孕育一种新的社会哲学。

从这方面来看，我们必须注意到安全是有代价的。国家在 16 世纪为自由主义提供的支持与国家取得的结果是不一样的，甚至与人们在晚些时候要求国家去获取的目标也是不一样的。不同的国家存在不同的态度，因为当出现类似问题时，时间的因素是不一样的。广而言之，我们可以说 16 世纪的贡献在于其摧毁了教会在经济领域中的权威。这使得财富关系可以不受神学思维的阻碍而发展，由此而产生了一个世俗化的国家，它取代了教会，成为社会福利的捍卫者。在此基础上，国家寻求并最终发现了自身的使命所在。世俗国家在功利的基础上建立了自己的道德观，以适应自己刚刚树立的威望。但是在最初阶段，它的习惯必定留有上一时代实践的痕迹。在很长的一段国家活跃期内，经济行为的规则是由国家决定，而不是取决于教会的。个人的经济利益存在于由国家受托管理的公共利益的范围之内，人们始终习惯于国家对经济生活的干预，而不怀疑它的普遍正当性。也有一些偶尔的抗争，像英国议会对垄断的反对，或是安特卫普（Antwerp）商人们对菲利普二世提出的抗议，反对将一个享有特权的保险公司置于皇室的庇护之下。在这些以及类似的偶然情形下，人们将提出贸易自由的要求。但是在 16 世纪，新秩序急需人们采取行动，构建安全体系，而无法对国家的全面干预表示愤慨。世俗国家的胜利是一次十足的革命，需要一个时代才能生效。只有对干预主义的怀疑广泛传播，人们才会认识到干预主义的效果并不像其所依托的理论所宣称的那样令人赞赏。

因此，重商主义是正在崛起的世俗国家迈向实现自由主义的第一步。[39]人们非常自然地接受重商主义。一个强大政府的行为已经保证了和平，为什么这样的政府不能保证繁荣？工业衰退、大规模移民，尤其是在像法国这样贫困的国家，特别感受到货币贬值的冲击和保护国际经济冒险的需要；特别是在殖民地，因为权威的总体下降，工业规则和标准方面的普遍混乱导致了以雇主和雇员为一方以与之相竞争的工匠为另一方的斗争，而所有的这一切都需要国家的干预。相信稀有金属的出口是危险的、感受国际竞争的威胁以及相应的对保护性关税的渴望，这一切使人们很自然地把目光转向国家，将国家视为帮助其渡过困难的根本。像圈地运动那样，由经济方式的变化导致的战争和失业，意味着必须为强壮的流浪汉这一新的群体提供法定的必需品供应。16 世纪对流浪汉的描述数不胜数。重商主义的根源，就是它认识到需要有一种新的规则和经济行为规范，让繁荣代替苦难，让勤奋工作代替无业懒散。在这种情况之下，人们很自然地将目光投向国家，让其作为重要的管理者，从国家的有益行动中，社会可以获得富足。

为此，在最初阶段，重商主义仅仅是在经济领域将社会控制从教会转移到了国家手中。当然，这是一个重大的转变。因为国家行为的动机不再是为了美好的生活，而是获得财富，以及用立法手段制定获得财富条件的法律条款。这种态度可以在英国人阿莱斯（Hales）和塞西尔（Cecil）、法国人拉斐玛斯（Laffemas）和蒙克雷蒂安（Montchrétien）以及意大利人塞拉（Serra）身上清晰地看到。他们对待问题的观点完全是世俗的。他们的政策建议就是这将增加王国的财富。他们观念中的新内容是不加掩饰的功利主义，他们接受富裕的观念，作为自足的社会理想。这种观念的出现，尤其表现在他们对待穷人的态度上。我想，可以毫不夸张地说，他们视失业如同社会犯罪，因为失业减损了本应获得的财富，这就是伊丽莎白贫民法律的精髓所在。这从拉斐玛斯所建议的对贫民采取的压制措施清晰可见。[40]他们所付出努力的全部精髓，就是使人们得到工作，甚至在法国宗教复兴的新型慈善行为，也完全是以此为目的。学徒法令（the Statute of Apprentices）、法国管理遗弃儿童的规定，这所有的法令条例都渗透了这种渴望。视生产力为上帝的商人阶级的利益见诸文字，充满了这种精神。消费者和工人的利益可以为之牺牲。政策的总趋势就是让国家对商人的需要作出回应。当拉斐玛斯在一个完全由雇主控制的会议场所提出以强制性的仲裁实行固定工资的建议时，它仅仅是鲜明地表达了新型商人的观点。他所做的是运用国家的政治机器，确立他相信可以带来繁荣的条件。他行使国家的强制力量，来影响社会生活的规则，这样的生活可以给商人的付出提供安全保障。

正是这种思维取向解释了“宽容”这一观念大行其道的原因。毫无疑问，像阿孔提俄斯（Acontius）、卡斯特利恩（Castellion）和罗伯特·布朗（Robert Brown）这样的人，他们强烈地呼吁在纯粹宗教的基础上保护道德良心。[41]但是，对不同宗教予以宽容的历史表明，正是由内战导致的经济破坏创造了有利于信仰自由的精神氛围。从根本上说，这是由于宗教迫害对财产形成了威胁，它危及了商业的健康发展。宗教迫害意味着国家行为的基础仍然首先是宗教性的。宗教迫害暗含反个人主义，因为它假定国家的最终目标必须是由非政治标准来判断。如果说 16 世纪已经完全准备好拒绝这种假定，也许言过其实，但重要的是，在英国，伊丽莎白已经停止完全因宗教的原因而进行迫害。只要她的天主教徒不威胁到全国的统一，她就会容忍他们，她更关注的是秩序，而不是真理，因为她看到良好的秩序才是美好的物质世界的关键。正如我所说的那样，在法国宗教战争中也出现了这样的观点，亨利四世的胜利就是国家主义（étatisme）的胜利。遭到挫败的是这样的信条：对于天堂王国来说，没有什么代价是高昂的。历经两个世纪的时间，才最终击败了这一教条。但重要的是，几乎是从宗教歧异开始产生的那一时刻起，经济的影响都热切地站在和平这一边。

关于政治信条的发展，还有最后一点需要在此阐明。拒绝将宗教作为一种制定政治决策的原则，可能容易导致一种新的绝对主义。国家有可能取代教会，成为衡量善与恶的充分标准。确实，也许已经很容易地出现的现象是暗含在重商主义的理论中，也就是对国家的宗教式崇拜。在这样的国家中，个人的利益将会从属于以国家利益为名义的理由。这个态度无疑在 16 世纪占据了主导地位。像马基雅维利和布丹这样的政治理论家关注的是国家必将强大，像拉斐玛斯这样的经济学家关注的是国家富足，而像英国的塞西尔这样的新型官员则对这两方面都有所关注。我们可以看到，直到 16 世纪末期，在像培根这样的人的思想中，占主导地位的观念是强势国家，而不是自由的个人；是国家主义，而不是自由主义。[42]确实，在法国，这种观念持续的时间还要长久。直到路易十四统治的最后二十年，我们才开始看到自由主义的思想对国家的权力进行了挑战。为什么国家这一概念本身不能作为宗教信仰持续下去呢？

我们可以这样回答这个问题：作为一种政治信条，干预主义几乎在它一成为国家政策的原则时就面临着挑战。对这一信条的最显著的表达无疑是下议院对伊丽莎白时代垄断行为的抗争。[43]新的经济精神在刚出现的时候就偏爱自由主义，这样说或许有些夸张，但是，可以肯定的是，只有当国内的秩序与和平受到怀疑时，人们才会支持干预主义的政策。一旦国家平复了国内的反对者，它对规章制度的干预态度就会立即遭到批评，国家干预就被人们认为对个人努力构成障碍了。这部分地是因为国家的行政能力不足以支撑它所试图进行的干预行为，部分地也因为国家对其朝臣的偏爱往往让后者享有特权，使其获利，而这往往以牺牲商人的利益为代价。詹姆士就曾告诉下议院，“所有自由的臣民，生来享有对自由经营的产业的继承权”[44]。另外的原因是，正如皮雷纳（Pirenne）所指出的那样，大多数的资本家都是暴发户，只要给予他们一个良好的秩序，他们就可以在自由的政权下更好地寻求自己的道路，而无须因国家的帮助而支付成本。[45]简单地说，国家经济只是通往个人经济道路上的一个阶段而已。国家只要也只有取得成功，才能一直存续下去。它创造了国内秩序，因此受到了欢迎。但是，从其本质上来说国家是独断专横、变幻莫测和效率低下的。国家的习惯是由政治家决定的，而这些政治家的观点只是部分地满足了资本主义的需求。政治家需要的是一个可以按照他们自己的目的直接予以塑造的国家，并且越是获得安定的国内秩序，他们就越坚信，由他们主控一切才是通往这样的国家的必由之路。在这种情况下，他们可以制定规则来控制财富的获取，那样，他们就可以获得大多数的财富。他们能够控制君主的欲望，尤其是在财政事务方面。他们可以限制那些倾向于在政治机构中占据垄断地位的土地贵族的特权。绝对专制主义国家阻碍了不受限制的自由资本主义的充分发展。宪政理论的提出，以规则代替了随意决定，以公民自由代替了君主的反复无常。宪政理论是工商业者在国家经济无法满足其需求的情况下提出的答案。重商主义之所以失败，是因为自由原则能为自身利益同自由生产紧密相关的人士提供更为广阔的前景。

六

新的神学遵循类似的道路，它的主要成就在于用理性取代了权威作为确立信仰权利的主要标准。当然，从某种意义上来说，这种态度就暗含在清教主义的内容之中。路德对《圣经》的崇拜不可避免地是反权威主义的，这是因为除了诉诸个人的洞察力来证明自身观点的合法性以外，他找不到其他标准，即使是刻板的加尔文主义的逻辑也无济于事。波修（Bossuet）有关清教主义的不同派别为无神论敞开大门的指控，是无可辩驳的。[46]但是，就我来说，神学变革的重要性不在于它对罗马的攻击，而在于它意想不到地推动了世界的世俗化和个人主义观念的发展。我们必须剖析神学变革是如何影响自由主义学说的发展。

首先是因为神学变革在宗教范围内促进了自由思想的产生。一旦罗马的权威受到了质疑，其教条的基础就注定取决于可以引以为据的《摩西十诫》（testimony）的价值。《摩西十诫》依据时代的精神从全新的角度予以审视。圣经研究不仅否认了罗马的权利主张，它还许可了成倍增加的各种宗教信仰。古典文化的重新发现，使得对新知识的忠诚成为可能。在这种新的忠诚下，基督教本身都可以受到人们的质疑。毫无疑问，夫妻间的不忠行为在16世纪很少发生，比起狂热进行布道训诫的牧师想让我们相信的要少得多。但是，像布鲁诺（Bruno）和瓦尼尼（Vanini）这样的人的命运，拉伯雷（Rabelais）和蒙田（Montaigne）的态度，布丹有失虔诚的声誉，维瑞（Viret）发现有必要发明“自然神论”这一术语，都足以证明确实出现了一种新的精神。[47]正如想象中的17世纪的征途将向人们更充分地展现的那样，探索者们所发现的大量的不同的人类信仰，导致了一种观念，即道德可以独立于基督教的认可而得到界定。在所有的革命时代，牢牢抓住传统宗教以束缚其信徒的做法，都是不受欢迎的。宗教改革时期也不能背离这一普遍规律。

神学改革呈现了一个混乱的局面。这种混乱情形不可避免地对宗教权威的思想展现敌对态度。宗教战争以及与其相伴的激烈诘责，自然降低了人们对宗教权威的尊重。纳什（Nashe）清楚地看到了这种状况[48]；培根以其一贯简洁的风格总结出这一结果，他写道，“如果只有一个主要的分歧，那么两个阵营就会为之更为狂热；但因为分歧众多，无神论也就应运而生”[49]。早在1565年的时候，阿孔提俄斯（Acontius）就指出，保存基督教信仰的唯一途径是将宗教派系统一起来。[50]亚米纽斯（Arminius）曾经猛烈抨击派系思想，但是他开出的药方是祈祷、忍耐克制和建立一个全体委员会，这不过是无奈之举。在这样的氛围之下，蒙田的怀疑主义自然成为有教养人士的共同态度。对蒙田来说，在宗教事务中已经不再有绝对的真理。他写道：“我们只是根据流行的习惯接受宗教……其他国家、其他上帝的箴言、同等的承诺和恐吓，都会将一个不同的宗教印刻在我们头脑之中。”[51]宗教战争的结果，无疑削弱了教条对人们思想的控制。

一旦教条的控制遭到削弱，理性的王国就会扩展它的疆域。有关其他国度内的人民的知识，包括这些人民同样怀有与欧洲所能显示的最好的道德原则，拥有同样奢华的财富和令人印象深刻的权利，使得人们从一个全新的角度看待基督教的论争，将其视为众多意见和道德主张之一。甚至耶稣会的教士也开始怀疑：那些他们所遇到的未开化的部落是否就没有在其异教信仰上显示出一个更高尚的习惯？人们开始从历史和地理的角度观察基督教，其结果是将基督教看成了自然的一部分，而不是自然的主宰。反过来，这种观点意味着人们可以发现生活的原则是自然本身的原则。因此，正如拉伯雷和蒙田所认为的，可以很容易地说服人们相信，根据自然原则来生活，是聪明人应该走的道路。这一观念的内涵之一是对享乐的世俗观点，是对中世纪禁欲主义的拒绝。塞拉马修道院的格言成为日益重要的行为准则。但是，一个人若想随心所欲，就必须具有追求享乐的手段，后者乃是物质力量征服的结果。事实上，教条主义信念的衰退，再次促进了世俗精神的发展。这种世俗精神，用其保证物质满足的力量证明了行为的正当性。天堂的光辉并没有湮灭，但是，在世俗精神崛起的时候，天堂的光芒就越发显得那么遥远。

世俗精神的成长，同样在神学领域本身显现出来。世俗主义要求理性作为自己的武器。并且到16世纪末的时候，没有任何迹象比宗教正在用理性的武器来保卫自身的事实更足以表明宗教处于防御的地位。宗教已经不能再将自己假定的东西强加于世人身上，而必须用理性的推断来证明这些假定是可赞赏的。没有什么可以比我们文学作品中的主人公对伊丽莎白式解决宗教问题的最好辩护更清楚地表明了这一点。任何人只要将胡克（Hooker）的《教会政治》（*Ecclesiastical Polity*）与其上一代的宗教改革精神相比较，就都不难发现他已经进入到一个不同的世界。胡克写道："用自然标准来判断我们的行为，就是用理性来决定和判断什么是好的并应该做的事情。"[52]胡克对传统有着学者式的尊敬，但不是盲目崇拜。他认为："人受权威的束缚和领导，就像遭到判断的束缚，尽管有理由反抗，有理由不听从，但还是像牲畜那样追随在领头者后面，不知道或不关心目标何在：这就是畜生。再者，认为人是需要权威的，不论这权威是反对理性还是高于理性的，这并不是我们的信仰。有知识的人类群体，尽管从来不是那么伟大和受到人们的尊敬，将只服从理性。"[53]因此，根据这一主张，即使是教会的声音也是从属性的。胡克坚持认为，"没有自然话语和理性"的帮助，就不能获得知识；这种知识将保证人们接受信仰的规束。

从这样的观点来看，胡克的理论几乎全部是建立在理性和功利的基础之上的。君主高于教会的权力能够得到人们的接受，不是基于历史和经文的规定，而是出于社会的便利。由教士来独掌宗教法规制定的思想是不公平的，他写道，"我们打算坚持这一点：最符合公平和理性的事情是，在基督教共和体内，没有任何宗教法规可以不经教士和世俗人士的同意而被制定出来；最不合理和理性的事情是，这些法规只要最高权威当局的同意就可以被制定"[54]。就算是上帝的法令也不是永恒的。他还写道，"因此，尽管一些法律是由上帝亲自制定，所制定的法律的目标也依然存在，但随着人物和时间的改变，当人们发现它们不足以实现人类的目标时，这些法律必然遭到废弃"[55]。根据胡克的观点，接受教会进化的思想是正当的。正如他所说的，“因此，我认为，上帝不管是作为宗教政府的立法者，还是作为将这些法律写入《圣经》的承诺者，都不是所有教会应该始终不渝地接受这些法律的充足理由”[56]。

毫不夸张地说，在胡克生活的年代，培根是不会否认这种看法的；生活在 17 世纪的霍布斯几乎也不会这么做。这在很大程度上具有那种主张宗教应受国家支配观点的味道。它是建立在这样的假设之上：国家能够合理地改变宗教的习俗，以适应新的社会需求。这表明，胡克与那些掌握科学知识以塑造新世界的人士是同一时代的人。的确，这不是个人主义者在宗教事务方面的工作，没有迹象表明，几乎要挑战一切的无政府主义已经崭露头角。在下一个时代，齐灵渥斯（Chillingworth）将用无政府主义来保卫个人裁决宗教事务的权利。同他的批评者一样，胡克深信，在宗教领域需要秩序、规则和形式。但他眼中的教会存在于现实世界当中，而不是在天堂之上。他试图调整教会以适应生活在新社会当中人们的需求，使教会建立在这样的基础之上，即如果需要的话，教会将具有进一步调适的能力。胡克信仰基督教的深度只会使他的观念具有更加重要的意义。他设想的教会不会定义它所在社会的生活，而仅仅是表述生活的普遍习俗。教会有意识地接受新的影响，摆脱了传统的束缚。这是自伊拉斯谟（Erasmus）以来，为适应新时代需求而作出最大让步的论述。

毫无疑问，胡克的态度与他同一时代的大多数人相比是偏左的。他的态度是一种方向的指引，而不是对方向的限定。但是，他还是忠实地显示出这种革命的轮廓，这场革命在路德首次贸然前行后的 80 年时间内得以酿就。在胡克的时代，基督教精神并没有得到全面的制度性的表述，而只是在欧洲发挥部分效力；已经没有什么强大的力量足以成功地挑战政治国家的地位，教会开始依赖国家，因为国家可以实现教会所欲强制实施的社会规训。随着时间的推移，宗教越来越受到各种批判性学说的影响，这些学说削弱了教会的规训力量。理性主义已经登上舞台。[57]新的世界——带有几分羞涩，几分气定神闲——将信誉授给了理性主义。理性主义的目标是世俗的，它孜孜以求的是将人类的物质国度建立在自然之上。理性主义也含有个人主义倾向，因为教会的普世规则的崩溃，意味着个人本身已经越来越有能力塑造他将接受的社会约束的状况，并且正由于它是个人主义的，所以也就具有自然主义倾向。理性主义对红衣主教有关原罪的教义越来越无动于衷，而越来越多地受到自我实现这一批判性原则的影响。个人的努力在那一时代已经使得如此众多的人士掌握了自身的命运，以至于人们所寻求的具有约束力的道德理想，是可以容纳个人意愿的表达的。但是在那个时代，个人努力的途径，首先是由新的经济机会决定的。典型代表人物是新型商人、新型官员、新型探险家和新思想的冒险者。可以说，他们都在拿自己做试验。他们憎恨一切可能干预这种实验的事物。因此，他们开始质疑那些教义，因为从这些教义可以推论出教会有权限制人们通过经验已经表明可以获得更大好处的行为。一旦这种怀疑倾向得到了广泛的传播，神学就失去了它的自信。最初建立在信仰权威基础上的神学，现在则试图主张理性的发现应同信仰平起平坐。但是，这种谦恭要么意味着对个人判断的呼吁，要么是在世俗的基础上要求民间力量的支持，两种情况必居其一。在前一种情况下，教会放弃了强迫他人的权力，在后一种情况下，它为一个不同于自己归宿的目标寻找权威。在那一时代，无论哪种观点都或多或少地表现为一种放弃，即是一种对统治世俗社会权力的放弃。

这才是神学革命的真正意义。它对置身教会之外就不能获得救赎的信条予以否认，并认为，除国家外没有任何权威有能力控制个人的行为。国家承担了这一使命，但是它的动机和目标与教会完全不同。后者是从天堂命运的角度来看待个人，而前者则是以其对世俗力量的贡献来判断个人。因此，对于国家来说，教会已经转变为国家所占有的工具之一，一件可能用来帮助自己实现自身有限目标的武器。教会对财富抱有明显的怀疑，而国家则没有。与此相应，国家的法律约束力逐一削弱了挡在财富积累道路上的宗教原则的衍生物。当然，这一发展过程从来就不是始终如一的，仅仅有一部分是有意为之的。曾经有一段时间，国家几乎在恐惧和担忧中同教会打交道；作为自足的实体，国家本身太过新颖，无法轻易地采取冒险行动，对教会表示不恭。它所要削弱的是根深蒂固的教会权威，这不是在短短的一个世纪里就能够完成的过程。宗教改革的时代，最多只能影响到这一过程的开始阶段。那是一个充满挑战的时代，而不是充满胜利的时代。它所带来的解放从来不会超过预定目标的一半。但是，解放的基础已经奠定。清教主义意味着人们可以质疑教会要求信徒忠诚的权利。为了证明人们享有质疑的权利，所有值得探索的领域都已得到反思，穷尽论辩之道，最后，人们完成了第一步，也是最关键的一步，即重新思考出人类探索的术语，以证明他的设想是正确的。证明了这一点以后，随后所有其他目标都有望实现。

七

中世纪的神学是一种形而上学体系和宇宙哲学。在神学遭到挫败后，对世界进行新的解释就至关重要了。人的思想从一个主要关注死后问题的思维领域，转向关注现实生活问题的思维领域。我们知道，这种方向性的变化将产生革命性的结果。它提供了促进人们研究自然现象的全新刺激。它意味着需要用理性来分析实验，用实验来证明假设的正确性。随着新知识的积累，它否认了将魔力和奇迹视为基本要素的对自然的解释方式，取而代之的是一种新的解释：对事物的观察和规则的排列促使了规律的形成，而规律又反过来使人们具有了预测的能力。随着科学的成果开始导致一种超越自然的权力，科学的实践者对理性的力量有了更大的信心，这种理性无须权威或信仰的帮助，便可以揭示自然的奥秘。任何东西只要挡在通往理性之途，就将受到人们的憎恨。尽管在很大程度上没有特定的目标，从事科学研究的人都是为自由思考权利而斗争的战士，而自由思考是自由信仰的重要原则之一。植根于他们态度之中的，是对中世纪的两大原则的反对：一个是中心论，另一个是目的论。这种反抗不是突然间出现的，而是在一点一滴的斗争中激发出来的。布鲁诺的殉难、伽利略的监禁、笛卡儿的谨慎、开普勒充满激情的神秘主义、像哈维这样伟大的实验主义者仍旧参加巫术考察、牛顿对传统宗教信仰问题的浓厚持久兴趣，所有的这一切都表明，中世纪主义（medievalism）的氛围是多么的顽固和难以改变。但是，在哥白尼假说发表以后，科学精神加快了向世俗主义转向的步伐。为了掌握对人们可以感知的现实世界的权力而获取知识，这本身就是充足正当的理由。这种态度同新的商业进取精神结合在一起，改变了行为规范。

我们不能忘记，科学精神同技术进步二者关系的重要性。[58]大多数的发明之所以出现，是因为新工具被制造出来，这些工具使得观察能力成倍地增长。詹森（Jansen）发明了复合显微镜、伦纳德（Leonard）在望远镜方面的贡献、航海工具的显著发展、第谷·布拉赫（Tycho Brahe）在天文学精确发明方面的成就，所有这一切都意味着人们对新世界有了深入的了解。在维塔（Vieta）和卡丹（Cardan）的努力下发展起来的数学又使人们手里拥有了新的武器。史蒂文（Stevin）奠定了现代流体力学的基础，在世纪末，开普勒又开创了光学研究的新基础。同样显著的发明还有吉尔伯特（Gilbert）在磁学和电学方面的贡献，其重要性不仅体现在它的实际效果上，也在于它的实验方法。航海大发现极大地促进了地理学和生物学的发展。在植物学方面，利库拉斯（L' Eclus）、玛蒂奥利（Mattioli）、包兴（Bauhin）和舍萨皮尼（Cesalpini）开创了一个新的纪元。我们可以说仅维萨里（Vesalius）一个人就促成了解剖学的革命，而塞尔维特（Servetus）和法布里丘斯（Fabricius）为哈维的重大发展奠定了基础。医学的发展也同样迅速，不仅有诊断和治疗方面的进步，还制造出假眼和义肢，以及新药的使用和对疾病的更专业的研究。仅凭阿布诺伊斯·佩尔（Ambroise Paré）这样的名字就可以显示出一种革命性的思维途径。

详细讨论科学的时代成就和经济特征间的关系，将会超出我该论述的范围，我只要指出它们之间的紧密联系就已经足够了。地理大发现对航海技术以及天文学和物理学的推动，新的战争方式对工程学和物理学的重要性，农业革命产生的浅耕法以及通过圈地运动而诱发的新纺织方法和机器的运用，建筑学中古典思想的复兴对解决建筑机械新问题的影响，煤和金属的深层挖掘对工程学和冶炼学的推动，阿格里科拉（Agricola）在1556年所强调的在所有重工业领域安装节约劳动力的设备，1558年在奥格斯堡（Augsburg）甚至更早在托利多（Toledo）完成的城市供水工程建设，所有的这一切都显示出科学家的工作和工业的发展存在着紧密的联系。我想，可以毫不过分地说，牛顿在《原理》（*Principia*）中所阐述的观点是在商人向科学提出的一系列问题中出现的。[59]在商人追逐财富的过程中，他们需要征服自然的新力量，需要发展出征服这种力量的新工具。他们的需要为科学家设定了范围，在这一范围中，出现了一幅宇宙的新景象和对自然的新控制。在探索中的协作，是现代世界最重大的事件，即使这种协作在有些场合是刻意而为，在有些场合只是部分有意为之。

我们可以在整个世纪探索的每一个方面看到这样的重要性，但是在两个生活境遇截然不同的人身上，最能体现世纪探索的影响。他们概括出了其学说的最终意涵。也许，与其把布鲁诺说成是宗教改革时期的代表，不如把他看成是文艺复兴时期的人物。或许进一步说，他所总结的对生活的态度脱胎于旧权威和新见识之间的冲突，这些新见识界定了他的基本原则。[60]他不满中世纪的教义和由此造成的地方观念。他看到宇宙中存在着秩序和不容违背的规律。他对宇宙无穷性的认识甚至超越了哥白尼。哥白尼认为世界的无穷性可以简约为基督教神学。布鲁诺的著作中有一个基调，就是不顾一切地沉迷于从暴君统治中解放出来的快感之中。他是一个泛神论者，痴迷于宇宙的神性，但同时也是一个认识到人类个性尊严的泛神论者。他的洞见是赐予人性的。布鲁诺将库萨鲁斯（Cusanus）的哲学与哥白尼的科学相结合，提出了一套形而上学观点，认为他所在时代的所有已经被接受的教义都是抽象的。布鲁诺宣称要享受这一亲身感受到的解放的力量，并从这一力量的意涵出发，几乎不加保留地欢迎对权威的有意识的反抗。在这种思想的激励下，他欣喜若狂地声称发现了新的真理，而一点没有谨小慎微的感觉，也不同于那些与其同时代的其他人，他们都因为谨慎而保持沉默或妥协。他的不可推卸的使命意识不可避免地导致了他的殉难，但他的敌人也不妨认为，燃尽他身体的火焰，正在烧掉一个旧世界，同时也成全了他那悲剧的人生。

布鲁诺以一种极端的方式证明，新科学在多大程度上将一代人从旧宇宙论的束缚下解放出来。他的态度无异于宣称，现代人有权利遵从自己的思想，而不管这种思想会将人们指引到哪里。怀特海（Whitehead）教授也许是正确的，当他说："他（指布鲁诺——译者注）遭受苦难的原因不是科学，而是充满想象力的自由猜想。"但布鲁诺殉难的关键，是表明新科学已经提供了广阔的思想前景。这一点在培根那里也同样正确。在他身上所呈现的，首先是一个新的世界诞生了，其次是科学已经赋予人们掌握自身命运的手段。这种意识比其同时代任何其他人的表述都更加重要。他告诉我们，科学发现"改变了世界上所有事物的整个面貌和状态"。对于经院哲学家的"退化知识"，培根只有蔑视，因为他们"缺乏掌握大量的材料和无限的智慧激荡，为我们编织了一个徒耗人力的知识网络，并充斥于他们的书中……但是，没有实质意义，也不能带来利润"。培根所呼吁的是实验和对自然进行合作调查研究，抛弃偏见，建立调查的正确方法。我们必须坚持经验主义和理性。我们必须坚持不懈地观察，并精心记录观察的结果。我们必须将科学研究作为一项公共政策的原则。只有这样，"人类的知识和人类的力量才能合为一体。因为不知道根据何在，就不能产生结果。想要支配自然，就必须遵循自然的规律"。

的确，支配自然是培根的最高理想，而支配自然的途径，就是发现自然所遵循的规律。从更高的角度来看，他的观点本质上是功利主义的。他没有布鲁诺那种对知识本身的热情，他的目标是探索知识所赋予的力量。他是传统的敌人，也是那种为了传统而给知识的获取设置边界的权威之敌人。"人类财产的解放，为人类便利提供服务，发挥人类统治世界的力量"，"恢复人类对自然的主宰地位"，这些都是他所设想的科学的目的。《新亚特兰蒂斯》（*New Atlantis*）的读者仍然可以从字里行间感觉到可以使宇宙重生的力量。他的观点，并未局限于自然科学领域。他主张建立一种新的历史学。从传统意义上，他使哲学从形而上学的沉思中解放出来，而成为一种与后者格格不入的思维方法。因为对他来说，哲学除了保存自然的知识，别无他意。在对他所处时代的学术缺陷进行攻击的过程中，培根提出了一个理想，但其理想的完整性尚未在我们的时代完全实现。他允许存在高利贷，说明作为一个政治家，他将商业需求置于神学原则之上，他对教会的态度完全是国家支配论的体现。对他来说，教会仅仅是国家可以用来追逐权力的工具而已。[61]

的确，权力的观念是培根思想体系的核心。从本质上说，他是马基雅维利的门徒，因为培根的道德准则标准只是依据是否具有满足物欲的能力。确实如此，除了马基雅维利，培根是那一时代最没有神学色彩的思想家。效率和功利是他的信条，对于任何干预这种信条实现的事物，他都会不留余地地强烈谴责。在培根眼中，人首先是在欲望的驱动下实现自身能力的生物。在那个充满野心、虚荣、恐惧和自私的世界里，以及在众所周知的中世纪的规则遭到破坏的世界里，他寻求能够最大实现能力的条件。培根的行为准则是商人的标准，这些标准最终服务于权力，而不是利益。在他的科学观念中，也许存在不足之处。这使他不由自主地受限于更为久远的亚里士多德的世界观。培根对科学的论述，也许有如哈维率直指出的那样，像是一个大法官的口吻。但他以大法官的口吻论述科学，目的在于管理一片巨大的领地，这片土地上存在着的无限可能性令其十分陶醉。如果政府的原则阻碍了这些可能性的实现，培根就认为不该接受其有效性。

八

到了1600年，我们也许可以明确地说，人们生活和工作在一个新的道德世界里。形成这一状况的原因，确实是多种多样的。但在所有的原因中，最重要的是对财富唾手可得的感觉。在对新财富的追求中出现了一种批判传统的倾向，从长远来看，传统对于新道德成为规范人们行为的约束力量的影响是致命性的。生活中的每一个因素，都以一种全新的和富有创造力的方式展现在我们面前。人们追求新鲜事物的热情是强烈的，单单是人们如饥似渴地阅读地理探险的记载，就足以证明这一点。从这些记载中，人们发现了一些观念的存在：充满善良美德的未开放部落、独立于基督教原则而存在的美好生活、进步的可能性、道德和政府的相对主义，人们可以从中找到和平与宽容的遥远大陆。所有这一切的重要意义是不能否认的。正如耶稣教徒的著作所显示的那样，这些观念甚至也影响到了传教士本身。这些观念极大地影响了像蒙田和布丹这样的思想家的心灵，这从他们作品的字里行间中可以清楚地看到。可以毫不夸张地说，16 世纪已经奠定了一些基本原则，这些原则在 18 世纪塑造了伏尔泰、亚当·斯密、休谟、狄德罗和康德的思想。人们正有意识地进行一场新的探险，并且痛恨那些旧世纪特征的束缚。

这也解释了世俗主义的出现，对罗马教廷的攻击，主要是反对横亘在新征程上的生活方式。罗马教义太绝对了，给人感觉它是为一个永远逝去的稳定世界而设计的。罗马教义过于强调今生仅仅是为来世做准备，以至于它对人们认为与自己相关的可能性进行百般干预。不管这种干预是出于善意还是邪恶，我们都无须决定。我们只要感觉到这种干预是无所不在的不合理约束就足够了。同罗马的观点相比，世俗主义有无数的优点，这些优点是可以直接衡量和现实可知的。它催生了新的观念以及与之相联系的原理，我们可以参考这些原理，并从中得出新的行为规范。我们可以从世俗主义对待高利贷和穷人的态度中，看到它对经济领域的影响程度。每一个变化的产生，都是因为旧事物干预了财富的积累。每一个被抛弃的事物，都是因为它限制了新机会的利用。到了 16 世纪末，已经是国家而不是教会，成为和平与秩序的维护者。国家发展了自己的行为规则，甚至可以毫不过分地说，国家发展了自己的“神学”，也可以说，在宗教改革之后，国家将宗教看成是一种可以使用的工具，而不是所要服务的目标。国家用自己的意识形态征服了教会，强调将功利主义作为衡量道德理想的标准，并将教会变成了自己的代理人。

但是，国家毕竟只是人类的集合体，在特定的时候，以特定的方式，行使社会的最高的强制性权力。16 世纪最显著的事实就是权力运用的方式。国家权力的行使主要是争取和平与物质力量。它日益体现在领导它的君主身上。当时不少文献或多或少地都会论及君主作为国家化身的情形，因为传统榜样的影响，在对强人的需求面前显得微不足道；在一个无政府的时代，强人将会把他的意志强加到民众身上。16 世纪的君主被允许拥有广泛的权力，因为他的权威越大，克服障碍实现经济复兴的机会就越大。没有人比商人更渴望和平。正是他们与君主结盟，才最有助于挫败大领主保留独立权威残余的努力。崛起中的资产阶级发现，一个强大的中央权威是维护自身生存的最好保障，是保证自身繁荣的最大希望。君主也意识到这种联盟的价值，国家的立法在很大程度上有意识地确立了资产阶级所要求的有利条件。资产阶级获得的财富越多，国家就越强大，君主应该鼓励和保护工业家，为他们提供和平，提供廉价和高效的司法服务，以及受过训练的工人阶级。我们可以在都铎法律的庄严的英语前言中发现这种倾向。从教士和小册子作者的请愿中——他们以悲剧性的口吻，要求那些利用新方法的获益者，对那些失败人士采取更加慷慨的态度——我们可以衡量上述变化的一些代价。[62]

资产阶级正处于上升阶段，但我们应注意的是，它尚未真正崛起，它对国家的态度依然是卑躬屈膝。作为国家的盟友，资产阶级意识到自己必须谦卑，还不敢争取主导权。对于所寻求的东西，资产阶级要求获得特权，而不是确立其权利所在。它的基本要求可以说都是对自己有利的，国家在给予资产阶级特权时，也许会意识到这一点。在那一时代，我们尚未达到个人主义的阶段。国王和贵族依然处于特殊的地位，而律师和他的商人客户还未完全建立联盟。但是，那一时代的国家所迈出的每一步都不得不依赖商人。对军事防御日益增长的需求使得工业的重要性日益扩大，不论是就政策性资助还是武器制造而言都是如此。这种影响逐步增加，因为国家在军事上的投入越多，商人因此而获得的利益就越大，正如 17 世纪的布永（Bouillon）所注意的那样，“火炮吞食了财政”[63]。不断追求新式武器的特性，导致重工业以前所未有的规模增长。不仅如此，反过来又导致了一些新的问题，如弹道学的提出，这使得科学与工业的关系更加紧密，使得某一团体的人成为了另一个团体的需要和观点的支持者，这样新的军事国家很自然地与公共设施的政策相联系，特别是交通领域。这意味着借贷的发展和工程师的增多，借贷使银行家的地位更为重要。这在实际上强调的是，如果想要最大限度地壮大自己的力量，国家就需要将资产阶级在私人领域正在运用的规则应用到整个国家。不管国家是否愿意，资产阶级都将国家变成了一个资本主义国家。因为，到了 1600 年，国家只有将新的经济精神融入到自身的立国之本，才能成功地追求自己的目标。新的权力方式开始日益成为资本主义的方式。

这所有的一切都涉及行政原则的理性化，并产生了极大的影响。重要的是，国家的主要官员变成了平民而不是教士，而这本身就是一场革命。同样重要的是，在很大程度上，主要官员也应该是新式的冒险家，他们解决问题的态度使他们倾向于对新企业的目标和方法抱有同情心理。的确，我们不能过于夸大这一事实。一旦斯图亚特王朝掌握了英国的统治权，国家和商人的观念之间就立刻出现了矛盾。但到 1642 年，商人已经准备同君主展开斗争，以争取控制国家的权力。这表明新的行政理念已经深入人心。这种倾向在 16 世纪就已经出现了征兆，例如关于垄断的争论，以及彼得·温特沃斯（Peter Wentworth）准备将议会作为发泄不满的平台的行为方式，这在某种意义上使他成为了皮姆（Pym）和汉普登（Hampden）的真正先驱。至少我们可以说，截至 1600 年，国家已经为了新的目标，建立了它所需要的制度工具。英国议会无疑占据了独特的位置，但是国王的枢密院、国王的宫廷和各行政部门也都以一个新的规模在运行。不论是英国的威廉·塞西尔（William Cecil），还是晚些时候法国的萨利（Sully），这些国王的大臣们都怀有新的理念。在他们看来，战士和贵族都是他们的附属。崛起中的律师取得了独立的政治地位，这部分是因为国家法律日益重要而赋予他们重要性，部分是因为新的政权需要法律原则和行政标准，而律师是最适合这种需要的人物类别。在16世纪初的大臣莫尔（More）和一个世纪之后的大臣培根之间，差别是巨大的：他们关于善的标准彼此没有任何关联的地方。他们二人中，一个带有中世纪教徒的典型特征，尽管他具有现代的观念，另一个则是有能力的大臣，在他身上，个人进步决定了行为的所有标准。《乌托邦》的作者并不是没有意识到文艺复兴时期的激情和发现，但他企图将这些都置于天主教理想的光环之下。《新亚特兰蒂斯》的作者的倾向则完全是世俗化的。他代表了未来的世界，在这样的世界里有坦诚的唯物主义、对权力的渴望、对禁欲主义的蔑视和对自然人的欣然接受。从莫尔的去世到培根的去世，隔了整整一个世界。他们之间的不同，象征着这种变迁的内涵。

也就是说，在16世纪已经奠定了自由思想的基础，出现了一个独立于宗教理想的社会规则，还产生了一个自足的国家。当时的知识分子意识到对思考权利的限制，就是对人们获取物质力量的权利的限制，尽管这种意识也许有些令人不自在。包括地理判断和意识形态在内，一个新的物理世界已经出现。经验的内容也是新的，新的假设也需要新的阐释。它们的特点也已经在社会理论领域得到了界定，与在科学和哲学领域的情况完全一样。这些经验的内容是物质的和属于这个世界的，而不是精神的和属于另一个世界的。它是扩张的、功利的和自信的。它在自己面前，设定了超越自然的权力的理想状态，因为这一超自然的力量将给人们带来轻松舒适的生活。从本质上看，这是一个新的阶级观念，一旦获得了权威，这一阶级相信自己可以比前人更好地塑造人类的命运。这在它所赖以提出发展建议的哲学中可以看出端倪。在下一个世纪里，它将会毫不犹豫地向这一方向迈进，对这一哲学予以更充分的界定。

【注释】

[1] 关于圣·戈德里克（St. Godric），参见 H. Pirenne，*Les Villes du Moyen Age*，p. 105。

[2] 关于雅克·科尔（Jacques Coeur），参见 R. Bouvier，*Jacques Coeur*（1928）。

[3] 马克斯·韦伯的名著是 *Protestant Ethic and the Rise of Capitalism*。它催生了大量的文献，其中 Sombart，Troeltsch，Hauser 和 Tawney 的作品是最出名

的。Tawney 的 *Riligion and the Rise of Capitalism*（1928）可以说是对这一主题的最概括性的讨论。也可查阅他对韦伯著作英译本所做的介绍。

[4] Tawney，*op. cit.*，p. 232.

[5] 关于路德的经济观念，可特别参见 *Werke*（Erlangen edition），Vol. 22，p. 201 and Vol. 23，p. 306。在 *Grisar*，*Luther*（1912），Vol. III，579f 以及 Troeltsch，*Social Teaching of the Christian Churches*（1933），Vol. I，chap. III，Sec. 2. 中对他的思想进行了很好的讨论。

[6] 关于加尔文在日内瓦的事情，参见 E，Choisy 的 *L' Etat Chrétien Calviniste*（*1902*）。关于加尔文的经济思想，最好的论述是 H. Hauser，*Les Debuts du Capitalisme*（1925），Chapter II。

[7] 此信发表在他的 *Epistolae et Responsa*（1575），p. 355；关于高利贷的论述参见 Sermon XXVIII。

[8] 参见对托尼的评论，见上书，107 页。

[9] 关于圣·安东尼，参见 *Opera*（1745），Vol. III，p. 25；关于他的观点，参见 C. Hegner，*Die Volkswirtschaftlichen Anschauung Antoninus von Florenz*（1904）。

[10] Biel，*Sententiae*，IV，15；XII，S.

[11] Robert Crowley，*Select Works*（1872），especially *The Way to Wealth and Epigrams.*

[12] Lever，*Sermons*（ed. Arber，1895）.

[13] Hugh Latiner，*Sermons*（Everyman's Library）.

[14] Seebohm，*Oxford Reformers*（ed. of 1914），pp. 230－247.

[15] *The Praise of Folly*（Holbein ed.），pp. 258－270.

[16] Simon Fish，*A Supplication for the Beggars*（ed. Arber，1878）.

[17] 关于国王对菲什的小册子的态度，参见 Foxe，*Acts and Monuments*（1846），IV，p. 657。

[18] 关于摩尔的回答，参见他的 *Supplication of Soulys*。

[19] Strype，*Ecclesiastical Memorials*（1822），Vol. I，pp. 75、112.

[20] *Calendar of State Papers*，etc. Henry VIII，Vol. Ⅵ，No. 1164. Cf. Bayne，*Life of Fisher*（1921），p. 78.

[21] Hall，*History of Henry VIII*（ed. Of 1901），II，p. 210.

[22] *Calendar*，XI，pp. 768，828；XII，p. 70；XIV，p. 186；Hall，*op. cit.*，

II，p. 270. 关于证据见 *Record Series*，Yorkshire Archaeological Society，Vol. 47。

［23］威尼斯大使注意到了这种危险。参见威尼斯档案室中的日历，1535，No. 54。

［24］*De Officio Regis*（1857），p. 185，参见英语著作（ed. Arnold，1869），III，p. 216。

［25］Cf. *Somers Tracts*（ed. Of 1809），I，p. 42f.

［26］*History of Henry VIII*（1872），pp. 624－626.

［27］Strype，*op. cit.*，I，pp. 417－421.

［28］*Calendar of State Papers*，X，pp. 599，601；Strype，*op. cit.*，I，p. 405f.

［29］Blunt，*Reformation of the Church of England*（1874），p. 11.

［30］关于16世纪的政治思想，一般来说，J. W. Allen 教授的 *European Political Thought in the Sixteenth Century* 是迄今最好的解释。

［31］极其需要对贝拉明的政治思想和背景进行充分的阐述。关于他的最好的传记是 Father Brodrick，*Blessed Robert Bellarmine*（2 Vols.，1933）。对他的政治思想所做的最好阐述是 C. H. McIlwain 教授为他的著作 *Political Works of James I*（1919）所撰写的导论。

［32］虽然 R. Chauviré 增加了很多重要的新材料，但对布丹进行最充分论述的仍然是 H. Baudrillart（1856）。对布丹政治哲学和来源的批判性阐释仍有待研究。Y. C. Hoe 的 *The Origin of Parliamentary Sovereignty*（Shanghai，1935），Chapter IV 对布丹的思想做了很好的总结。

［33］*De Republica*（1577），I，8，p. 93.

［34］关于这个时代，可见我在 *Defence of Liberty against Tyrants*（1924）再版时所撰写的导论及其所引用的著作。

［35］关于法国宗教战争的政治哲学，已经过世的 Figgis 博士的 *From Gerson to Grotius*（1907）仍然是迄今最值得推荐的著述。

［36］关于这一主题仍有很多工作去做，包括与英国法律的关系。关于 Coke 和《经济自由主义的兴起》（*Rise of Economic Liberalism*）一书，D. O. Wagner 在1935年10月的 *Economic History Journal* 上写了一篇有趣的文章。D. Seaborne Davis 在50 *Law Quarterly Review* 的86～109页、260～274页也有一些关于专利法的有趣发现。

［37］在格劳秀斯以前，尚未出现一部好的国际关系史，在 T. A. Walker，*A*

History of the Law of Nations, Vol. I（1899）及其法文选集 *Les Fondateurs du Droit Internationa*（1904），以及在 G. G. Butler 和 S. Maccoby 的 *The Development of International Law*（1925）中有一些有用的材料，但仍然没有人充分论证出法律和经济演变之间的关系。

[38] 无须强调，我应该将其更多地归功于 Maitland 著名的瑞德演讲 *English Law and the Renaissance*（1900）。

[39] 对重商主义最概括性的论述是 E. F. Heckscher，*Mercantilism*，2 vols.（1935）。

[40] 关于拉斐玛斯，参见 H. Hauser 在 *Les Débuts du Capitalisme*（1925）中的有价值的文章。Cole 教授在 *French Mercantilism before Colbert*（1933）中对法国的前考伯特时代做了简洁的论述。

[41] 16 世纪关于宗教自由的文献有很多，最概括性的论述是 Jordon，*The Development of Religious Toleration in England*（1932），此书对现代著作及其来源提供了充分的参考书目。关于卡斯特利恩，F. Buisson 写了一本著名而重要的传记。对阿孔提俄斯做的简短精精炼的论述是 J. W. Allen，见上书。

[42] 关于国家理性，F. Meinecke 的 *Die Idee der Staatsrason*（1924）现在仍然主导着这一领域。但也不乏有价值的材料，特别是在意大利方面。参见 G. Ferrari，*Histoire du Raison d'état*（1846），以及 L. A. Burd 所编辑出版的著作，其中有阿克顿爵士（Lord Acton）为其所作的经典序言。参见 Machiavelli，*Prince*（1895）。

[43] Prothero，*Statutes and Constitutional Documents*（1913），p. 111.

[44] *Commons' Journals*，Vol. I，p. 218.

[45] *Les Periodes de l'Histoire sociale du Capitalisme*（1925）.

[46] *Historire des Variations*（1688）.

[47] Viret，*Instruction Chretienne*. Mersenne 在 *Impiete des Deistes*（1623）中说道，仅在巴黎就有 5 万无神论者，这显然是修辞上的夸张。

[48] Thomas Nashe，*Pierce Penniless' Supplication to the Devil*（1592），ed. Payne Collier（1842），p. 19.

[49] F. Bacon，*Essays*.

[50] Acontius，*Satanae Stratagematum libri VIII*（1565）. 此书在 1927 年由 W. Kohler 重印。

[51] *Essais*，IV，p. 22.

[52] *Ecclesiastical Policy*，Book I，Sec. VIII [Works（1888），I，p. 99.].

[53] Ibid.，Book III，Sec. VII（Works，I，p. 182).

[54] Ibid.，Book VIII，Sec. VI（Works，III，p. 303).

[55] Ibid.，I，p. 236.

[56] Ibid.，I，p. 240.

[57] 关于这一时代的理性主义，已经过世的 J. M. Robertson 的 *Short History of Free Thought*（revised ed.，2 vol.，1936）是非常重要的研究。

[58] 在接下来的段落中，可以参见 A. Wolf 教授的 *Massive History of Science and Technology in the 16th，17th and 18th Centuries*（1935)。非常感谢此书提供的有价值的引导。

[59] 俄国学者 B. Hessen 引人注目地展现了这一主题，参见 *Economic Roots of Newton's Principa*。

[60] 关于布鲁诺，参见 G.. Gentile，*Giordano Bruno*（1920)；L. Kuhlenbeck，*Giordano Bruno*（1913)；V. Spampanato，*Sulla Soglis del Secento*（1926)。

[61] C. D. Broad 在他的 *Philosophy of F. Bacon*（1926）一书中精辟地指出了培根的优缺点。

[62] 参见托尼上引书对这一文献的论述。在 A. V. Judges 的 *The Elizabethan Underworld*（1930）和 L. B. Wright 的 *Middle class Culture in Elizabethan England*（1934）这两本书中也有很多有趣的材料；前者附有一篇有价值的导言，后者附有珍贵的参考书目。

[63] P. Boissonade，*Le Socialisme d' Etat*（1927)，p. 205.

第二章　17 世纪

一

将 17 世纪称为天才的时代可谓实至名归。即使在三百多年后的今天，这一世纪中所有发现的深远意义也尚未穷尽。不过，我们最好不要太过强调 17 世纪与前一世纪的泾渭分明。从一个世纪向另一世纪的演进是渐变而非突变，一个世纪的规则可以说仅仅是前一时代播下的种子所开的花朵而已。牛顿、笛卡儿、霍布斯、洛克、帕斯卡、西德纳姆(Sydenham）和拜尔（Bayle）等人只是天才般地发展了先驱们的主要洞见。17 世纪与 16 世纪的差别与其说是态度上的泾渭分明，不如说是在奋力向前的程度和规模上的超越。在 16 世纪时，虽然胜利在望，但人们尚需努力去获取战果。在 17 世纪，新思想的胜利是如此全面，以至于人们在思想领域中几乎无法发现敌人所在。

17 世纪所赢得的究竟是一个什么样的胜利呢？这在英国可以最清楚地看到，人们并没有误解这场胜利结局的意义。这场胜利在道德上是功利主义的胜利，在宗教方面是信仰自由的胜利，在政治领域则是宪政政府的胜利。在经济领域，国家变成了商业的附庸，国家的习惯也被商业所要求的新环境所改变。甚至国家间的战争也是为了市场，为了权力，也就是为了间接地增加国家在经济上的统治地位。殖民地是国家对外征服的战利品，殖民地的获得意味着国家有机会在更加广泛的范围内从事商业贸易。市民开始有意识地参与到政治当中。在这一时代的后期，他们已经在“英格兰银行”（the Bank of England）建立了一套制度，并且认为这是建立一个新国家的基础。政治党派已经产生，内阁制度已具雏形，国王则处于法律的控制之下，而不是凌驾于法律之上。财产的影响范围明确地从农村转到城市。成功的商人不再哀求君主的支持，他们认识到自己的利益可以对宫廷内的王权运作产生影响。17 世纪的英国象征着资产阶级美德的胜利。[1]资产阶级勾画出了一个帝国的轮廓，其商业规模已经超出同一时代的竞争者。它让国王和贵族认识到，他们的特权是与资产阶级的利益一致的。一旦资产阶级完成了其所要求的国内的行政统一，它就必然会决定这种统一的目标是什么。在这一时代，英国中产阶级发挥集体智慧，按照自身的目标重建了国家的框架，即使是同牛顿和霍布斯这种天才比起来也毫不逊色。在迈向成功的过程中，它引导了同代人的精神，不仅为下一代，而且为未来的两个世纪设定了方向，没有任何东西能逃脱它所引发的革命。在建立最高统治地位的过程中，它改变了人们思想的内容和方式。

我们可以在很多方面看到这种变化。例如，从多恩（Donne）和安德鲁斯（Andrewes）的经院式的渲染到蒂洛森（Tillotson）和维克（Wake）简单的道德告诫，说教者关注重点的变化清楚地证明了这一点。从这一时期之初培根的论文到这一时期结束时斯威夫特（Swift）和艾迪森（Addison）的轻松文章，都可以看出这期间发生非常显著的变化。沃恩（Vaughan）和克拉肖（Crashaw）杰出的神秘主义，经由弥尔顿（Milton）喉舌式的宗教注释，最终转变为教皇的理性主义式的自信。社会也许依然接受严格的等级差别，但是，像牛顿这样伟大的科学家，弥尔顿和德赖登（Dryden）这样伟大的文学家，以及像洛克这样伟大的思想家，开始行使一种独立于宫廷和庇护人的权威。优雅的风格开始走进中产阶级的生活。他们的居所、家具、餐盘开始采用最新的奢华形式。在他们的财富和自信面前，禁止奢侈浪费的法律也显得苍白无力。资产阶级呈现出对艺术的兴趣，尽管是在荷兰而不是英国，资产阶级制定了艺术产出的标准。同样重要的是，继莎士比亚以后，戏剧的素材几乎全部涉及人间的情感，宗教矛盾几乎不能引起戏剧的兴趣。甚至在伊丽莎白时期，德克尔（Dekker）在《鞋匠的假日》（*Shoemaker' Holiday*，1600）中也对资产阶级的志向表现出同情。在这部戏剧中，热情的学徒赢得了富人的女儿，尽管他的对手是伯爵和绅士。虽然 17 世纪的英国戏剧仍然集中在中产阶级之上的生活领域，但重要的是，在王朝复辟以后，它已经不再需要服从教会界定的标准。戏剧的主题是智慧的运用、世俗社会中美与恶的斗争、对快乐的追求和青年人与老年人之间的矛盾等。戏剧是否得到认可，完全取决于舞台能够获得自由而无须遵从教会意旨的程度。当有人反对戏剧的粗鄙，正如杰里米·科里尔（Jeremy Collier）所主张的那样，新戏剧开始颂扬资产阶级的典型道德，并把成功当做至高无上的目标。威奇利（Wycherley）、德赖登和康格里夫（Congreve）应该让位给利洛（Lillo），这是商人赢得声望的衡量指标。实际上，在 17 世纪，文学共和国（the Republic of Letters）已经开始采用现代民主的形式。内战极大地促进了期刊的兴起，而期刊的兴起又产生了双重的影响，它既可以使普通人成为评论其周围世界的评论员，又可以使其成为至少是间接地成为政治家和大臣所生存的大世界中的具有批判性的知己。在这一时期，公共舆论这一新生力量日益重要，以至于没有任何权威能够有效地实行新闻审查。在 18 世纪开始的几年里，斯威夫特和笛福（Defoe）已经为政党提供了权威的宣传工具。正如教皇充满仇恨地埋怨道，期刊的兴起可能靠“新的废话”和“旧的丑闻”生存下去。但是，期刊的普遍影响实现了艾迪森的雄心，“使哲学从密室、图书馆、学校和学院中走出来，进入俱乐部、茶馆和咖啡店”[2]。文人将自己定位于向大众传播新知识的诠释者，他们清楚地认识到这项任务的重要性。德赖登指出，人类应该“学习多种学科的知识，应该有理性、哲学和某种程度上的数学头脑……他们应该有各方面的经验，有幽默感和礼貌，应该熟练掌握谈话技巧，应该了解人类的众多基本知识”[3]。总之，17世纪不但具有知识日益丰富这一项16世纪的特征，而且开始有意识地、在更大程度上使自己适应新观众的要求。拉丁语不再是知识分子的通用语言，资产阶级开始进入这一王国。

新教育观的发展也同样重要，就像在其他方面一样，在教育方面，洛克总结了一个世纪的进步结果。[4]首先，最重要的是，洛克认为环境将对教育产生巨大的影响，孩子就像蜡一样，可以按照一个人的意愿进行塑造。显然，这里充分展现了新的权力观念，即科学赋予人类的超越自然的力量。儿童既没有原罪观念也没有宿命论的信仰，如同“一页白纸，没有任何性格”，可以对其进行任何方式的培养。其次，重要的是，洛克假定，孩子将由适合的老师在良好的环境中培养。对洛克来说，教育是只有富人才能支付得起的奢侈品。他所推荐的最典型的培养方式是绅士教育，但是新精神已经扎根于他的观念之中。孩子将学习宗教知识，但是，在孩子的早期教育中，应该保证他们远离迷信思想。教授的课程注重世俗的基本知识和专门科学知识，强调“在世界上有远见地管理自身事物的能力是最重要的”，就算是绅士的儿子也应该学习一门手艺。如果将这一理论同洛克所论述的穷人教育的特色理论相比，他关于穷人在共同体内地位的观点就十分明显了。他写道，“一般知识和科学知识只是那些生活闲适安逸的人应该重视的事情”。也就是说，它适合于那些拥有一定财产，因而享有一定地位的人。对于穷人的孩子就不一样了。洛克认为可以让这些孩子学习宗教和诸如织布、编织等手工技艺，这样就可以在现世找到一份有用的工作，也可以保证他们来世的命运。也就是说，对洛克而言，世界已经根据教育的发展状况，分化为富人和穷人两大基本阶级。对富人来说，教育的目的是获得管理的能力，而不论是管理国家事务还是个人事务；对穷人来说，实现虔诚和有益的服从是教育存在的最终目标。没有什么东西比这种新教育观更能体现资本主义兴起的含义。因此，对洛克来说，资产阶级在经历战争以后获得了与绅士分享统治权力的资格。以后，他的问题就是探索一些教育手段，来维持已经取得的权力平衡。

此外，17世纪的英国出现了一种看待宗教的新态度。从其特征来看，它变得理性，甚至有些世俗化。人们对神秘主义和宗教狂热缺乏兴趣，讨论的重点从教义问题转到了行为问题。当然，自然神论的兴起（其本身就是宗教精神衰落的一个证据），应该承担部分责任。另外的一部分原因是人们已经厌倦无休止的宗教派别争斗，转而重点讨论彼此的统一性，而不是差异性。波舒哀（Bossuet）在宗教改革以后，对基督教的论述尤其反映了王朝复辟以后英国的真实情况。他写道："有些基督教徒剥夺了基督教所有的神秘感，他们将基督教变成了一个只适应感觉的哲学派别……也就是说，他们对自然神论这种伪装的无神论敞开了大门。"[5]这种倾向在洛克的著作中充分展现出来。洛克坚持认为，将内心意识（inner light）和热情作为信仰的基础是危险的。显然，从洛克开始，18 世纪英国的自由思想家得以涌现。事实是，在 16 世纪末期，宗教原则和经济行为之间的差异日益变大，以至于有必要重述宗教的约束力。这种重述的重要性在于它是在 17 世纪，而不是在 16 世纪进行。因为那时，商业革命的重要框架已经建立起来。中产阶级的兴起不再是一个受到挑战的主张，而是一个被人接受的事实。宗教必须适应这种新的秩序。

关于这一适应过程是如何完成的，托尼教授已经在其经典的分析中阐明。[6]他写道，"清教徒作为对圣礼主义徒然卖弄的蔑视者，其平凡的艰苦工作本身就成为了一种圣礼"。我们不需要用韦伯的方法，找出各种分散的文本，来证明清教徒是如何为资本主义的胜利做准备。首先，清教徒没有做过任何这样的工作；其次，在调适其教义框架以适应新环境的过程中，清教徒完全没有意识到他们要服务于新神。在任何情况下也没有一条清教教义提出组成统一战线以适应经济的要求。这一世纪拥有至高无上地位的清教徒，如约翰·本仁（John Bunyan）、乔治·福克斯（Geoege Fox）甚至理查德·巴克斯特（Richard Baxter），都不是出卖物质财富的人。他们中的前两位为了获得拯救的权利，犹如中世纪的圣人，同魔鬼展开了狂热的斗争。他们没有世俗的倾向，在他们的头脑中有根深蒂固的原罪信仰。诉诸恩泽拯救自身，让生活中的每一部分都充满拯救精神，盼望自己得到拯救，这些都成为了他们要努力实现的目标。他们憎恶懒惰，因为懒惰能诱使人们接受脆弱的死亡，而放弃应该走的路。他们拒绝能带来世俗享受的消遣和娱乐，认为精神境界的愉快更重要。宗教的心境使他们成为坚强刚毅、具有坚定信仰的人，这些人只有在付出努力的事务中才能取得成功。

在他们遭到迫害的情况下，这种精神状态会转化为不可挫败的决心。在弥尔顿为反对沃杜瓦（Vaudois）大屠杀而创作的充满激情的十四行诗中，我们依然可以看到那种高亢的愤慨。这只是漫长而骇人听闻的历史记录中的一部分。我们可以经常记起，无论清教徒在什么地方与国家对抗，他们都认为国家不仅是一部镇压的机器，更是一部镇压上帝圣徒的机器。直到宽容法令（Toleration Act）颁布前，他们所认识的国家，都是一个折磨和攻击他们的工具，难怪他们开始怀疑国家行为的动机。在清教徒看来，国家所采取的行动要么总是强制贯彻与上帝教诲相违背的真理，要么就是惩戒那些坚持信仰的同道兄弟们。对他们来说，国家意味着监禁、没收财产、让他们及其依赖者限于贫困。他们从弗兰德斯（Flanders）和法国的被流放者那里了解到流亡国外意味着什么。他们又怎能不根据自己的经验，认为国家所拥有的权力越小，掌控的领域越小，他们可能享受的自由就越大？对他们来说，竭力要求宽容是从日常生活中总结的简单教训。宽容的国家就是确立自由信仰真理的国家，并且建立这样的国家，就是为上帝赢得一场胜利。因此，为反对全能的国家而战，以及建立一套限制国家权力的哲学，这是比经济利益更重要的手段。这也成了一项神圣的使命。自由主义的国家理论，之所以在英国和法国的异教徒中得到广泛的认同，这就是根本的原因。[7]

这种态度与清教主义的宗教精神在某一点上结合起来，并发挥了决定性的影响。正如我所指出的那样，从他们的信仰中可以推论，他们应该将自己的全部精神力量投入到日常生活中，只有这样，他们才能赢得上帝的帮助。但是，我们怎么能不得出这样的结论：获得上帝青睐的证据就是获得成功？我们怎么能不进行这样的推断：既然财富与努力如影随形，那么获得财富的人就是上帝所选择的子民？我们怎样才能避免这种倾向：在为了生存而进行的不顾一切的斗争中，只要是获得了成功的方法，就因为其导致成功而被认定为是得到了上帝的保佑？我们不能假定，对于经济行为必须获得宗教的认可，这些清教徒不如圣公会（Anglican）和天主教那样严格地坚持。埃姆斯（Ames）、巴洛（Baro）和巴克斯特所关注的就是如何获救，而不是为商人构建一套世俗的伦理道德。但是，清教徒的道德家，特别是巴克斯特，认识到他的说教将被应用到一种人生之中，这种人生恰巧因为人类本性而充满悲痛。在强调宗教规则的至高无上方面，他的保守比起其宗教对手来说毫不逊色。但是，由他的生活经历而产生的德行，在很大程度上无意识地削弱了他的规诫的影响力。例如，“诡诈而被诅咒”的高利贷行为，通过微妙的例外和精细的差别找到了立足之地。由内心意识构成的私人领域和由商业行为构成的公共领域之间的区别开始受到重视。一种对待贫穷的心态产生了，这种态度开始将失败同有失体面等同起来。尤其是在 1660 年以后的整个清教主义的观念中，到处流行私人利益构成公共利益的思想。可以毫不过分地说，到了 17 世纪末，清教徒已经为财产所有者制定了一个标准，同时为靠工资为生的人制定了另一个标准。当清教徒在工业领域的支配性立场为人们所铭记以后，其所展现的二元论就变得意义重大。

一般而言，17 世纪的国家习惯产生于清教主义中的某些要素。这些要素使清教主义成为推动一系列世俗观念发展的媒介，尽管这与其内在原则是相矛盾的。此外，由于清教总是少数人信仰的宗教，这使其具有个人主义的倾向。出于对作为迫害者的国家的憎恨，清教徒很容易转而宣传这样的教义：人必须依靠自己，个人幸运是自身努力的结果。宗教迫害使清教徒提出了对财产的权利要求。他们甚至可以接受这样的观点，即反对圈地的国家行动是不可接受的。从人与人之间的唯一联结就是金钱关系这样的观念中，清教徒都能看到美德的存在。虽然清教徒有时会强调其对邻居有博爱和施舍的义务，但他们对提高工资等问题并不感兴趣。虽然清教徒可能反对敲诈、勒索的罪恶行径，但正如笛福所说的那样，他们会从靠工资为生者的“奢华、骄傲和懒惰”中看到其直接原因。在王朝复辟以后，清教徒成了商人阶级中必不可少的组成部分；

商人阶级正在将自己的存在建立在荷兰和法国这种经济帝国的征服之上。为了取得这一胜利，它已经做好了准备。

我们不应该就此认为，清教徒的二元性在那个时代是独一无二的。随着17世纪的进程，它以不同的表现方式，代表了一种在整个欧洲获得重要地位的世界观。它在英国比除荷兰以外的任何地区都具有更加显著的意义，只是因为英国1640年至1688年的革命，在更早时候就给予商人阶级在政治上完全被承认的地位。但是，如果我们暂时将目光转向17世纪的法国，我们就能看到这种观念所波及的范围。因为法国在战胜投石党（Fronde）以后，迎来了君主统治的黄金时代，所有的机构和思想都被重塑，以服务于最高统治者。那是一个宗教广泛变革的时代——是耶稣学院的时代，是皇家港口（Port Royal）的时代，是奥拉托利会（Oratorians）的时代，是教会施舍的时代（在以往法国历史上从未出现过如此大规模的教会施舍）。而且那也是天主教和清教传教士的伟大时代。在这一鼎盛时代中，处于同一阵营的波舒哀、布尔达卢（Bourdaloue）、马西隆（Massillon）、弗莱切尔（Fléchier）和菲纳伦（Fénélon）与处于另一阵营的克劳德（Claude）、索兰（Saurin）和朱里厄（Jurieu）都经历了观念的重大转变。那还是一个产生了——在帕斯卡的《思想录》（*Pensées*）中体现的——也许是自宗教改革以来最有影响力的为自己辩护的基督教的时代。那也是一个围绕宗教的最高权威展开激烈斗争的时代，其激烈程度延伸至欧洲的其他地区，而在为正统性斗争的背后，是王室的权威。

但是，在明确强调基督教原则的背后，资产阶级精神的发展也是清楚无误的事实。我们可以在无数的方面看到这种发展，在詹森主义（Jansenism）中，它隐约地表现了出来，尽管詹森主义有其错误的夸张之处，但它是对侵犯教会的尘世所提出的一种高贵抗议。我们也可以在莫里哀（Molière）对自然伦理的呼吁中看到资本主义精神的成长，他是拉伯雷和蒙田信条的直接继承者。[8]拉·罗什福科（La Rochefoucauld）竭力鼓吹一种不加掩饰的成功信条，一方面是投石党运动造成的灾难，另一方面是他那无休止的雄心，二者的结合使得拉·罗什福科的心目中产生了一种马基雅维利也不会否认的思想。拉·罗什福科所描绘的真理得到了拉布吕耶（La Bruyère）含蓄地确认[9]，因为拉布吕耶的《性格论》（*Caratères*）的全部本质就是，他们承认世俗的王廷已经取得胜利，并且他们还对将资产阶级排除于特权之外的主张表示不满。从拉·罗什福科和圣·埃弗雷蒙（Saint Evremond）的享乐主义（Epicureanism）中，我们还能看到资本主义精神的发展。对于他们来说，明智的人就是根据冲动而生活，并将获取快乐作为生存的终极目标。我们在笛卡儿（Cartesian）的哲学和拜尔的怀疑主义中也可以看到资本主义精神的发展。正如波舒哀所看到的，笛卡儿“我思故我在”（Je Pense，donc，je suis）这种不容置疑的说法，使人类，而不是神，成为宇宙的主人。[10]与此同时，拜尔的巨大影响则完全体现在对传统信念的侵蚀上。17 世纪的法国为捍卫宗教原则的战斗，在对方军队占领阵地之前就已经输掉了。

当然，这是一个在基本教义之间进行的斗争，然而需要我们注意的是，这一时代法国传教士的布道充分重视了资产阶级的美德。他们不知疲倦地强调，人们有工作的义务，需要接受纪律的规束和服从上级。波旁王朝几无厌烦地坚持认为，人们有义务接受分配的职位，并忠实地履行自己的职责。社会的秩序是神圣的，并且条件的差异，甚至是穷人的存在都是上帝的意图。这些说教者们公开反对反叛，认为叛乱是邪恶的。他们认为，社会不和谐的存在将危害到宗教本身。他们的这些抗议恰恰表明，他们阻碍新秩序到来的举措已经遭到失败。对财富无止境的追求、不知满足的野心、对炫耀的热爱、实现安全和安逸的渴望、对建立家庭的向往、对个人预见能力的自信代替了对上帝旨意的信赖，将现世生活从基督教的生活中独立出来，接受高尚者（honnéte homme）的道德观而不是教义中的道德，这一切都是他们所要攻击的不道德行为。他们不断为信仰的流失而痛心疾首。不过，他们承认有一种伦理道德正在兴起，这种道德知道如何保证人们行为高尚而不必再援引基督教的许可。教会不再主宰人们的命运。人们只要对比一下从波舒哀到马西隆的布道内容，就可以看到风气的变化，以及新精神已经在多大程度上取得了胜利。因为在相信上帝旨意的波舒哀和怀有美好理性观念的马西隆之间，几乎没有任何联系。在波舒哀对上帝旨意的认识中，上帝那令人敬畏的天命是人们不敢予以检视的，宇宙之中那令人痛苦的神秘感也不是可以交由人类去解开困惑的。而对于马西隆来说，他追求的是将人们讨论的问题从教义领域转变为伦理道德领域。波舒哀与马西隆二者观念之间的差距，就如同多恩的激情神秘主义与蒂洛森平静而仁慈的观念的差距一样。多恩认为，只有在悔悟的痛苦中才能发现上帝。17 世纪的法国也许是一个信仰的时代，但是，信仰是无力的，无法影响历史进步的无情潮流。

那些在英国支持资本主义精神的力量，在法国也产生了重大的影响，尽管这种影响比英国来得迟缓一些。由于历史的原因，法国封建主义对资产阶级政治地位上升的阻碍比在英国持续了更长的时间。除了政治因素以外——尽管政治因素非常重要——两个国家都取得了同样的进步。同英国一样，宗教为反对资本主义的发展设下的障碍在法国瓦解了；同英国一样，宗教纷争的代价是法国无宗教信仰群体的增长；同英国一样，法国科学与哲学开始逐渐地摆脱了对神学监督的服从。在这两个国家中，对利润的追求和经济企业规模的扩大，为解决贫困问题提供了一个新的视角，导致了控制贫困的新国家规范的出现。在这两个国家里，资产阶级的兴起在艺术和文学领域都留下了印迹，尽管在法国不如在英国明显。在这两个国家，都出现了一股公共舆论的新力量，一股试图理解和控制政策的力量。在这两个国家，都发展了一套更加宽泛的行政管理技术，使一些具有崭新观念的新人进入了国家各个部门。如英国的皮姆、克伦威尔、萨默斯（Somers），法国的黎塞留、马萨林、科尔伯特，他们的目标完全是世俗化的。重要的是，在这个世纪即将结束的时候，像圣西门（St. Simon）那样善于写日记的人，可能懊悔新人被吸纳到政府机构中，并制定一份政府计划，以恢复古典权威的崇高地位。[11]他明智地看到，一个中央集权的君主专制统治是没有前途的。

但是，我认为，没有什么东西可以更加清楚地显示法国资本主义的发展程度，尽管在与英国和荷兰并行发展的道路上，存在着表面上的各种差别，正如路易十四在其统治的最后 20 年遭到批评所显示的那样。法国资本主义的发展原因是多种多样的。伟大的军事工程师沃邦（Vauban）和著名的牧师菲纳伦，与布吉尔贝尔（Boisguillebert）和布兰维利耶（Boulainvilliers）这样的官员团结起来，强调他们的观点：专制政府和帝国主义冒险正在消耗国家的资源。同样的情况也出现在拉布吕耶对农民生活状况的令人心酸的描述中。批评者以不同的方式提出了同样的治世良方。他们要求建立某种形式的立宪政府，结束宗教迫害。这些批评家认识到，世俗的美好生活是与专断的权威不相容的。他们认为撤销令（revocation）的结果只是增加了法国的竞争者的财富。一个理性的财政制度，保障财富的安全，为有能力对国家财富作出贡献的人提供表达不满的途径，对自由贸易的许可至少是暗许，这些都是他们的要求。值得注意的是，这些都是同一时代的英国人已经最终成功实现了的要求。他们在所有方面都与希望有一个好政府的简单请求，有显著的不同。这一要求，除了克劳德・乔利（Claude Joly）以外[12]，是对投石党运动中的大量政治小册中的观点的总结和完整体现。他们的观点与充满激情的颂词的调子也有显著的不同，在这些颂词中，勒布利特（Lebret）和波舒哀等人都对路易十四时代所创立的制度予以赞赏。批评者深陷于里切利尔（Richelieu）的以国家利益为托辞的理由之中，还深陷波舒哀对神圣权利的辩护中。到 1700 年，全能国家的基础已经遭到了决定性的破坏。留给 18 世纪去做的事情就是，探索如何将信用证授予一个新的社会秩序。

当然，我绝不接受这样的观点：17 世纪的法国自由主义思想同英国自由主义思想在根本上是相同的。我所论辩的是，尽管产生结果的时间不同，但原因是类似的。两个国家的最大不同在于渗透在整个英国人思维习惯中的个人主义思想。17 世纪英国的立宪主义在两个方面对自由思想作出了特别贡献。一方面是它寻求确立权威人物必须遵守的规则，另一方面它试图将这样的观念灌输到规则当中，即这些规则的目的是保护公民免受来自法律之外的干预。为了保护立宪政体，它进一步从君主手中剥夺了可能导致专制的两个主要手段，即对国家军事力量和财政的控制。1688 年的革命，仅仅是完成了由克伦威尔领导的中产阶级的反叛运动所试图达到的目标（这场反叛运动是针对企图实行专制统治的斯图亚特王朝的）：人身保护权，由政党（其中一个政党将是商业利益的持续同盟者）控制的三年一届的议会，广泛的宗教自由，消除政府对新闻出版的控制，一个在履行法律职能上独立于行政权力的司法系统和由选举产生的议会控制的财政和军队。只有实现这些目标，英国商人才能高枕无忧。同样，他们的财产也是安全的，可以免受国家和教会以一个简单理由就可能产生的侵犯。同乡村绅士一样，他们现在终于可以把自己的手放在政治权力的杠杆上。就充分的意义而言，他们既能够组成政府，也能够解散政府。他们不仅能按自己的意志建立秩序，还能决定构建这种秩序的目标是什么。正是由于在 17 世纪成功实现了这些目标，英国的商人才能够在如此高的程度上阐述有效的自由主义思想，结果是自由主义思想在 18 世纪以成熟的面孔展现在世人眼前。

在此必须补充说明两件事情，自由主义作为一种生活方式，更重要的是作为一种国家理论，它的轮廓很大程度上是由这一时代英国的实践勾画出来的，而荷兰的贡献要比英国少一些。需要注意的是，自由主义在很大程度上是一场妥协。通过一场革命使自由主义的出现成为可能，在克伦威尔当政时期，革命的进程似乎比革命的发起者追求的还要深入。他们追求一种有限的君主政体，他们实现了这一目标，但仅仅是在共和主义的短暂实践以后。通过建立有限的君主政体，这些革命者们在贵族和中产阶级联盟的基础上探索出了解决方案。地主和商人为了利用潜在的机会，在革命中建立了伙伴关系，而城市工人和无地农民的利益只是间接地被涉及。1688 年后，英国中产阶级不再对当时生效的政治妥协基本路线形成威胁。其次，由学徒、工人和农民组成的军队为中产阶级赢得了国内战争的胜利。在战争过程中这些人产生了激进的思想，其果敢性似乎更合乎 19 世纪而不是 16 世纪的要求。[13]我们绝不能忽视社会革命的重要意义；在清教徒的反叛运动中，社会革命遭到了失败。当时的平等派和农业共产主义者，以及（在较低的程度上）后来的浸信会（Baptists）和第五王国派*的人士，已经预示着无产阶级意识形态的产生。他们清楚表明，已经获得的胜利不是属于他们的。他们强调这样一个事实：已经获得的宪政自由也许更加适合有产阶级，而没有满足那些一无所有、只能靠出卖劳动力为生的人的梦想。

二

17 世纪的英国政治思想经历了某些特殊的阶段，从詹姆士一世继位到内战爆发，英国政治思想的主旋律就是限制君主的权力。[14] 敌对观点之间的和平妥协被证明是不可能的。因此，从 1642 年开始直至 1660 年，我们看到了一场革命斗争。在这场斗争中，保皇党人遇到了失败。但是，正如以往任何革命所发生的那样，随之而来的问题同革命者的最初目标大相径庭。因为，当议会为了将自身建设成为有效立法权力中心的时候，军队所遭受的苦难以及军人对其所完成的事业的高度使命感，使其开始寻求将一场政治革命转变为一场社会革命。[15] 持不同意见的人失败了。他们既没有成员数量上的优势，也没有必要的组织以保证他们的目标实现。而且，那一时代的总体政治氛围也对他们不利。但是，他们的努力具有十分重要的意义，只要看看他们为自己所参与的运动的有限革命性所作的贡献即可。在克伦威尔之后发生的王朝复辟，只不过是为他成功建立的新基业提供了一个传统的影子而已。自此以后，人们认识到政治权力是一种委托，委托目的要由议会来界定。詹姆士二世试图逃避这样的结论，其结局是导致了 1688 年的“光荣革命”。这场革命明确地阐释了克伦威尔式的妥协。此次革命的哲学家是洛克，他的理论为将近两个世纪的自由主义学说勾画出了基本轮廓。

当然，这只是用表面性的简约来总结一场事实上性质非常复杂的争

---

* 第五王国（Fifth Monarchy），指以基督为王的千年王国。第五王国派认为只有在此王国里才能伸张正义，它是 17 世纪英国清教徒中最激进的一个派别。——译者注

论。保皇党和议会都不是持有单一的观点。在国王阵营里的是君权神授和功利主义君主制理论的鼓吹者，以及倡导传统和秩序，反对革新和叛乱的鼓吹者。像劳德（Laud）那样持这些观点的主要人物，代表的完全是中世纪的社会关系观点，根据这种观点，国王和英国国教间的伙伴关系简单地取代了罗马对制定社会行为规范的权利要求。另外一些人，如克拉伦登（Clarendon），认识到国家需要比神授权力所能提供的更加广泛的合法性基础。但是，他们较之霍布斯的严密逻辑明显退步：正如菲尔默（Filmer）所观察到的那样，霍布斯的逻辑能证明克伦威尔的正当性，就像其可以证明查理一世的正当性一样。他们的目标毫无共同性可言。绝大多数查理一世的教会拥护者们歌颂君主制，将其视为战胜议会的手段，因为，议会的胜利就是不信奉国教者的胜利。像马修·黑尔（Matthew Hale）爵士这样的法律拥护者们所看到的是，在君主和议会的联合政权中，不仅存在对秩序的有效保障，并且实现了王国的基本法律，取消这一法律则意味着社会混乱。不同的理论依据特定教义的社会理想而发生变化。像亨顿（Hunton）这样的温和保皇主义者就在不同社会主张之间进行调和。他们看到了议会要求分享政府权力的影响力，绝对统治的邪恶使他们也得出这样的结论。但是，对他们来说，废除王权将会破坏某些基本的原则，法律和历史显示这些原则是非常宝贵的。保皇党人处于困境当中，以至于他们不敢同霍布斯一起单纯地坚持秩序本身就是最高利益的观念。他们对秩序所能带来的东西产生了兴趣，他们认识到菲尔默所谓的“混合君主政体的无政府状态”的存在。但是查理一世的实践经验迫使他们鼓吹一种主权理论，在这一理论中，主权的属性是由一部旨在限制任意行使主权的基本法律所控制的。他们站在君主这一边，一部分是由于历史因素，也有一部分是由于心理因素。从历史角度来看，是由于他们尚未准备好打破传统，这是共和主义所蕴涵的精神。从心理角度来看，是由于对他们来说，君主政体似乎意味着对社会和平的保障，而其他任何政体都不能为社会和平提供这样的正当性。这就是社会阶级结构的关键所在。正如菲尔默所认为的那样，去除这一关键因素，甚至会将服从的理由建立在完全世俗的基础之上，使人们没有理由不对传统观念提出疑问（只要他们认为这种质疑是适当的），而这种质疑将对财产和安全造成致命的后果。黑林（Heylyn）、费恩（Fearne）、菲尔默和亨顿都流露出了这种沮丧的情绪。[16]

这一派别中的克莱门特·沃克（Clement Walker）在1661年这样写道："他们已经把政府的所有神秘和秘密呈现在平民面前"，并且"教导军队和人民去调查他们，并让所有政府回归自然的首要原则"[17]。理解这种抱怨的含义就是17世纪英国所面临问题的本质所在。在1641年以前，同斯图亚特王朝的对抗反映了人们对该王朝政治控制的不满，这一王朝对社会领域的控制至少不亚于对宗教领域的控制。在这些年中，政府不仅进行宗教迫害，还控制工资、价格、外汇以及农业和工业的一般状况。贫困法、圈地运动和垄断，在政府的严格行政管辖范围之内。商人按照自身的方式处理自身事务的愿望横遭干预。例如，在1620年，纺织厂的雇主试图裁掉工厂的工人，议会却命令这些雇主保留工人的工作。[18]不管一个政权多么的缺乏效率，劳德依然描述出它充满活力的原则。他写道："如果有人痴迷于私人事务而忽略了公共的国家，他就缺乏一种虔诚的观念，只能徒然地妄想自己的和平与幸福。"[19]斯特拉福德（Strafford）没有对此观点持有异议。他对受其压制的人的社会重要性无动于衷。[20]斯图亚特王朝的专制主义孜孜以求的就是为了一个共同体的美好利益而控制人类的全部生活，它认为特定公民的个人利益完全从属于公共利益。按照劳德对政府职能的设计，这种共同的美好利益解释了高等委员会（High Commission）所进行的无休止的干预活动的原因。冒险精神不仅由带着刑具示众的普林（Prynne）和巴斯特威克（Bastwick）表现出来，由无数移民到新世界的清教徒表现出来，还从对私有财产的权利主张进行的严厉打击中表现出来，甚至波及印刷业因工作不力而受到的批评。

试图进行的控制具有严重的缺点。对斯特拉福德来说，控制也许能带来效率，而且没有偏见。但在绝大多数情况下，控制都是怀有偏见、令人烦恼、代价高昂和主观专断的。它强制推行干预商业运行的假日和圣徒节。在1640年的金条危机中，政府的干预造成了严重的经济损失。[21]在农业方面，正如皮尔波因特（Pierpoint）对下院所说的那样，政府的控制威胁到了财产的安全。[22]克拉伦登证实了由劳德的高压手段所引起的敌意。垄断行为是令人厌恶的，它不但应该为物价上涨负责，而且使整个国家充满了腐败。垄断行为也因为干预私有财产权利而受到攻击。社会上存在一种对大型商业企业的厌恶情绪，因为，他们否认“所有自由的主体”“生来具有自由从事工业活动”的机会。[23]商业自由是贸易取得效率的基本条件。一个商人曾经这样写道，最好把规章制度交给“那些为自己谋利而工作的，但其行为却有利于国王、国家和国民的有见识的商人”来制定和实施。[24]如果说，社会上存在着对政府控制工业的广泛不满有点言过其实的话，那么，人们对查理一世及其代理人所采用的特别控制手段的憎恨则是毫无疑义的。人们认定政府已经干涉了本应放手的领域，不满由此产生的腐败和专断，并认为这样会导致贫穷和混乱。正是这些动机导致了内战的出现，而内战是特定不满情绪的积累所导致的后果。这些不满由于政府治理不当而激增，最终的结果是导致人们要求赋予自由内涵以新的制度基础。为了保障自由，议会要求控制军队和财政，而且，君主特权必须依附于议会的意志而存在。一旦查尔斯拒绝这些条款，除了发生冲突之外，就别无选择。

在 1641 年，治理不善并未演变为暴政，因为清教徒们对民主政府怀有一片赤诚之心。当时出现的宪法体系无法表达他们要用公众同意来界定政府目标的愿望。清教主义中有民主的成分，并且作为国家基础的公众同意的观念已经在清教的政治理论中占据了重要位置。除此之外，我不能再多说什么，因为除了这些，已经没有什么证据允许我再多说一些。发动 17 世纪革命的人正在寻求限制权力运作的途径，这些途径将给他们带来人身和财产安全。在他们的概念中，实现这一目标的途径多种多样，并且他们常常在发生冲突的时候改变方向。在 1641 年尚可满足他们需要的事物，到了 1644 年也许已经无法满足他们的需求了，更不必说在 1646 或是 1653 年了。17 世纪的革命者一旦投入到战争当中，他们所有的兴趣就会集中于构建一个规划。正如一切战争所表现的那样，他们所构建规划中的不相容性是如此显著，以至于在推行的过程中就会充满了监禁和杀戮。克伦威尔所领导的革命同利本（Lilburne）所热切构想的革命相去甚远，然而可以满足利本的东西对于杰拉德·温斯坦利（Gerard Winstanley）来说始终是不够充分、完整的。因此，要想抓住这场争论的特征，我们必须重点关注他们所表现的差异，而不是共同之处。

这些差异到底是什么呢？我认为，他们的差异首先存在于清教党徒的社会构成上。如果他们一致同意反对不受限制的王族特权，反对热衷宗教迫害的教会，反对垄断行为，那就没有什么东西是他们可以有一致意见的了。克伦威尔和艾尔顿（Ireton）如同其他保皇分子一样，急切地盼望国家能为拥有稳定资产的人士提供安全保障。利本是城市小人物的代表，认为商界中的大人物同国王和主教一样，都是他们的敌人。温斯坦利则为新的失地无产者疾呼，这些无产者突然间认识到财产本身就是敌人。战争期间的境况又加剧了这种社会差距。生活的高成本、税收的新标准、牟取暴利、拖欠军费的陆军和海军，贯穿整个时代的是痛苦的理想破灭情绪。这些情绪在弥尔顿最后的政治小册子中开出的悲观救世处方中无情地表现出来。像诺福克（Norfolk）这样的绅士贵族阶层都在大声疾呼，“贸易的普遍衰落不仅导致了大规模的破坏和人民的饥饿，并且还正逐步扩散至整个国家”[25]。当人民听到这种呐喊声的时候，他们才开始思考自己的特殊利益。富人开始渴望意味着繁荣和自信的秩序。他们开始憎恨由穷人和缺乏教养的狂热者组成的乌托邦，因为这些一无所有的人把国家权力想象成可以维持生计的基金。在这种情形之下，一种包容的精神迅速发展起来，并且正是由于这种精神的发展，才使得1660年的妥协成为可能。

简言之，一旦内战清楚表明新的分配制度将不会波及不受限制的王权和独裁专制的教会，那么，清教徒之间的分裂对于他们对权力之维系就将是致命的。拥有财产的人害怕激进分子会颠覆财产这一概念本身。他们不打算用一个由查理一世和劳德统治的国家去换取一个由利本、怀尔德曼（Wildman）和圣乔治山的迪格斯家族（the Diggers of

St. George's Hill）执掌的国家。我们可以在无数的言论中看出这种态度的发展。一位独特的作家曾经这样写道，“谨慎的富人在上帝的庇佑下起床并凌驾于他的邻居之上”。另一作家则说：“穷人的仁慈是真正的善意，是美丽的，但是，富人的仁慈则更加引人瞩目，也更加实用。”[26]还有一位作家写道，“仁慈而又有宗教信仰的显贵达人要比贫穷和低贱者为上帝奏出更加甜美和谐及悦耳的旋律”[27]。贵格会的教徒们同情穷人的遭遇，因此招致人们的抱怨，他们将贵格会说成是由普通人的渣滓组成的。[28]即使是在像哈特利布（Hartlib）这样热情的社会改革家看来，那些身强体壮的游民不是社会的牺牲品，而是他们自己造成的社会负担，他们应该受到惩罚。[29]

可以毫不夸张地说，王朝复辟就是各个阶级中的有产者联合起来反对一场社会革命，因为他们隐约地感觉到这场革命将是一种威胁。由他们热情选举出来的保王党议会立即使查尔斯二世意识到，不管被恢复的是什么东西，世间旧的秩序已经无法复辟。新的英国已经断然是霍布斯和哈灵顿（Harrington）的英国，是佩蒂（Petty）和贵族社会的英国。正如一位敏锐的法国观察家所评论的那样，这是一个“在周日祈祷和静坐”进行宗教活动的英国[30]，这是一个从不怀疑哈灵顿自然法则（政治权力遵从经济权力）的英国。在一代人的时间里，英国人接纳了他的格言：没有宗教自由的公民自由是不存在的。[31]即使是斯图亚特王朝后期君权神授的复兴，也仅仅是一个短暂的阶段。[32]一旦詹姆士二世威胁到英国教会安全的时候，歇洛克教长（Dean Sherlock）就会表明，一个好的圣公会教徒可以从问题的另一面提出不同的观点。[33]在17世纪上半叶，人们对那些不是发源于议会的社会生活准则的热情已经消失。人们已经尝试过，并且发现这些热情是不安全的。它破坏安全，并削弱了人们的创造精神，由此威胁到繁荣的出现。[34]这种热情阻碍了那些拥有自由的人们获得成功的道路。议会则是另一回事，当它有所作为的时候，就站在国家中一部分拥有雄厚资产的人士的立场上。人们几乎不憎恨议会的统治，因为议会的统治是一种自我控制，至少当其掌握在负责任的代表手中的时候。

也就是说，在17世纪出现了两次有效的革命。第一次革命的重要领导人物是克伦威尔，这是一次成功的革命。这次革命的社会基础是广泛的社会不满，其现实结果是将英国转变成为一个回应有产者所确立的目标的国家。尽管有过犹豫不决，但最终他们赢得了所要求的公民自由和宗教自由。如果他们想征服世界就必须赢得这些自由。这场革命终结了教会对经济法规的监督权。它拒绝接受在贫穷和获救之间存在任何天生联系的观念，而且建立了与此相反的理论，即富人才是公众的恩人。它将富人从国家随意征税和监禁的危险中解放出来，保证富人对军队的控制。它衡量美好事物的标准被霍布斯采用，尽管坦率承认这一点有些令人羞愧。在这样的环境中，人们在开拓新的财富时充满了激情和力量。人们终于摆脱了纪律、宗教和君主这些挡在获得财富路上的束缚。

另一次却是遭到失败的社会革命。这场革命所要攻击的罪恶更为明确，但却不知道该开出怎样的药方来医治这种罪恶。[35]这是那些在新出现的社会秩序中严重受苦受难人们所作的努力。他们曾经站在克伦威尔这一边反对专制的国家和教会。当把克伦威尔推上权力宝座以后，他们愤怒地发现，新的分配制度并未比旧的制度给他们带来更多的利益。始终存在着一套为富人创建的法律和一套为穷人创建的法律。[36]土地仍然是个人的私有财产，而不是他们原先期盼的“共享大地果实的古代共同体”。正如利本所熟知的那样，“年轻人和伦敦的学徒”意识到，他们的雇主在处理地位低下的普通人的利益时并不比以前好多少。[37] 1649年制衣工人抱怨道：“我们同行的富人……将我们这一类人变得更加贫穷。”[38]这些工人的抱怨反映了许多城市和行业中普遍存在的情绪。平等派呼吁工作权利和维持生计，要求每年选举一次议会和普选制，取消食品税和因负债受到监禁。他们的这些要求在军队中得到了广泛的回应。激进主义者认为自由是与生俱来的，只要有人类存在就有自由，自由不是那些拥有财产的人可以购买的。因此，他们想要建立一个国家，在这个国家中，普通人掌握主权，国家的权力应该用来实现宇宙中自然存在的某些道德原则。他们也并未完全同意这些原则。利本的理想可能是建立一个属于小资产者的共同体，这一共同体保证宗教信仰自由，为穷人提供慷慨的供应。在温斯坦利的农业共产主义中，生产资料为整个社会所有和使用。无论他们的观点存在何种分歧，激进主义者都相信，国家必须扮演积极的角色。一旦社会存在富人和穷人的差别，国家就不能达到统一。他们看到，在一个存在差别的社会中，国家所做的努力仅仅是保护财产的安全。他们已经反对一种专制，不希望再去忍受另一种专制。正如彼得·张伯伦（Peter Chamberlin）所说的那样，激进主义者认识到，那些在 1641 年“为了使自己的钱包和良心都舒坦”而背弃国王的人，也一样愿意“出于同样的原因抛弃自己的伙伴”[39]。

这次社会革命之所以失败是由于时机尚未成熟。它的领导层既缺乏足够数量的成员，也缺乏必要的组织以保证革命的连续性和力量。经济条件的整体影响也有利于另一方。这些条件产生了财产所有者的整体统治，这些财产所有者，正如哈灵顿所看到的，就因为他们对经济权力的掌控而成为一个贵族群体。为了自己的目标，他们不需要一个积极的国家。他们需要的是远离权威的自由，而不是从属于这个权威。对他们最有帮助的是社会纪律，根据这一纪律，财产受到高度尊重，懒惰受到惩罚，征收的税收足以支付维持秩序的成本，但也不能太高，以允许节俭和积累。我们看到这一态度成为了这一时代的主流。这种态度获得了胜利，是因为所有的有利因素都集中在它这一方。它使财富成倍增长，人口增加，并为有产者提供了安全和自由。从 1660 年一直到工业革命期间，这种态度的内涵从未受到挑战。如果说它对失败者施以严重的惩罚，它对成功人士提供的机会也是有限的。这些成功人士代表的是国家。明白无误的是，当沉醉于自由当中的时候，他们也应该相信，他们已经发现了普遍的真理。

这当然是他们当中最具代表性的预言家的心境。洛克《政府论》中充满欢欣鼓舞的记录和《论宽容》（*Letter concerning Toleration*）中激动人心的普遍感觉，所宣称的无非是新信仰的广泛传播。当时促进这种信仰产生的思潮是非常重要的。作为锡德纳姆（Sydenham）、玻意耳

(Boyle)和牛顿的朋友，商业帝国的大臣，因自身的观点而遭到流放和没收财产的人，洛克本身就是一个时代的浓缩。理性主义、信仰自由、宪制政府、保守中庸，这些都是他的格言。他以这样一种方式来陈述他的论点，要在特殊和普遍之间建立一座桥梁，而这又始终是那些能够意识到胜利的学说之迹象。他对“生命、自由和财产的自然权利”的强调，是他坚持了一个世纪的信仰，即人类付出的努力不应该没有得到回报。他所倡导的原子社会观认为，一些个体生活在一起，就是为了彼此的便利。这种观念很容易得出这样的结论：国家的职能应受到人民所赋予国家的权力范围的限制。他也不难得出这样的结论：个人通过努力积累财产，而国家就是保护个人的利益。洛克告诉我们，因为上帝赋予世人“勤奋和理性”，因此，他们一致同意的是国家就应该保护财产的开发和利用。它完全认同懒惰有罪的观点，相应地坚持认为，每个人都有劳动的义务，并且认为成功人士的财富是对共和国繁荣的贡献。如果财产是劳动的产物，那么显然，它也应该受到保护，因为这是“人们与共和国结盟的最重要的目的”。

人们因为拥有财产而获得安全，因此，他们将是自由的。洛克所倡导的自由意指的是，没有他们自己的同意，人们就不会受到束缚。他眼中的国家简直就是这样一份契约，它由一群构成有限责任公司的商人签订。这一公司的合作备忘录禁止其董事从事那些迄今仍使斯图亚特王朝背上罪名的行为。很自然地，洛克列出了种种政治罪恶，禁止国家采取这些罪恶行为，准确地说，正是这些罪恶才导致革命的出现。同样不是偶然的，洛克构建了一个非主权国家。他太了解菲尔默和霍布斯的理论的后果了：这些理论允许一个全能国家的出现。并且，洛克设想的宗教应该属于纯粹的个人事务，除非宗教导致社会失序，否则，国家都不应该干预。这种例外存在于，当接受某种观念会动摇这一时代的道德风俗时，应该拒绝实行宗教宽容。简言之，洛克构建了一个社会基础，在这个基础上，地主和农民、商人和店主都有信仰的权利。洛克所说的安全就是为这些人提供的安全。他所提倡的自由，就是这些拥有财产、渴望成功的人可能获得的自由。他所构建的政府机器就是他们可以用自己的方式操作的机器。在设计时，他已经把特定的习惯强加到这部机器当中。

毫无疑问，在洛克的社会哲学中也有一些意义不够明确的目标，就像他形而上学体系中不明确的目标一样。他的形而上学使贝克莱成为理想主义者，使休谟成为一名怀疑主义者，使康德成为先验的绝对律令的领袖人物。他的社会哲学则在经济学上影响了李嘉图和马克思，在政治学上使戈德温成了一名无政府主义者。在宗教领域，洛克的社会哲学使国家对一切形式的宗教主义都漠不关心，正如卢梭所看到的那样，从而使一些民间宗教形式占据了至关重要的位置。但洛克最令人难以想象的是他的影响力。他的同时代人被告知，大自然给他们的社会要求提供了正当性。洛克为他们提供了理由，他给他们提供了维持秩序的特别之物，即秩序的约束，而这一秩序约束恰恰承认他们所渴望的自由。洛克为他们创造了一个信仰自由的理论，这一理论允许他们从习惯中排除那些他们渴望排除的东西。他为他们建立了一个财产理论，使财产所有者值得受到保护，因为他们的努力涉及财富的积累和所代表的社会利益。他调和了权威与自由之间的矛盾，从而为上升中的中产阶级提供了他们正在寻找的思想观念。难怪作为同时期的人，艾迪森竟然赞扬洛克为“英国民族的光荣”。

英国政治思想的丰富和广度是17世纪的欧洲大陆无法企及的。值得注意的是，除了斯宾诺莎之外，他们之间的差距更多体现在思想内容的重点，而不是思想的质量上。法国的波舒哀和普芬道夫（Pufendorf）甚至是莱布尼茨（Leibniz），只不过是用大量的知识和华美的词藻重复显而易见的老生常谈而已。这一部分归因于德国和法国尚未充分实现国家统一，还在同封建主义的破坏势力做斗争。法国在路易十四的统治下完成统一以后，宪政主义就马上出现了。[40]在荷兰，斯宾诺莎因其将霍布斯严厉的现实主义为自由思想所用而闻名于世。他呼吁，否认公民权利和良心自由，国家就会处于危难当中，即使在国家有权力这样做时。他的呼吁不仅是对哥马里斯特党（Gomarist Party）的反动原则的抗议，也是关于荷兰将政治自由和商业繁荣相联系的经验总结。这一观点对佩蒂和威廉·坦普尔（William Temple）爵士产生了深远的影响。斯宾诺莎认识到，理性证明自由是美好生活的条件。他拒绝接受一切不能用理性予以展示的原则。在同代人当中，斯宾诺莎是无可匹敌的。他完全具有霍布斯的洞察力，同时还具有霍布斯不具备的对正义的热烈追求。但是，斯宾诺莎并未在他那一时代产生重大影响。正如莱布尼茨所说的那样，这部分地是由于他那“令人无法忍受的思想自由”，部分地也是由于威廉三世禁止发行他的著作，使其只能在有限的范围内传播。他所宣传的思想只能通过其他途径流传开来，或者由其他思想家以更加符合当时人们的口味的方式表现出来。

通常来说，17 世纪的欧洲大陆的国家理论并不是从正面达到了自己的目标，而是走的偏门。它寻求将政府权力完全建立在世俗的基础之上。它强调契约和财产等范畴，坚持君主拥有已经获得的绝对主权，并将其作为一种规则。但是，它也试图建立一个自然权利体系，为法律观念注入一个理性的目标。其缺点是简单明显的，就是想同时追求两个完全不同的目标。一方面，国内政府对统一的要求使国家不得不加强君主的权力，另一方面，废除教会主权又使它试图用道德原则限制王权。这意味着在政治原则的演化过程中强调生活与实践的分离，将会对创造性思维产生毁灭性的影响。这种状况一直持续到 18 世纪卢梭重新阐释欧洲大陆的国家理论后才告结束。就算是像阿尔修斯（Althusius）这样的激进思想家也是如此。[41]在其复杂的思想体系深处，不过是将君主政治理论运用于荷兰的特殊国情而已。由于过于具体而显得有些不自然和乏味枯燥，阿尔修斯的影响大多局限在从事技术实践的律师行业里，并未触及主流政治思想。因为，尽管在其工作生涯中，他的著作再版四次，但那个时代的主要人物都认为没有必要研究他的思想。拜尔只用很少的笔墨将其一笔带过；卢梭也只在一个场合引用他的话。这一事实似乎也只是表明，这位了不起的一知半解者只是阅读了拜尔的著作而已。[42]

的确，在 17 世纪，比正式的政治论文更加值得我们注意的是新思想出现的间接方式。部分地说，这可以从神学论文，特别是在耶稣教会所编撰的文章中的新人文主义表现出来。现在很少有人会说帕斯卡对或然论的攻击是正当的了。即使是帕斯卡的最博学的崇拜者之一也可能说詹森主义关于仁慈的教义所导致的结果是骇人听闻的。[43]也不会有哪个虔诚的学生会用像《耶稣会会士的道德神学》（*Théologie Morale des Jesuites*）一书中如此诽谤的语言来谴责耶稣会的道德。[44]事实是，自莱布尼茨以后，社会已经具备一定的洞察力，从而能够认识到，中世纪准则的过于严格使其没有希望成为新世界的行为准则。作为具备一定阅历的人，他们尽其所能保存旧世界里的美好事物，并根据自己的判断，在那些不会危及本质的地方做出让步。贝拉明（Bellarmine）、苏亚雷斯（Suarez）、莱修斯（Lessius）和德·卢戈（De Lugo）所做的工作令人瞩目，首先在于他们所付出的努力是为了探索世俗社会的基础。在这样的世俗社会中，可以在教会和国家之间达成一种实际的妥协。他们中没有人怀疑教会的要求是重要的，也没有人怀疑需要尽其义务为这种重要性而奋斗。但是，他们所有人都认识到，在新的舆论氛围下，要求过多就要承担失去过多的危险。世俗人士对他们所作出的让步的滥用，与其说是他们的理想有所松弛的证明，还不如说是与加尔文和博克斯特（Boxter）的情况有些类似。这只能证明世俗态度已经完全赢得了这个帝国。要公正地评判他们，我们必须将他们教义的最终影响同那些完全宣传世俗道德的人所产生的影响做一下对比，同英国的霍布斯和法国的拉·罗什福科相比较一下。比较之后，令我们惊讶的是，耶稣会士所作的让步不是太多，而是太少。他们正在进行的是一场防卫战，在这场战争中，宗教信仰的力量已经不足以阻止它试图控制的世俗人士的野心和希望所驱动的要求。

但是，这一时代的基本观念是在一个仍然不同的领域中表现出来。耶稣会士要表明的是，即使是最有能力的讲究实际的狂热分子，也不得不承认世俗的政治拥有制定世俗行为标准的权利。17 世纪的空想社会主义者们也看到，在堂而皇之的欧陆专制主义外表背后，新的政治思想得到了迅速的发展。这些新思想具有重要的意义，因为在浪漫气息的伪装背后，他们明确地批判所处的社会，并建议用更加充实的原则来管理这个社会。他们的著作表明，这一探索过程已经对人民的思想产生了深刻的影响。无论如何，这一点可以从哈克里特（Hakluyt）和德·布赖（de Bry）的作品广受欢迎中明显地表现出来。阿特金森（Atkinson）教授在他的巨著中已经说明，这种影响嵌入到了勒罗伊（Leroy）、布丹和蒙田等人著作的字里行间。[45]培根的《新亚特兰蒂斯》和康帕内拉的《太阳城》（*City of the Sun*）已经表明，从旧的思维方式中解放出来具有普遍的重要意义。但是，17 世纪法国作家的“特殊旅程”具有另外一番重要意义：他们是传递社会批判思想的载体。富瓦尼（Foigny）、维拉斯（Vairasse）和他们的前辈不仅预示着菲纳伦著作的问世，而且还预示着两个时代以后像卢梭这样的思想家的出现。对他们浪漫文学的翻译本身就证明了他们的受欢迎程度。他们表明了人们是多么深刻地接受了一个新的世界。[46]

我们可以简单地总结一下这些作家的特点。首先，他们明确地倾向于理性主义精神，对基督教徒之间的战争予以批判，怀疑超自然的真理和宗教启示本身的正当性。他们不认为战争和理性的生活是相容的。富瓦尼赞扬自由是人类个性的本质，并坚持认为人要拥有自由必须获得同等的社会地位。他是一位自然神论者，并且重要的是，他将宗教信仰变成人们不会在公共场合进行讨论的事务。根据他的观点，这是唯一可以避免因观点不同而引起无休止争论的方法。他甚至在轻微的掩饰之下批判旧约的可靠性——正如波舒哀告诉理查德·西蒙的那样，这在法国路易十四统治的时代是一种危险的冒险行为。他描绘了一个理想的共和国，在这个共和国里，男女平等，一切限制人身自由的事物都将引起人们的不满。在《南方大陆》（*Terre Australe*）一书中，我们不免看到一种理性化的自由主义的自觉宣言的存在。

这种精神更加明显地表现在丹尼斯·维拉斯（Denis Vairasse）的《塞瓦拉比人的历史》（*Histoire des Sévérambes*）一书中。书中对塞瓦拉比人着意进行了赞美，他们身体健康、精神安宁、享受自由、受过良好教育、遵守道德，正直善良的人们组成各种社团……住着舒适的房屋。这些都是一个虚构中的共同体给予她的公民的，这与路易十四统治下的法国形成了对照。塞瓦拉比人的性伦理读起来就像是对基督教禁欲主义的攻击。和富瓦尼的著作一样，在这里也有同样引人注目的女权主义。城市规划、选举的君主政体、国家对文艺和科学的鼓励、上下有序的国家官员关注的是所有人得到工作和生活必需品、不存在财产和社会地位的差别，这些都在他们的作品中得到了详尽的描述。没有死刑惩罚，并且虽然只允许举行某种单一宗教的活动，但是允许对所有宗教的信仰自由。温和、仁慈和理性的自然法观念，有意识地反对当时欧洲文明社会的严厉管制力量。上帝被认为是不可知的，塞瓦拉比人的简单宗教因为它"符合自然理性"而备受称赞。在书中，作者还对教育以及一些提高居民物质条件的发明予以热烈颂扬。

像《特里马克历险记》（*Télémaque*）和《鲁滨孙漂流记》（*Robinson Crusoe*）那样的著作出版，标志着"特殊旅程"文学发展到了顶峰，不过我无法在此进入这个话题。我也不打算展示书中所使用的科技是如何引起人们的广泛兴趣。不同的人，如年轻的丰特内尔（Fontenelle）和西班牙人格拉希安（Gracian），都为这种文学的发展作出了贡献。到过东方和西方的旅行家们从这些幻想文学作家们所作出的贡献中受益良多。我所要强调的是这些作品所蕴涵的含义。他们所做的工作就是急切地用自然的光辉来对照文明社会的罪恶，用自然人对比当时的欧洲人。他们所批判的是财富、等级和尊严，是传统形式的宗教，是缺乏宽容，是旧世界的习俗。他们所热烈追求的是科学和教育、自由的有益影响以及社会关系中平等主义因素的价值。毫无疑问，这些作家的影响是有限的，人们读这些书不是对他们所要阐述的社会哲学感兴趣，而是对他们所描述的奇观感兴趣。但是，他们的重要性也是毫无疑问的。他们证明，这些探索发现之旅已经打破了那种将自身观念等同于普遍和最终原则的中世纪主义的地方特性。他们也表现出一种不断上升的甚至是狂热的理性主义，一种对社会结构的相关事务进行试验的可能性的重视。同样引人注目的是，他们重视对自由的祈盼，特别是当叙述者是那些像维拉斯这样曾经游历过英国的清教徒时更是如此。他们展现出一种对待政府原则的新态度，尽管这些原则在表达时是模糊和缺乏自信的，但即将发生的变化却是重要的。“特别旅程”文学一方面同拜尔这样倡导信仰自由的思想家的工作紧密联系在一起，另一方面，也同菲纳伦这样的社会改革家的作品密切相关。它们的重要意义甚至由于它们处在社会原则的主流之外而愈加引人注目，最终表明，自由主义哲学的吸引力，已经超越了这些有意宣扬某种新政治信念的鼓吹者。

三

17 世纪的哲学思想明确表明，人类的思想已经在很大程度上摆脱了对神学权威的依赖，其显著特征是世俗化和理性主义。它所面对的是对自然进行机械论的新阐释，并且它也发展出一套学说，以适应这种阐释的基本原理。如果说上帝的意志仍然贯穿于 17 世纪的哲学思考中，那么，上帝同正统的教会主义的武断要求已经没有什么联系，这么说也不失公允。[47] 17 世纪的哲学思想打破了教会赖以维持自身权力的基本传统。即使 17 世纪的哲学发展出一套神秘的观念，就像剑桥的柏拉图主义（Cambridge Platonists）者和菲纳伦所徒劳对抗的寂静派（Quietists）那样，这一趋向的内在重点却是一种个人主义思想。因此，其结果必然是摆脱对社团权威的依赖。该世纪哲学思考的真正难题在于，必须重新思索和用新的术语来构建宇宙运行方式的法则。

新哲学的全部影响在于解放了思想。这就是为什么像波舒哀和牛津的帕克主教这样不同的人都从笛卡儿主义那里看到了与教会发生严重冲突的战场。这也是为什么荷兰乌特勒支大学可以禁止教授那些不受亚里士多德影响的哲学。笛卡儿所推理出来的世界，是一个人们通过理性的研究可以发现其规律的世界。因此，限制人们思想的自由发挥，就是限制人们掌握这些规律的知识，以及这些规律可能赋予人们的力量。新哲学也同样导致了怀疑主义的出现。帕斯卡曾经用充满激情的语句，永久地记录了怀疑主义所产生的令人极度痛苦的结果。它也产生了一种批判精神，一种怀疑人类知识的认识。这使得宽容思想看起来是一个哲学家所采纳的唯一理性立场，他们知道人们在多大程度上可能受到欺骗。

心理学也同样在这方面产生了影响。正如霍布斯和洛克认为的那样，心理学的本质就是它开始将人的欲望看成一件自然的事情。他们认为，在一个我们生存的社会里，理性应作为人类欲望在多大程度上得到满足的衡量标准。因此，心理学终结了中世纪禁欲主义的存在理由，因为它是建立在拒绝原罪教义的基础之上的。心理学所强调的是享乐主义，并且它主张个人有权利同世界达成某种协议，个人主张的实现仅仅受到他对于一个理性的人将试图获取哪些目标的知识的限制，这就塑造了自由主义所需要的氛围。心理学的影响是强烈的个人主义。对于人类来说，生活的过程就是不断寻求能够带来权力观念的满足感。我们可以从像斯宾诺莎这样的圣人身上看到这种倾向，也可以在拉・罗什福科这样世故的贵族身上看到这一点。他们认为人类被迫为生存而斗争，在这样的斗争中，只有具有驾驭环境的能力，才能获得胜利，并且，权力又反过来成了欲望得到满足的产物。在霍布斯看来，个人对权力的追求是无情的，只有专制政府的强有力手段才能控制它的运行。也就是说，理性将我们从激情中拯救出来，因为理性为我们指明了节制个人要求的道路。理性教导我们创造一个利维坦式的政体，这样我们就可以改变残酷的环境，获得安全。在这种思考的整体氛围中，明智的个人利益成为社会建构的关键所在。

这种观点的约束力和中世纪观点约束力之间的鸿沟是惊人的，不管从哪一方面来看，它所遇到的环境的性质都加剧了这种差别。17 世纪的哲学观念是理性的，是唯物主义的，它很自然地抑制除个人自身权威以外的权力，并倾向于通过考察这种权力对个人欲望的影响来评价权力的合法性。因此，正如洛克认为的那样，将政府权威视为人民同意的产物，与上述观点的距离，也就是一步之遥了。也因为如此，人们可以很容易确定其所关心的事物的内容，很自然地同意其需求清单，这些需求是人们在洛克时代感受最为深切的。值得注意的是，即使是那些在方法论上同洛克极为不同的哲学家，也认为政治自由是一个理性人过上他所向往的生活的唯一途径。他们要么像霍布斯那样，将国家建立在契约的基础之上；要么像斯宾诺莎那样，将自我保护作为自己伦理标准的基本前提。简单地说，我们可以在这个世纪的哲学的大量篇幅中，发现人们为将个人从其所受的束缚中解放出来的不懈努力。哲学家赋予人们为自身阐释宇宙的权利。伦理学家和心理学家联合起来告诉人们，只要是他的理智告诉自己这么做是明智的，他就应该追随本性的召唤。在这二者的影响下，神学权威遭到破产，因为它不允许人们自由阐释，确立理性的个人利益。即使是基督教也变得理性化，人们也越来越没有必要坚持宣称接受基督教信仰。因为，随着时代的发展，基督教的历史目标将会更加明显地处于守势。

这一时代的理性主义实际上就是攻击教会的中心地位——这种中心地位是依赖历史证据为教义提供最终的有效性。这些历史依据从多方面受到了激烈的批判，甚至是直接的攻击。卡佩尔（Cappel）发现《旧约》是古希腊文章的阿拉姆语（Aramaic）修订版。[48]正像布克斯托夫（Buxtorf）看到的那样，这一发现是对《旧约》神灵感应说的一个致命打击。像莱特富特（Lightfoot）和欧文（Owen）这样的清教徒对布克斯托夫的猛烈攻击，仅仅证明这一发现的重要意义。在16世纪最后25年中，凡·马埃什（Van Maes）已经指出《旧约全书》首五卷具有混合而成的特征。此时，霍布斯和斯宾诺莎则走得更远。霍布斯不费吹灰之力就指出摩西不可能创作出《旧约全书》的首五卷，因为《约书亚记》、《士师记》、《撒母耳记》和《列王记》远在它们记载的事件发生之后才产生。他为《诗篇》和《约伯记》提供了新的解释。如果他的理性之手阻止自己触及《新约》的话，那么他的小心谨慎本身就是一个带有刺激性结尾的故事。可以毫不夸张地说，斯宾诺莎已经为《圣经》的科学诠释奠定了现代方法的基础。有了他发明的方法，人们得以不顾一切地将其批判性的激进主义付诸实施，神灵感应说为之消失。除了这些工作所产生的影响之外，理查德·西蒙的探索也促成了这一结果。这位被德赖登称为“无可匹敌的作家”在结束教堂牧师生涯之后，使人们更易于出于虔诚而不是理性去接受传统的主张。斯宾塞指出，犹太人的仪式更多是受到了相邻异教信仰仪式的影响。甚至是对年代学的讨论，也因为地理发现所提供的证据使人们意识到其问题所在，这都显示了成规之见所遭到质疑的程度。

毫无疑问，在英国，17世纪确实是一个对圣经充满狂热的典型时代。我们完全相信大众对《圣经》钦定英译本的新魅力会感到满意，即使他们还没有意识到关于此书主题的讨论尚在进行当中。但是，只有当人们看到当时信仰自由的发展时，才能正确理解这种学术工作的重要意义。许多学术流派都对此产生了令人耳目一新的影响。美国的例子尤其令人印象深刻。宗教自由在一个新的世界里的成长为旧世界树立了榜样，其影响立即在文学作品中表现出来。“过高地估计个人的推测能力就会因之使人走向灭亡。”蒙田的这句名言所代表的精神在16世纪可能只能找到一个支持者，但在17世纪可能能找到一百个。这种发展不是由单一因素促成的。在齐灵渥斯、杰里米·泰勒（Jeremy Taylor）和剑桥柏拉图主义者的努力下，从鲜活的感觉中产生了这样一种观念，即认为宗教迫害是同慈爱的宗教精神所不相容的。到了佩蒂和威廉·坦普尔爵士那里，人们意识到信仰自由同经济繁荣之间存在不可分割的密切联系，荷兰的经验凸显了这一点。在普芬道夫的著作中表现出权宜主义精神，这是基于勃兰登堡选帝侯（the Elector of Brandenburg）的明智经验。[49]毫无疑问，这在很大程度上是由于人们厌倦了宗教派别之间无休止的战争，但更重要的原因是，有文化的人对各种启示录表现出日益增加的冷漠。塞尔登（Selden）认为：“讨论异教徒是一件徒劳无益的事情，因为一个人不能光想还要能做。”他的话代表了那一时代里蓬勃发展的状态。科学和哲学的主张也为宗教自由的发展提供了帮助，并且人们越来越广泛地认识到教会和国家占据的是完全不同的领域，这种认识也为上述发展提供了支持。当像罗杰·威廉斯（Roger Williams）这样虔诚的基督教徒说，“所有的公民国家在其宪法和行政管理体系内均有司法机构，这样的国家在本质上被证明是属于公民的，因此也就不属于法官、地方长官和精神王国的辩护者”，他是在为欧洲将要采纳的解决办法奠定基础。欧洲国家接纳受到路易十四迫害的避难者，这一事实表明，到了1685年不容异说的旧观念已经失去了影响力。到那时为止，人们已经把宗教当成一件私人的事务，而不是公共的事情。虽然在表达时还需要谨慎，直到法国大革命时才得到放松，但在 17 世纪结束的时候，人们发现没有宗教自由的代价过于高昂，而无法从事自然的探索活动。

确实，宗教迫害带来了毁灭性的高昂代价。宗教宽容的出现是因为缺乏宗教宽容会阻碍人们通往财富的道路。出于良知而移民，不管是从英国移往美国，还是从欧洲的另一半地区移往英国、普鲁士、斯堪的纳维亚和荷兰，迅速在人们的内心树立了这样的观念：移民对于宗教宽容的民族是收获的来源，而对于实行宗教迫害的国度则意味着损失。王朝复辟以后，理性主义以前所未有之势迅速发展起来，其根源是来自这样的观念：同和平与秩序无法兼容的宗教迫害，是走向繁荣的最后障碍。正是出于这样的动机，人们从多种角度广泛审视宗教想要控制人类行为的要求，而不管这些要求是来自于教皇还是清教。正是由于宗教为人们带来了高昂的代价，人们才去审视它的含义，权力的基础才从权利转为功利。17 世纪的权威危机几乎不是对权威本身的攻击；反律法主义（antinomianism）是一种独特的观点。这个危机的产生源于探寻权威性行动的基础，后者将使人们的行为与新世界的秩序相兼容。对于所有商人来说，强迫人们服从国教是令人厌恶的，一个存在宗教迫害的国家就意味着商业上的损失。因此，他们很容易推断出宗教迫害是同基督的法则相对立的。在经历一个半世纪的宗教斗争以后，商人会很感激洛克，因为洛克认为国家只要关注一下生来就困扰共同体的宗教信仰模式就足够了。

像莱特朗日（L' Estrange）这样的作者可能倾其全力证明，不信仰国教的清教徒所持观点产生了邪恶的影响。他们可能搜集大量的证据证明异教同反叛是可以互换的词语。正如一个评论家所指出的那样，这些作者给邻居留下深刻印象的是，"监狱……挤满了最富有的商人和居民，还有服装商……被迫离开家园，还有那些他们曾经雇佣的、即将饿死的成千上万的工人和女人"[50]。当时的舆论充斥着理性主义，因为信仰的代价总是偏爱那些因攻击宗教迫害而获得安全的教义。随着商人阶级和贵族联盟的加强，这种态度逐渐深入人心。政府的浪费和低效又促进了这种态度的成长。荷兰独特的经验，加之人们认识到政府管得越少就越能带来繁荣，也滋养了这种倾向的发展。大臣和教士们也许会对处于上升阶段的中产阶级所提出的权利要求感到惊讶。正如莱特朗日所认为的那样，他们感觉到中产阶级正准备质疑所有的传统原则。但是，远比莱特朗日的论点更令人印象深刻的是，一旦商人获得了自由，资金雄厚的商人就会成为法律和秩序的堡垒。帕克也许认为，商人团体就是“无数的派系斗争和煽动叛乱的老巢”[51]。但是，当詹姆士二世采取政策要削弱议会政府和英国国教的地位，对它们产生威胁时，商人团体的态度并非如此。不信奉国教的人所显示的忠诚和一般国教徒同样强烈。政治推论是清楚的：异教徒值得奖励。人们发现，“神圣的教规”可能会抵制主教统辖制，但是这意味着努力、节俭和头脑清醒。不信奉国教的人对社会美德的提升并不亚于国教徒，且有助于促进国家繁荣。人们也发现，资金雄厚的清教徒商人并不比国教地主更急切地拥护社会和政治激进主义思想。这些清教徒所反对的只是威胁到他们事业的社会秩序。他们不明白为何要维护王室的利益，而使自己蒙受损失。他们憎恨的是，为了维持一个铺张浪费纵情享乐的政府而向他们征税。他们已经准备好同乡绅地主那样，为一个好的政府提供经济上的支持。但清教徒坚持认为，一个好的政府应该满足他们的利益，并且他们也准备着为实现这一原则而奋斗到底。一旦他们实现了这一目标，就会像曾经批判他们的忠诚度的人那样，变成一个虔诚的国教信仰者。

这就是17世纪哲学发展所处的环境。它的基础是反对国家干预的经济个人主义，因为国家的干预阻碍了物质潜在价值的充分实现。它努力将经济从伦理道德中剥离出来，因为二者的结合为个人的成功平添了某些破坏性的规则。尽管这一过程有些缓慢，但还是获得了成功。这一世纪的哲学逐渐采用原子式的术语描绘社会关系。它是一种消极的激进主义，人们只是认识到，如果没有受到干预，他们就能拥有征服世界的力量。人们反对神权理想，不论这种理想的上帝是教会还是国家，因为17世纪的神权政治阻碍了而不是促进了他们履行自己的使命。在这种处境下，人们找到了斗争的武器。他们用自己发现的新机会反对罗马、英国教会、国王和大臣。他们需要在某一领域中获得自由，结果却发展出一套应用于所有领域的自由哲学。这种内在的迫切需要产生了一个逻辑的必然性，如果像霍布斯和斯宾诺莎那样用直率的一贯性将其阐述出来，其含义一定令他们感到惊讶，就像它会让对手感到震惊那样。但他们跟其他人一样，不能逃避将自身的特别需要提升为普遍原则的义务。他们并不是刻意去寻求世俗主义。他们所要做的是促使人们接受世俗主义，因为其他术语无助于他们实现目标。并且，对世俗主义的接受被迅速地罩上了宗教认可的光环。选择获得而不是选择失去成为履行基督教责任的途径。但是，当教会或国家挡在路上阻碍人们选择获得的时候，就必须铲除它。一句话，自由主义需要的是一个融合资产阶级需求的学说。这是他们发展所要求的必然条件，信条的形成方式取决于他们的需求。

所以，在资产阶级向前奋进、地位上升的过程中，他们接纳了那些不是他们有意发展的观念和原则。他们追求的是一个世俗和宽容的国家。但是，为了建立这样的国家，他们不得不摧毁以往的国家所依赖的单一神学框架，随着这种神学框架的慢慢分崩离析，新的国家逐渐出现在地平线上。为了实现摧毁神学框架的目标，他们不得不接受新的哲学，一种最终会毁灭他们自己所信奉的宗教原则的哲学。在宗教领域中，巴克斯特和霍布斯之间的反差，以及笛卡儿和波舒哀之间的反差，有根本性的不同。清教徒和天主教徒像一切中世纪主义者那样，渴望为理性的研究和世俗事务帝国设立边界，他们也都在一定程度上认识到自己正在从事一件根本不可能完成的任务。天主教的哲学家和英国的自然神论者会为这一时代的传统责任献上一份虚有其表的赞赏。他们可能会用谨慎，甚至有些胆怯的方式表达他们的思想。但是，在半传统外表的掩饰下，他们每个人实际上都陶醉于无限的理性帝国的观念中。在这里，人们不必根据神的启示而是按照自己的探索，不必遵从信仰而是通过自我探究，成为世界的主宰。这个时代的哲学家像商人一样，意识到他可能获得的权力。他也知道，获得权力的条件就是远离干预、获得自由，经济个人主义同知识分子的个人主义是相配套的。他们关切和要求的都是，免除对他们特定活动领域内的权威干预。他们都准备证明，如果权威不对他们的要求横加干预，这对社会是有利的。经济个人主义的目的是获得财富，知识分子的个人主义的目的是获得知识。但是，人们探索知识与其说是出于无用的好奇心，不如说是出于强烈的信念，即相信知识是通往权力的钥匙。因此，限制人们探索知识，就是限制人们获得权力，而权力可以带来财富和荣耀。

重要的是，这是17世纪科学进步所产生的影响。我不想在此追溯这一时代科学所取得的重大成就。对我们来说，更重要的是这些成就的意义，而不是成就的本身。最重要的是，科学对世界的阐释，表明与其相竞争的神学观点已经变得过时。因此，科学建立了理性的自足性，使得理性无须考虑教会认可的形而上学规则，这是一种坦率的唯物主义观念。17世纪的科学征服了这一时代的人，因为它向人们表明，接受科学观点就能获得超越自然的权力，而这种权力无法通过其他方式获得。科学所获得的地位可以从一系列机构的建立上表现出来，如英国皇家学会（The Royal Society）、法国科学院（The French Academy of Sciences）、皇家林琴学院（The Accademia dei Lincei）等。[52]科学赢得了政府对其重要性的承认。科学还获得了社会资助，人们要求它能解决商人所遇到的现实问题。科学发现的魅力迷住了这个时代的人，并广泛地流行开来。早在1665年的时候，格兰维尔（Glanvill）就能够这样描述英国皇家学会："自从亚里士多德创办哲学学园以来，科学所做的事情已经超越了纯理论的哲学。"[53]科学期刊和博物馆增强了科学的威望。人们很自然地将巴黎和格林尼治天文观察台视为控制自然的必要投资。人们认为科学界的巨人是国家荣耀的组成部分，因为他们为那个时代增加了光辉。莱布尼茨、惠更斯（Huyghens）和玻意耳都沉浸在科学发现的狂喜当中。这种狂喜的程度非常之大，以至于斯普拉特（Sprat）可以在1667年的时候宣称，人们对科学的兴趣如此浓厚，"以至于在整个欧洲，似乎没有什么东西比科学更流行了"。我们可以在当时佩皮斯（Pepys）和埃弗兰（Evelyn）的作品以及莫里哀有关蓝色长筒丝袜的讽刺作品中看到这种兴趣，也可以从科学领域的工作日益受到欢迎这种现象——正如丰特内尔（Fontenelle）在《世界的多样性》（*Plurality of Worlds*）一书中所说的那样——看到这种兴趣。

科学的进步产生了一种新的自信气氛。德赖登写道："在过去的一百年里，展现在我们面前的几乎是一个全新的自然界——学校中的更多错误被人们发现；在哲学领域中，人们做了更多有用的实验；光学、医学、解剖学和天文学也发现了很多惊人的奥秘。这些发现比亚里士多德以来所有时代的偏执、轻信都要多。"[54]这种优越感体现在很多人身上。如约瑟夫·格兰维尔相信："没有哪个时代比这个时代充满因探索自由而带来的更多快乐。"[55]康帕内拉和托马斯·布朗爵士也表达了同样的喜悦。甚至像弥尔顿这样的虔诚派教徒，在《复乐园》（*Paradise Regained*）中警告人们不要陶醉于新知识当中的同时，也反映了对科学的重要性的广泛认知。伊丽莎白时期文学作品与卡罗琳（Caroline）时期文学作品在重视科学方面的差异，本身就是新的天地已被发现的证明。

我们可以得出的有效推论是进步观念。[56]新的知识如此丰富和重要，以至于人们产生了一种优越的信念。逝去的时代不再美好，它的金色光辉正黯淡下来。人们更加确信，世间存在更大的智慧和成功，呈现在人们面前的各种机会足以使他们展望未来而不是回顾过去。人们告诉自己，自己才是自然界的主宰。从这种驾驭自然的能力出发，他们推断出理性的权利、塑造自身环境的能力以及不再需要信仰原罪的教义。这就是在古代人和现代人之间发生冲突的真正意义[57]，现代人获得胜利的实质上是科学的成就感。在丰特内尔以后，大家都心照不宣地承认，每个时代的人都丰富了前一时代所积累的知识。就算是像布瓦洛（Boileau）那样强硬的历史辩护者，也不得不向他的对手做出极大让步。绝大部分批评进步思想的人士，要么像坦普尔那样采取友善的文学写作方式，要么像斯威夫特那样因为野心挫败而对人类发泄怨气。也许正是对这场战役的充分评论才注意到了一点，即仅仅在其著作出版几年后，斯威夫特对进步观念的最为凶猛的攻击，就已经沦为保育员给小孩讲述的故事题材。

进步的观念又推动了乐观主义的增长，这反过来又证明新的综合正在取得成功。追求自由和理性的人们现在认识到胜利站在他们一边。他们已经将世界简化为一个机械结构，而知识可以揭示其中的运行原理，他们可以将科学的方法运用于生活的各个方面。在这一时代的后半部分，正如格兰特（Graunt）和佩蒂所做的那样，对自然进行统计分析的思想正在运用于揭示社会领域的成果。这种演化所带来的显著成果是理性精神的胜利。并且，理性主义又进一步同世俗主义倾向联系在一起。因为只有这样，它才能找到认可自身成果的氛围。当 1660 年同宗教达成根本的妥协以后，新的安全保障导致了新的乐观主义。而且，这种安全又产生了这样的信仰：通过掌握自然变化的知识，人们可能从自然中获得幸福。这种幸福抑制了怀疑精神，帕斯卡的痛苦不再重现。这种功利观念弥漫于精神环境当中，所有的价值观都根据这一基调予以调适。它远离迷信，着迷于实验。它日益相信人们的个性中存在天生就有的尊严，很难相信这种尊严同统治者进行宗教迫害的权利是相容的。和地理大发现一样，科学也同样重塑了人类的思维习惯。

当然，除了这种演化所传递的信息以外，我们不能再得出其他的结论。世界上尚有不可思议的迷信行为存在，特别是在西班牙和意大利，宗教迫害还有非常广阔的舞台。除了荷兰和英国以外，热切追求制约专制政府的人士还很少。持这种主张的人士，通常都是跟朱里厄相类似的人士，他们阐述少数派的事业，并且自然而然地从一种准民主理论中寻找能够支持其权利要求的理由。[58]最典型的是为了达到妥协而付出的努力，因为这种妥协已经成功确定了自己的界限。我们可以在拜尔的作品中看到这种倾向，这也许是最典型的形式。之所以说它典型，是因为他广泛地预见到了此后一个世纪的整体氛围。[59]关于政治制度问题，他是一个君主专制主义者，这部分地是因为他是一个忠诚的法国人，但也部分地是由于他看到，在所有盛行的人民主权理论中都存在对秩序的威胁。但他的君主专制主义是建立在为信仰自由热情辩护的基础上，这一辩护自豪地接受了科学和哲学上的发现，并坚持认为，这些发现对教条主义的宗教要求是致命的打击。浩瀚的“百科全书”或科学、艺术或工艺详解《辞典》(*Dictionary*)一经问世就成为那一时代最流行的著作，它简直就是一部宽容一切的大百科全书，在记录所有领域知识的时候，它追求的是理性这一权利主张，并通过伏尔泰式的归谬法，总结对手的荒谬，使人们接受这些知识。是 1680 年出版的《关于彗星的思考》(*Thoughts on the Comet*)，以及几乎与它同时出现的贝克(Bekker)和刚格拉(Gŏngora)的作品，而不是其他任何著作，标志着关于自然一致性的假设对旧迷信予以致命打击的程度。[60]吉本(Gibbon)评论道，“拜尔是将错误的宗教放在怀疑论天平的两端，让它们的重量互相抵消，归于消失”。这是对拜尔影响力的有效总结，它的不足之处是，没有指出这种平衡的影响在于道德已经不再需要宗教的支持。拜尔留给基督教徒的难题是，如果他们想要保留主要的教义，就必须真正含蓄地接受摩尼教。相较于拜尔的著作，几乎没有出现过比他更有力地对信仰予以解构的作品。在拜尔的作品中，有一种对传统信仰的轻蔑和挑战。这表明人们不再依靠过去的信任关系来寻求老式的避风港湾。

这就是说，科学革命是社会革命在寻找行为范畴过程中的一种体现。尽管科学革命所展现的奇迹激起了人们的想象，就像今天征服天空而引起人们的想象那样，但是，科学革命广受欢迎不仅仅是出于自身的原因。它的流行还因为，它的成功所要求具备的条件也是经济成功所需要的氛围。它为资本主义理性化力量提供了强有力的心理支持。它还使科学革命的献身者养成了这一新的科学事业所需要的品质和性情——精确、实验、果敢和在事实本身中寻找权威。它的胜利赢得了赞助者，而且这至少含蓄地意味着知识启蒙政策。科学革命的成功再一次给人们带来了人类对顽劣自然的征服感，这也是商人在其事业获得利益回报，证明其合理存在后所产生的感觉。如果科学领域的工作表明了组织在获得成果方面的价值，那么，对于大众来说，那些最驰名的发现却都和个人的名字相关。作为最重要的有意识的媒介，科学通过强调新事物的影响，摧毁了旧的权力。因此，它的精神特质以惊人的速度迅速渗透到最分散的众多生活领域。其最大的影响莫过于形成了进步的观念。它最终似乎想要证明，理性的信仰就像一把最终将打开所有大门的钥匙。因此，它鼓励乐观精神，并在乐观精神的鼓励下使人相信，只要存在自由，就可以不断地期望改善他们的境况。

我们也不应该忘记，由此推理下去必定会得出另一个结论。如果理性可以在自然领域将混乱转化为规则，那么，我们也可以认为，理性也一定有能力在社会领域中胜利完成这项使命。实际上，到了 18 世纪人们才充分认识到这种可能性。正如休谟所看到的那样，到那时人们的自信已经不以结果的保证为前提。但是，在 17 世纪，霍布斯已经尝试建立一个普遍的体系，在这个体系中，社会学有其适合的位置。毫无疑问，哈灵顿、斯宾诺莎和政治算术家们（political arithmeticians）已经通过不同的方式，尝试从社会的混乱现实中总结出一套规律来，并且暗示人们，遵守这些规律就可能建立一个好的政府成为可能。17 世纪的科学不认为应该在宇宙中为专制留下空间。并且，尽管前进的步伐有些缓慢，但那一时代的政治的确朝着这个方向发展。科学否定的是信仰的权威，而正如洛克所阐述的那样，政治需要否定的是君主试图要求民众顺从其无限意志的权限。在格劳秀斯以后，社会领域中主张限制专制权力的愿望派生出了自然法的观念。它将形成一套自然"权利"体系，人们谨慎地说这些权利与实体法律有巧合，但却寻求公开主张将这些权利视为理性的人应该遵守的行为规范。值得注意的是，这些权利绝大多数都是试图保护从事日常商业活动的个人，它们的特定用途就是保证繁荣。如果商人需要将企业的风险降到最低，就需要这些权利。实际上，社会领域中的自然法最初不过是对君主提出的一个圆通的劝诫，是由英格兰之外和欧洲大陆个别思想家提出来的，包括阿尔修斯、克劳德·乔利和朱里厄。这也正如波舒哀提出的，"绝对"君主制不同于"专制"君主制。但是，随着这一世纪的结束，情况已经远不止如此。就像在法国路易十四统治后期那样，自然法正在改变自身，要求以宪法的形式确定下来。18 世纪的法国就如同 17 世纪的英国那样，当社会制度的框架抵制自然法的要求时，革命就会采用暴力来实现那些通过劝说无法达到的目标。

四

人们习惯地将从宗教改革到法国大革命这段时间称为重商主义时代。事实上，直到18世纪后期，在经济领域尚未出现对自由主义的广泛认同。但是，我们绝不能用19世纪的传统经济思维将重商主义视为具有一致性的学说。正如亚当·斯密谨慎地提到的："政治经济学被当成是为政治家和立法者服务的一门分支科学"，而没有被看成研究"国民财富的性质和起源"的科学。[61]它假定出现一个管理共同体经济事务的政府是无法避免的，也许还认为这是可欲的，并且重商主义通常针对政府管理应该采取的原则展开论述。它所讨论的东西大多围绕着干预主义问题展开，因此，它自然地缺少对基本原理的分析。这也就不难理解此时的专制政府为何接受这种观点。因为这种观点产生于中世纪的社会，继承了经济生活从属于社会规则的观念。为此，我们所说重商主义的教义就是一种明确地为政府干预进行辩护的学说。例如，对于那些为了应付无休止的战争而追求充实国库的统治者来说，他们最明显的目标就是获得大量的贵金属。军事目的也解释了许多重商主义者希望获得大量人口以保证兵力来源的热情。国家之间的对立紧张解释了为什么自足应该被视为一种目标，特别是当商人急切地将爱国主义同逐利精神相结合的时候。李斯特和费希特关于经济民族主义的思想，以及这一思想在当今时代的复兴，使我们清楚地理解了他们的贸易平衡理论。那种认为在商业事务中，邻国之所失未必是我们之所得的观点，是最难说服人们接受的真理之一。

要想抓住重商主义的本质，就必须强调它某些方面的内容。重商主义的学说反映了人们争相劝说政府支持某些商人而不是另外一些商人利益的相互混淆和矛盾的努力。衣料出口商所希望的政策同制造商的要求存在着差异，绵羊饲养者则又持另一种态度。政府时常在鼓励和禁止垄断之间摇摆不定。在某一段时期来自外国的移民受到鼓励，而在另一些时候，他们却受到冷漠的对待。有时候，金条的出口得到热烈提倡，有时候金条出口却被视为国家财富的损失而予以攻击。我们要想理解重商主义，就必须将其看成是对环境的反映。在这种环境中，各种利益不断地展开竞争，以确保法规对自身有利。同样，我们无法理解重商主义，除非我们这样看待国家，即国家从教会那里继承了界定经济行为的许可范围之职能；而由此产生的重要推论是，政府越是强大，人们就越自然地期望政府来履行这一界定职能。17 世纪的国家从 16 世纪的混乱中赢得了秩序，而那时的混乱在很大程度上源于经济革命。倘若不采取明确的手段控制那些导致混乱秩序的因素，就会产生异常严重的影响。导致混乱秩序的因素包括：通货、就业条件、贸易与移民的流动、穷人的救助、贵金属供应、商人同国外市场和殖民地的关系、明确推动海上霸权的航海法、同战争的进行直接相关的重工业等。法规的产生源于时代的不安全。在这样的时代中，人们通常会前往能提供安全的国度。他们从最高强制性权威那里寻求足以保护其财产的法规。这是更早时代的人，也是我们这一时代的人的经验总结。

因此，值得我们注意的不是在 17 世纪经济自由主义的缺乏，而是它应该有能力发起挑战这一事实。同样重要的是，这种挑战是伴随着宪政政府的成长而发展起来的。处于上升阶段的资产阶级首先改造了宗教，然后再改造文化以适应自己的目标，国家是资产阶级所要征服的最后一个领域。资产阶级不将追求自由作为最终目标，而是作为享受它所创造的财富之手段。它在对手最薄弱的环节展开攻势。在追求自身目标的过程中，资产阶级先是将国家作为同盟者，然后再视为敌人。它受到中世纪经济秩序的抑制，但它通过攻击教会，运用世俗的力量摧毁了中世纪的原则。在长达一个半世纪的斗争里，君主同中产阶级合作建立了新的原则以代替旧的原则。在这个阶段里，资产阶级尚未准备好重新阐述法律关系。君主是强大的，地主贵族也有雄厚的实力。规则中的传统信仰始终暗含在主要的社会活动中。只有在新的秩序建立了牢固的根基以后，只有在能从其他领域获得的自由中推导出经济自由的时候，资产阶级才发起最后的攻击。到那时，它手中已经掌握了最高的强制权力。对资产阶级来说，国家的主要作用是充当警察机构。现在，资产阶级要按照自己的主张处理经济事务，要求国家退出经济活动领域。

我们能够看到，这种倾向在刚进入17世纪时就主要出现在英国，而在王朝复辟以后又开始在英国成为主流。在共和政体时期，这种倾向是激烈的宪政争论之一，也是最显著的革命骚乱之一，由其带来的不幸不仅没有带来国家干预的削弱，反而进一步加强了国家的干预。在法国大革命期间也是如此，雅各宾派的掌权进一步强化了经济干预主义。同样，在1917年，列宁的胜利就是利用国家权力实行最大化经济控制的政策之胜利。17世纪的历史就是反对干预主义的历史，直到内战爆发方告结束。同前面两个斯图亚特王朝所引起激烈反对的国家干预相比，这一时代的国家管制范围更广，这是对由冲突引发的不幸的回应。在王朝复辟以后，朝向自由放任的运动获得了新的发展动力。到17世纪末，人们形成了自由放任的态度。在这一基础上，休谟才得以极力主张，而亚当·斯密也才得以展现经济自由主义的系统哲学。

我们必须注意到，重商主义者深深意识到在国家利益和商人利益之间可能存在着对立。福特雷（Fortrey）写道："个人的利益经常会妨碍公共利益。"[62]罗杰·库克（Roger Coke）和蔡尔德（Child）也经常强调这种矛盾。甚至我们也必须记住，亚当·斯密本人也关注这一点。[63]正是因为意识到这种矛盾的存在，人们才尝试引入国家的管制。国家控制了进出口、产品的质量和劳动的条件，以免商人追求利益的欲望伤害到整个社会的利益。在共和政体期间有人说："商人为的是成为富人，他怎么会关心公众的贫穷？就让共和政体消失吧，这样商人就可以获得利润。"我们必须把当时的经济自由主义思想看成是反对主流的一股微弱的逆流。没有干预就意味着贵族输给了商人，工人输给了雇主，国内的生产者输给了国外的竞争者，制造商输给了进口商，垄断者输给了自由贸易的倡导者，本国的雇佣工人输给了国外移民。这些团体都出于自身的利益而支持国家管制。他们中的一些人开始认为公共利益存在于免遭任何干预的自由，这只是一个渐进的过程。

多种因素联合起来迫使国家管制不再受到欢迎。管理缺乏效率，在走私面前软弱无力[64]，不能用统一的标准控制工资以及无法规范学徒的身份，这些都导致了不断的抱怨。诸如鱼苗节（fish days）的失败和布料法令（aulnage）的取消之类的事情，也导致了同样的结果。[65]定居法（the settlement laws）也遭到人们的深恶痛绝，他们感觉到这些法律阻碍了工业组织所需要的劳动力流动。同样重要的是，在 1660 年以后，枢密院的权威大大降低[66]，这不仅是因为它是重要的国家管制机构，还因为它作为政策发起者的地位被议会取代，而在议会中，商人的利益获得了日益重要的地位。封建占有权的废除，地主对圈地运动的热情，垄断者在利用自身特权时的无能，尤其是科克恩（Cockayne）的倒霉的计划的破灭[67]，以及不能有效实现工业标准化的意图，所有这一切都朝着共同的方向发展。行会的衰落，在行会权威较小或根本影响不到的地方繁荣起来的工业，以及摆脱了行会控制的新的流程的增长，这些也都朝着相同的方向迈进。在这一世纪里，几乎没有一种国家管制没有遭到广泛而愤怒的抗议。对国家管制的抗议并不是普遍存在的，几乎每一个抗议都反过来引起某种反抗议。确实如此，人们反对的不是国家管制本身，但是，它所积累的力量必然会得出那样的结论。国家控制需要的是一部管理机器，这部机器能够创造出实施成功控制的必要手段。而这正是 17 世纪所缺失的，并且这种缺失日益加剧。因此，人们感觉到国家的控制逐渐阻碍了企业获得成功。它阻碍了人们获得唾手可得的财富。到 1700 年，这些抗议已经转变为一种思想态度。在 18 世纪，它们发展成为一种哲学。

在政治算术家开始分析的时候，我们也开始看到了这种态度的发展。当商业在借贷资本的支持下发展起来的时候，人们对高利贷的态度发生了转变。培根这样写道：“毋庸置疑，大部分的贸易都是年轻的商人通过支付利息的借贷发展起来的。”[68]这种认识使得塞尔登评论说：“认为钱不能生钱是一种徒劳的想法，因为毫无疑问，这是可以实现的。”[69]洛克曾经简练地写道：“出借钱财以获得利润同出借土地收取租金一样，都是公平、合法的，对借贷人来说也是可以接受的。”[70]马林尼斯（Malynes）、巴尔本（Barbon）和达德利·诺思（Dudley North）显然都认同这种观点。这也就是说，出现了一种新的观念，即风险应该得到回报。这一观点引出这样的疑问：国家干预并控制利率是否是明智之举。关于这一点，佩蒂走得更远，他谴责道："用实体的民法来反对自然法，这是自大而无益的。"他明确地认识到，总体经济情况使得货币的价格只是供给和需求的一个简单结果。这种观念在一个世纪以后以不可阻挡之势由边沁（Bentham）阐述出来。这种倾向同银行业之间的关系是显而易见的。它所开拓的可能性对于国家轻易地维护有关规章制度的命题，可谓获益匪浅。在这一世纪中，利率方面的立法数量表明，旧的控制观念已经失去了支持。

查尔斯·达文南特（Charles Davenant）写道："贸易的本质是自由，它靠自己能找到最好的航向，一切规范、指引以及限制贸易的法律，可能符合私人的特殊目的，但却很少有利于公众。"[71]这一说法是对长期以来所取得进步的总结。早在1641年，罗宾逊（Robinson）就已经看到了限制进口的愚蠢之处。[72]在王朝复辟后的15年中，罗杰·库克[73]论述了自由贸易立场的主要原则，而巴本和达德利·诺思在大革命后只是重复了这些观点。乔赛亚·蔡尔德（Josiah Child）写道："那些为某件产品付出高价的人就应该拥有这件商品。"[74]由此他得出这样的结论，即禁运政策对自由贸易来说是致命的打击。皮革商人站在相似的立场上，他们希望能自由地雇佣数以千计的工人，这对国家也是有利的。早在詹姆士一世统治时期，慕恩（Mun）就已经要求获得出口金条的权力，将就业条件的规定描述为"远比疾病更坏的补救措施"。[75]罗杰·诺思坚持认为，用司法评估手段对工资实施管制毫无益处。[76]枢密院本身也注意到，《学徒条令》"被绝大多数法官视为阻碍贸易并且不利于促进发明创造"[77]。正是因为有很多人站出来请求实施传统规则，下院才在1702年做出决议，认为"贸易应该是自由和不受限制的"[78]，这是对蔡尔德所主张的新观念的采纳。他认为，"要促进和发展贸易……应该从正确的方式开始，摒弃那些从祖先那里继承下来的错误规则"[79]。他对试图使生产方法标准化的图谋所作的抗议，更值得强调。他写道："我们所有的法律……在我看来，如果正式地付诸实施，那么，它们所产生的危害将大于它们带给我们的好处。"[80]行会以及它们的限制性行为同样受到了激烈的谴责。罗杰·库克将城镇的衰落归因于行会的影响。[81]《大不列颠贸易论文》(*Britannia Languens or a Discourse of Trade*)的作者将行会称为"暴虐的寡头统治集团"[82]。蔡尔德认为，主张工业生产应仅限于行会成员，这是一种粗俗的错误。[83]王朝复辟以后，议会和法院都对海关提出的限制贸易的主张不予理睬。[84]确实可以认为，大法官霍尔特（Holt）在我们的法律传统中赢得了重要的位置，这是因为他积极地赋予自由放任理论以法律的力量。贫困法（the poor law）因被视为工业社会的负担而受到攻击，用罗杰·库克的话来说，"它是一种对勤奋劳作的人的打击，而此时，那些懒惰、闲混的人可以继续享受勤劳的人所创造的果实"[85]。诺思特别地攻击了对劳动力流动的限制，因为这伤害了"我们称之为工作者的人，正是他们促进了工业的发展而成为公众中有用的人"[86]。

达文南特所做的两段评论总结了这个新思想的含义。他写道："认为贸易将受到权谋和规章制度的限定，这种观念比任何一种想法都要愚蠢。贸易必须允许按照自己本来就有的方式发展。"[87]他又写道："今天，法律很少不是以自我执行的方式得到遵守。"[88]甚至在半个世纪以后，迪安·塔克（Dean Tucker）也不会反对这种观点，这些都是最基本的个人主义观点。他们认为经济自由是事物的本性，并且认为，如果管制需要最高权力赋予它们权威的话，那这就是一种愚蠢的行为。在这种哲学的指引下，托尼教授所谓的"经济道德的胜利"终于成功实现。[89]正如斯蒂尔（Steele）所认为的那样，商人们感觉到"世界就在他们眼前"[90]。就像皮斯托尔（Pistol）那样，他们将抽出自己的佩剑打开这个世界。但是，现在他们手中的剑是一把经济之剑，持剑的人拥有一套独立的世俗学说，可以正当地使用此剑。布尼安（Bunyan）认为，如果他是一个"实干家"而不是一个"空谈家"，他就必须将自由作为奋斗的条件。毫无疑问，为上帝工作，他将是自由的。但是，犹如变戏法般，上帝的工作变得似乎是私人的信念，而非经济工作。后者的准则是理性，这意味着节俭、努力、精明，同时也是保持记录的美德，在账目的信用方面保持平衡。正如诺思所强调的那样，这种想法将知识变成“在很大程度上是机械的”。人们已经建立了一种研究事物经济本质的科学，这种科学独立于经常变化的人类本性之外。从这种科学的“可见的基础”中，能够看出新行为标准的轮廓，就像佩蒂和格兰特（Graunt）在他们的统计图表中展现的那样。他们所制定的法规就是自由的法规。如果法律的实施只是用来保护成功人士的话，那么，这就是对他们所付出的努力和辛劳的回报。我们将会有这样一个国家，在这个国家中，财产的自由持有者和商人可以界定他们财产的条件。正是在这种繁荣中，可以看到国家的脱贫之道。

约瑟夫·李（Joseph Lee）在英国处于共和政体时期写道：“个人的进步也就是公众的进步。”[91]但是要想进步，就必须拥有财产和社会投机冒险的条件；并且在一个世纪的持续危机之后，必须确保个人的财产安全不会受到国家干预的危害。财产被充公并且度过十年流放生活的洛克毫不迟疑地认为，不受国家干预是绝对需要的，这种信条是洛克留给18世纪人类的宝贵遗产。在自然状态下，理性已经进行统治，私有财产通过自然法而存在，而后产生了国家，使一些人拥有这项权利。洛克写道：“未经本人同意，最高权力不能从任何一个人那里拿走任何财产。”那些身强体壮的穷人被认定是懒惰的流浪汉，他们的贫穷是一种错误而不是一种不幸。我们可以充分理解，当相信上述说法的人看到洛克的学说时会有多么感激。在洛克为人们构建的国家中，不经人们的同意，就不能有国家的规制。已经建立起来的哲学可以让人们根据他们自己的智慧限制国家的规制。一种新的国家已经形成，在这样的国家中，财产就是公民身份的有效体现。在这样的一个世界里，他们很自然地认为自爱和成为社会动物是相互等同的。

即使是在17世纪，这种不干预主义也不仅仅是英国才有的现象，虽然那里的条件更有利于它的发展。瑞士商人也同样强调不干预主义。正如皮朗（Pirenne）所指出的那样，低地国家从16世纪开始，相继产生了不干预主义。在路易十四统治后期的法国，就开始出现反对科尔伯特主义（Colbertism）的浪潮，而且，这种浪潮很快就呈现大范围扩散的势头。菲纳伦支持自由贸易，沃邦（Vauban）和阿吉尔贝尔（Boisguillebert）则开始提出理由反对过分管制。[92] 撤销令（The Revocation）带来的破坏性后果使人民看到了一个积极国家（positive state）的罪恶。关于高利贷问题又重新引发了争论，尽管争论的主要意义在后来才出现，但这已经显示出我们之前所讨论的欧洲观念的特性。只要读几页萨瓦里（Savary）的著作，我们就会注意到，在法国商业界中，"高尚的人"的出现带有典型的英国资产阶级特征。[93] 他们有同样的理想，有同样的雄心。正是由于这种新氛围，使路易十四（即使是间接地）为商人敞开了通往贵族阶层的康庄大道。同在英国一样，法国已经为自由铺好了舞台。自食其力的人也不愿受到那些阻碍他们进步的规则的束缚。他们与统一的君主制所赋予的新安全保障密切相关，以至于那时还无法挑战君主制的基础，但是，在路易十四死后，他们已经准备好建立一个新的世界。

关于 17 世纪尚有最后一点需要加以阐述。随着 17 世纪接近尾声，自由主义哲学的基础已经完全建立。世俗国家已经建立起来，科学和哲学中的理性主义不再受到严重的挑战，即使是有关宗教自由的观点现在也仅仅引起一些零散的质疑。但是，随着这种哲学的出现，它与有产者之间的联系也是一目了然的。有产阶级的目标是安全，自己的安全首先得到这种哲学考虑的那些人，就是已经获得成功的人。可以毫不过分地说，随着时代稳定地向前发展，这些有产者会冷酷无情地对待穷人。这一点不仅可以从公共救助体系的瓦解中体现出来，而且，也隐含在属于一个世代的斯蒂尔和下一世代的笛福对待慈善事业的新态度中。《宗教商人》（*Religious Tradesman*）认为穷人不是命运不济的牺牲品，而是他们自身"懒惰、不守规则和邪恶行为方式"所导致的结果。[94] 我想，当中世纪的基督教徒看到这些文字的时候一定会感到惊讶。如果说我们会偶尔看到对高工资的赞美，那么，随处可见的却是商人极其厌恶工人提出过多的要求。在他们采取联合行动以寻求自我保护的过程中，可以看到其日渐增长的对工人的怀疑。议会和法院也越来越觉得雇主同雇员之间的关系纯粹是经济关系，而不是一种意味着相互承担社会责任的关系。

虽然人们对出身和特权存在崇拜，但同时也有对财富和自身权利的崇拜。国家变成了成功人士的联合体，它的规则就是用来保护成功的人。这就是那些共同体的“狂热传道士”们遭到失败的真正原因。当谈起国家的民主思想的时候，我们必须记住这种占上风的思想不是利本（Lilburne）的，也不是温斯坦莱（Winstanley）的，更不是雷恩斯伯勒（Rainsborough）上校在军队辩论（Army debates）中热烈支持的观点。这是艾尔顿的理想，对他来说国家是一个财产所有者的协会。从根本上说，这也是洛克的思想。[95]对规制的厌恶就是不喜欢对财产权利所施加的限制，就是不喜欢限制他们自己想要做的事情。良好的公民就是那些已经获得或者正在获得财富的人。法律就是良好的公民根据自身的需要而设立的，自由也是他们所需要的自由，引起他们警惕的是那些威胁到他们安全的危险。自由主义确实是从 17 世纪的道德危机中产生的，但是，它同信仰成功的含义是协调一致的。

这种信仰在一个时代和在另一时代并没有显著的不同。这是宗教形式主义者（Pharisee）的信条，它认为外在占有是身份的体现。并且，它还将社会价值同遵从法律联系起来（法律也是按照有产者的目的建立起来的）。我们无须否定其真诚，但我想，我们有理由反对其观点的狭隘性。这种信仰无法超越自己所处的环境，并且过于相信自己的能力和权力，以至于无法意识到瘸子和瞎子会不同意他的观点。实际上，自由主义想要告诉这些人的是，如果他们是富人就可以分享依据其原则所建立的国家的利益。自由主义缺乏一种富有想象力的洞见，不能认识到它所构建的阶级关系使得这种努力无法实现目标。圈地运动将农民和土地分离开来，商业上的所有制规则使产业工人除了自己的劳动力以外没有任何其他东西可以出卖。在将不平等列为自身信仰所固有的组成部分以后，它又吸引那些无法获得自由的人去追求自由。

一句话，自由主义的普及是一个没有意识到自身缺陷的特殊逻辑所产生的特定情况，人们总是在一定的条件下才能获得由其所构建的公共利益。如果人们证明了自己的价值，那么就可以获得特权。但是，证明自身价值所需要的证据却是在社会中获得特殊的地位，而现存社会体制的本性却使大多数追求特殊地位的人无法如愿。当然，要想理解自由主义者的世界观并不困难。他们所经历的时代是一个因巨大成功而足以引以为傲的时代。和其他人一样，自由主义者从中得出了自己的观点。他们被新的财富所施加的咒语催眠了，他们看到了暴发户拥有的巨额财富，而就在几天前，他们可能是一无所有。他们很自然地推论，认为职业是对有才能的人开放，根据他们的利益制定规则，也就符合公共的利益。他们重新整理了基督教原则所包含的内容，为他们的热情提供了新的支持。哲学，甚至是自然科学都被用来为他们服务。他们没有意识到自己正将人类本性限制在很小的范畴内，因而无法容纳它。他们甚至没有意识到，那些被他们用来衡量人类目标的标准，从根本上说是用经济术语构建出来的。那些怀疑或者反对他们目标的人要么是失败者，比如利本和他的追随者们，要么是那些像波德隆（Bourdalone）那样坚持古代习俗的人。正像他们自以为的那样，他们已经发现了调和个人雄心和社会利益的方法。只有到下一个时代，古老的真理才会重新得到肯定，它告诉我们，一个人要想赢得自己的灵魂，就必须失去整个世界。

但是，即使在无意识的情况下，自由主义者在前进当中仍然保持了方向感。政治权力不可避免地在自然法则的影响下遵从经济权力，这种观念是哈灵顿的核心论点。尽管在他的建议中带有一种自由主义的味道，但这些建议的基调仍然假定应该由有影响力的人统治国家。作为一个激进分子，理查德・欧尔顿（Richard Overton）在纽盖特（Newgate）坐牢的时候仍用神圣的个人主义表明了自己的信仰。他写道："大自然赋予自然界每一个人一份私有财产，任何人都不能侵占和夺取这份财产。"[96]在1710年所著的作品中，理查德・哈利（Richard Harley）就毫不迟疑地认为财产分配的变化是内战爆发的原因。他写道："特权所具有的独一无二的权威只不过是一种表面的、靠不住的权力，不能长期地反对真实、自然的财产权。财富的这种权力在很大程度上被赋予了人民，在他们找到利用这种力量以处理自身事务的途径并且感受到这种权力以后，他们就能征服眼前的任何事物。”[97]人们深深地感受到了这种权力，所以他们毫不犹豫地宣称国家的结构将由他们自己来决定。在讨论重建上议院提案的时候（1657 年 2 月 3 日），我们了解到，“共和国的人们认为并且表明，上议院的存在理由没有了，影响也必须消除。上议院的财产额曾经占据了整个国家财产的 5/6，所以它自然地拥有最高权限。而现在，公众拥有整个国家 99%甚至更多的财产，所以公众更加自然地拥有这一最高权力。因此，人们形成动议，如果他们有另一个议院，它的构成应该符合人民的利益”[98]。

很显然“人民的利益”就是商人的利益，他们不会为君主和贵族作出牺牲。有产者应该拥有“绝对的权力”，可以“按照自己的意愿安排他所拥有的一切”[99]。为了确保这一目标的实现，他们必须征服国家机器。一旦他们实现了这一目标，就可能作为“英国的国民，感谢上帝的仁慈，因为是上帝使我们绝对拥有我们所享有的一切事物。所以，我们的生命、自由和财产不必依赖或臣服于单一精神或君主的意志”[100]。这足以表明，一种风行的学说已经对洛克假说的形成产生了如此明显的影响。当洛克说“未经本人同意，最高权力不能从任何人那里拿走任何东西”[101]时，他只是总结了上述观念，而不是发明了新思想。他与其同一时代的人一样，都认为拥有财产的人才是社会天生的统治者。约翰·霍顿（John Houghton）认为：“大多数的穷人都胡乱花钱，懒散，尤其是制造业的工作者。”[102]洛克能够理解他的看法。由此观点而推理出来的结论在大革命以后的一段时间内被清晰地阐释出来，呈现在艾迪森的眼前。他在《观察家》上这样写道：“在英国出现了一种特别的语言，以作为他们独特的教养。当我们谈到某人的优点时，我们可能会说这是‘拥有条件的人’。对财富的考虑已经占据了我们的思想，正如我经常抱怨的那样，在我们的思想中，贫穷和富有已经取代了犯罪和清白。”[103]

17 世纪的革命并不是反对君主制度本身。德赖登指出，他们所反对的是他们认为“阻碍了贸易活动”的君主们。[104]正是因为商人群起反抗对其经济机会的横加干预，导致财富的弹簧在紧绷弯曲后猛烈回弹，重击政府。[105]一种关于自然的概念发展起来，它的主要前提对人们很实用，即认为国家的运作必须符合具有经济权力的人的意志。因此，正如洛克认为的那样，自然权利观念意味着只有当商人同意被控制的时候，财产才可以被控制。因此，自由变成了政府的责任，要限制政府运用有产者所憎恨的方式来对财产权利进行干预。法律可以被用来"规定财产的权利"，土地所有权也可以"由正式的法律决定"。[106]但是反过来，这些法律是由财产所有者制定的。宗教戒律无法再有效地反对法律的规定，因为，就像洛克认为的那样，教会被适当地视为自愿加入的协会，只要他们不影响公共秩序，国家就应该少理会他们。理查德·哈利认为，当教会同国王站在一起反对商人的时候，教会的权威和声望已经荡然无存。[107]一种"自然的"社会秩序已经找到了它所要求的社会制度，以影响它的内在目标。它形塑了文明世界的轮廓，以容纳获取利益的欲望，人们对利益的追求是不受限定的。

【注释】

[1] 关于商人对共同体的价值，参见 Charles Davenant，*Works*（ed. cf. 1771），I，p. 31。

[2] *The Spectator*，No. I.

[3] *Notes and Observations to the Emperor of Morocco*（1674）.

[4] J. W. Adamson 在其著作中与人方便地集中讨论了洛克的教育观点，参见 *The Educational Writings of John Locke*（1922）。

[5] *Histoire des Variations*（1688），v，p. 31.

[6] Tawney，*op. cit.*，esp，p. 198f.

[7] 对这一时期的宗教迫害描述最好的始终是 Elie Benoist 的 *Histoire de la Revocation de l' Edit de Nantes*（1695）。在英国，H. F. Russell Smith 的 *Religious Liberty under Charles II and James II* 和 A. A. Seaton 的 *Toleration under the later Stuarts*（1911）有效总结了这些文献，但他们未能充足地说明宗教迫害与经济变化的关系。关于这一点，可以在 R. L. Poole 的 *The Huguenots of the Dispersion*（1887）一书中找到有用的资料。

[8] 关于波舒衷对莫里衷世俗观点的认识，参见 *Correspondence*（ed. Levesque and Urbain），vi，p. 256。

[9] 关于拉布吕耶尔和他的世界，M. Lange 的 *La Bruyère*，*Critique Social*（1909）是不可或缺的读物。

[10] *Correspondence*，III，p. 370.

[11] *Projet du Gouvernement in Ecrits inédits*（ed. Faugere），Vol. IV，p. 191f.

[12] 关于 Claude Joly，J. Brissaud 写过专著，*Un liberal du XVIIme Siècle*（1896），在 H. Sée 的 *Histoire des Idiés Politiques en France au XVIIme Siècle*（1923）一书中，对 Mazarinades 做了简要的论述。但仍需要更多的论著。

[13] 关于平等派，最好的书是 T. C. Pease，*The Leveller Movement*（1916）。关于农业共产主义，则是 L. H. Berens 的 *The Digger Movement*（1906）一书，尽管他的论述因其热衷单一税收制而显得逊色。关于浸信会和第五王国派，有一本很好的专著，即 Louise F. Brown 的 *Baptists and Fifth Monarchy Men*（1912）。但对研究所有这些运动最好的介绍是 Margaret James 的 *Social Policy and problems during the Puritan Revolution*（1930）。关于平等派对克伦威尔的不满，在 A. S. H. Hill 的一篇未曾发表的论文中做了很好的论述，参见 *Moderate Royalist Doctrines in the Seventeenth Century*（1932）。Gooch 博士的 *English Democratic Ideas in the Seventeenth Century*（1898），对整个运动的一般性框架有记载。

[14] 在试图对这一妥协产生影响的企图中，根据环境来调整布丹的思想以使其适应英国的环境这种做法就发挥了很大作用。关于这种企图，请参见 Hoe 和 Hill，上引书。

[15] 接下来的辩论可以参见 *Clarke Papers*（ed. Firth），4 vols.（1894）。

[16] 关于总结性的论述，见 Hoe，上引书，尤其是对 Hunton 的论述。

[17] *History of Independency*（1661），p. 216.

[18] James，*op. cit.*，p. 3.

[19] Laud，*Works*（1847），I，pp. 28-29.

[20] Cf. R. R. Reid，*The King's Council in the North*（1921），esp. pp. 408f.，412。

[21] Cf. W. P. Scott，*Joint Stock Companies*（1912），I，p. 216f。

[22] 引自 James，*op. cit.*，p. 80。

[23] Scott，*op. cit.*，I，p. 119f. 引自 Sandys 在议会的一篇演讲。

[24] Lewis Roberts，*The Treasure of Traffic*（1641）.

[25] *A Letter from the Gentry of Norfolk and Norwich*（1660).

[26] *Good Work for a Good Magistrate*（1660). *The Vanity and Mischief of making earthly Treasures our chief Treasure*（1655).

[27] *The Nobleman's Pattern*（1653).

[28] Cf. Gooch，*op. cit.*，p. 230。

[29] 参见他的 *The Parliament's Reformation*（1646）；*London's Charity* E，p. 189. *Enlarged*（1650）。

[30] *A Character of England*（1659）in Harleian Miscellany（1813），X，p. 189.

[31] 关于 Harrington 和他的影响，参见 H. R. Russell Smith，*Harrington and his Oceana*（1914）。

[32] 像 Nathaniel Johnston，John Nalson 和其他作家的作品曾广为流行，但到 1665 年这类作品几乎很快不再流行。关于他们的思想，J. N. Fiffis 的 *Divine Right of Kings*（ed. 1914）仍然是主要的权威作品，尽管这部作品只是局限于政治神学的范围而没有充分论述这一主题。

[33] 关于 Sherlock，见我的 *Political Thought from Locke to Bentham*（1920），Chapter II。

[34] 关于规则的无效性，参见 Lipson，*Economic History of England*（1931），vol. III，Chapters IV and V，这里有大量有用的材料。

[35] 对于这一时代改革的规划，参见 James，见上书，p. 303f。

[36] 共和国时代的法律改革运动仍需要充分的历史研究。一些已有的论述见 James，上引书，p. 326f，以及 F. A. Inderwick 的 *The Interregnum*（1891）一书第 4 章第 2 节。克伦威尔的名言仍然很出名："当今制定的法律都只是为律师服务的，并鼓励富人压迫穷人。"参见 Ludlow，*Memoirs*（ed. Fifth，1894），I，p. 246。Holdsworth 的 *History of English law*（VI，p. 429）一书认为整个运动尚未成熟，但小册子和议会的辩论表明不满是十分显著的。

[37] *An Outcry of the Young Men and Apprentices of London*（1649).

[38] James，*op. cit.*，p. 205.

[39] *The Poor Men's Advocate*（1649).

[40] 在他的名著 *Montesquieu et la tradition de la Constitution Française*（1932?）中，M. Carcassone 已经充分表明这一传统拥有多么丰富的历史。

[41] 阿尔修斯的 *Politica Methdice Digesta* 一书已经由 C. J. Friedrich 教授重

印，后者和 Gierke 一样，对阿尔修斯著作的高度评价超过了我所能做的。他们对阿尔修斯进行了很好的讨论，但相对来说，其他作者很少这样做。从这方面来说，拜尔对他的略微关注本身具有重要的意义。Real 在 *Science du Gouvernement*（1756），Vol. VIII 中对阿尔修斯的关注也显示出同样的方向。

[42] 关注一下卢梭的旅游年表，看不出他参观了任何在图书馆中藏有阿尔修斯作品的城市，在大英博物馆中有一部阿尔修斯的作品，但没有证据表明卢梭曾经参观过那里，他的朋友的私人图书馆中也不可能有阿尔修斯的作品。因此，我想，卢梭关于阿尔修斯的知识只是来源于拜尔的文章。*Lettres Ecrites de la Montagne* 中的参考文献也只是一个脚注而已。

[43] H. F. Stewart，*The Provinciales Pascal*（1920），p. xxxiv. f.

[44] 正如 H. M. Robertson 想要做的那样，参见 *Economic Individualism*（1933），p. 88f。参见 Fr. Brodrick，*The Economic Morals of the Jesuits*（1934）中的具有决定性的答案。

[45] *Nonveaux Horizons de la Renaissance Française*（1935）.

[46] Cf. G. Atkinson，*The Extraordinary Voyage in French Literature*（1913）and his *Relations de Voyages*（1925）；G. Ghinard L'*Amerique et la reveexotique*（1913）.

[47] 参见 Carl Becker 教授在他的 *Heavenly City of the Eighteenth Century Philosophers*（1932），第 31 页中的令人钦佩的评论。在 *Spectator* 一书注 293 中，Steele 引用了 Archbishop Tillotson 的一句话，这支持了 Becker 的讨论。正如 Burnet 所指出的那样，"对于暴民来说，宗教不过是无神论，或者至少是自然神论"，这成为了 1700 年以前人们的普遍态度。

[48] *Arcanum Punctationum Revelatum*（1924）. 关于 17 世纪对 Old Testament 历史的批评，Preserved Smith 作了有用的总结，参见其令人赞叹的著作 *History of Modern Culture*（1930），vol. I，pp. 279－298。

[49] *The Relations of Religious Liberty to Civil Life*（1687）是他最不出名但却是最好的作品。

[50] *Toryism and Trade Can never agree*，p. 12.

[51] *Discourse of Ecclesiastical Politic*（1670），p. xxxix.

[52] 关于科学团体和它们在 17 世纪的作用，参见 Ornstein，*The Role of Scientific Societies*（1913）。

[53] *Plus Ultra*（1688）.

[54] An Essay of Dramatic Psesy (1688) in *Essays* (ed. Ker, 1926), I, pp. 36-43.

[55] *Essay on Modern Improvements* (1675).

[56] Cf. J. B. Bury, *The Idea of Progress* (1924).

[57] E. Cillot, *La Querelle des Anciens et Modernes* (1914), and R. F. Jones, *The Background of the Battle of the Books* (1920). In University of Washington *Studies*, VII, p. 97.

[58] 我们极其需要对 Jurieu 进行充分研究。对他的政治观点的最好阐述是 F. Puaux 所著的 *Les Precurseurs de la Tolérance* (1881)，但这本书受到了宗派主义的不良影响。Jurieu 对拜尔的论述充分表明，他对宗教自由的相信只是对他认为的正确意见而言；就像 St. Bartholomew 后的人所暗示的那样，他的民主理论也仅仅是抗议对跟他持同样宗教信仰的人士进行迫害。作为一个间谍，他同英国政府的联系，可以参见 J. Dedieu 的有趣发现，见 *Le Rôle Politique des Protestant* (1920), pp. 173-248。

[59] 在 *Howard Robinson* 的 *Bayle the Sceptic* (1931) 一书中有关于拜尔的一个令人愉快的英文论述，但 Delvolvé 的著作仍是对其思想的最好分析，参见 *Pierre Bayle* (1906)。

[60] B. Bekker, *The Significance of Comets* (1683)；Góngora 是墨西哥大学的一名教授，他写了一个具有同样效力的警告。在一代人的时间里，对彗星的恐惧消失了。

[61] *Wealth of Nations*, Book IV, Introduction.

[62] *England's Interest and Improvement* (1663), p. 18.

[63] E. Ginzberg 针对亚当·斯密对商业利益的怀疑作了有用、有趣的总结。参见他的著作 *The House of Adam Smith* (1934), p. 11f.

[64] Cf. Lipson, *op. cit.*, III, p. 25f.

[65] Ibid., p. 328.

[66] Ibid., p. 265.

[67] Ibid., p. 374f.

[68] *Essays*, Of Usury.

[69] Table-Talk (ed. Pollock), p. 135.

[70] *Works* (ed. of 1801), V, p. 36.

[71] *Works* (1771), I, pp. 98-99.

[72] *England's Safety in Trades Encrease* (1641).

[73] *A Treatise*，etc.（1671—1675）.

[74] *A New Discourse of Trade*，p. 157.

[75] *A Discourse of Trade*，p. 54。原文引自 *England's Treasure by Foreign Trade*（1664），p. 87。

[76] *A Discourse of the Poor*，p. 64（ed. of 1753）.

[77] Unwin，*Industrial Organization*，Appendix A.

[78] *Journals of the House of Commons*，XIII，p. 783.

[79] *A New Discourse of Trade*，p. 3.

[80] Ibid.，p. 159.

[81] *A Treatise*，etc.（1671），I，p. 70.

[82] Britannia Languens（1680），p. 97.

[83] *A New Discourse of Trade*，p. 182.

[84] 参见 Blackstone 的评论，*Commentaries*，I，p. 415f。

[85] *A Treatise*，etc.（1671），I，p. 74.

[86] *A Discourse of the Poor*，p. 62.

[87] *Works*（1771），II，p. 226.

[88] Ibid.，p. 205.

[89] Tawney，*op. cit.*，p. 228f.

[90] *The Tradesman's Calling*（1684），p. 35.

[91] *A Vindication of a Regulated Enclosure*（1656），p. 9.

[92] 关于路易十四后期法国的政治思想，一般论述可参见 Kingsley Martin，*The French Liberal Tradition in the XVIIIth Century*（1929）。关于 Vauban，最好的研究是 F. K. Mann 的 *Dei Marschall Vauban*（1914）。关于 Boisguillebert，最好的研究是 Hazel Roberts 的 *Boisguillebert*（1935）。后者尽管是一篇有价值的总结，但为其英雄提出了过分的索求。

[93] *Le Parfait Négociant*（1675），Introduction.

[94] *The Tradesman's Calling*（1684），p. 22. 参见 *The Grand Concern of England*（1673），p. 60；Davenant，*op. cit.*，I，p. 100；T. E. Gregory 在其著作中对整个主题作了很好的分析，参见 *The Economics of Employment in England*-I，*Economica*，p. 37f。

[95] *Clarke Papers*（1891-1894），II，p. 217f.

[96] *An Arrow against all Tyrants*（1646），p. 4.

[97] Richard Hardley, *Faults on Both Sides* (1710) in *Somers Tracts*, Vol. XII, p. 679. 我们对作者全然不知，不知他的名字是不是 Defoe 的笔名。

[98] *A Ture and Impartial Narrative* (1659), in *Somers Tracts*, Vol. VI, p. 477.

[99] Edward Chamberlayne, *Angliae Notitia* (1669), p. 447.

[100] *England's Monarch*, etc. (1644).

[101] *Civil Government*, II, XI, p. 138.

[102] *A Collection for Improvement of Husbandry and Trade*, April 16, 1698.

[103] *Spectator*, No. 294.

[104] *Absalom and Achitophel* (1681) *in Select Poems* (1901), ed. Christie, p. 104.

[105] Ibid., p. 101.

[106] *Civil Government*, II, V, p. 50.

[107] *Op. cit.*, pp. 682-683.

第三章　启蒙时代

一

18 世纪自由主义思想最具创造力的中心是在法国。在那里，解决问题所需要付出的努力越大，要求变革的呼声就越强烈。而在英国，自由主义发展所需要的氛围已经形成。立宪政府的框架已经建立起来，尽管其基础比立宪政府的崇拜者所追求的要狭窄得多，但是同其他大陆人民的政府相比，它为英国人提供了更多的机会。在法国大革命爆发前的 70 年中，英国的政治思想除了对洛克哲学加以阐释以外并没有多少建树。我们可以不失公允地说，亚当·斯密所发展出的备受关注的学说的基本原理早在他之前就已经存在了。而关于伯克，他确有创新之处，但其学说真正强调的东西却带有保守倾向。他所关注的是，劝说当时的人们接受革命所带来的最终结果。并且，伯克用其超群的才智来保护，而不是扩展革命的内涵。普赖斯（Price）和普里斯特利（Priestley）也只不过是要求正式承认非国教徒的地位，而这一点在很大程度上已经成为英国社会的现实。[1]他们对美国和法国的革命深怀敬意，但是他们的努力不过是一种语言上的姿态，而不是追求新奇事物。这种努力也并没有在它所服务的对象那里获得广泛的回应。我们可以使用一种看似矛盾却十分正确的话语来形容 18 世纪普通的英国人：即使是处于战争时期，他们也是平静的。英国人认为自己同命运已经达成了协议，他们更关注的是细节，而不是关心自己生活所处的体系的原则。辉格党的妥协在其允许的范围内为资产阶级发展提供了空间。在拿破仑战争爆发之前，没有必要扰乱他们的发展。

但是 18 世纪的法国是一个充满动乱的社会，而新思想对社会的压力却是源源不断的。旧制度受到了新思想的挑战。这一时代的所有天才都站在新事物这一边。新事物的观念已经深入人心，即使是在革命以后损失惨重的人也接受了它。当时的制度已经无法面对这样的挑战。新思想反对旧观念的约束，旧观念的权威因其与国内的破产和在国外的失败之间的关联而丧失殆尽，最后君主被迫同中产阶级谈判，并且一旦君主拒绝接受中产阶级提出的条款，结局就是君主被推翻。就像英国清教徒在反叛斗争中表现的那样，人们发现如果不经历一场大的冲突，传统制度就无法彻底根除。正如汉普登和皮姆成就了利本和温斯坦莱，米拉博（Mirabeau）和穆尼耶（Mounier）也催生了巴贝夫和恩纳吉（Enragés）。在王朝复辟以后，克伦威尔建立了新的平衡，所以拿破仑也在宪章（Charter）中做出了妥协。1688 年这一年英国中产阶级已经在国家中居于主导地位。同样，在经历了一个时代的激烈斗争以后，在 1815 年法国资产阶级也实现了同样的目标。同时，在美国，即使是处于特殊的情况下，中产阶级也取得了一定的社会地位。[2] 19 世纪的历史就是中产阶级的权力普遍上升的历史。

当然，法国大革命并不是一场突发的事件，在它爆发前的一个时代，就有人预料到了它的发生。人们感觉自己正处在一个危险的年代里。为革命的最终爆发所做的准备是一个逐步积累的过程。对社会中各种特权的一致攻击推动了这一过程的发展。实际上，在 1789 年之前，法国并未出现对君主制的直接攻击，甚至罗伯斯庇尔（Robespierre）在进入国民议会的时候也是一个君主主义者。但是教会却彻底分裂了。它的神学理论和社会伦理遭到了前所未有的无情批判。贵族的主张、法律体系、政府习惯和社会经济基础，这一切都受到了人们的重新审视。一般来说，人们认为它们所代表的大部分传统是充满罪恶的。这是一个理性的时代，哲学家用理性批判这一武器来宣扬自由是美好的事物，而管制天生就是邪恶的事物。人们有意识地避免任何限制个人按照自己的方式处理生活事务的权利的东西。他们不会忽略任何一种形式的努力，也不管一个制度是多么令人尊敬，他们都试图影响和触犯它。就像杜尔哥（Turgot）提出的那样，他们已经渗透到政府之中。这些哲学家们将教育变成了宣传的喉舌，小说和戏剧也成了他们战斗的武器。在 17 世纪教导人们说优雅文明语言的沙龙，发展到 18 世纪则热衷于介绍社会的改革思想。政府可能将他们送进监狱，但在监狱服过刑的人却能得到获取社会尊重的通行证。教会或者索邦神学院激烈地谴责这些哲学家，但这听起来不过是一种具有讽刺意味的娱乐而已。记日记的人、年代史编者甚至是警察报告，都在向我们描绘着一个新的世界正在挣扎中产生的场景。他们的描绘更加真实，因为就连他们自身都没有意识到自己这么做所蕴涵的意义。这是一个摒弃陈旧信条的社会，因为社会产生了这些信条无法满足的新需求。我们也可以看到，这个社会在刚出现的时候就将对手原来的自信打得粉碎。在 17 世纪确定和坚信的事物，到 18 世纪就已经变得含糊和犹豫起来。在这个时代，没有像黎塞留和马萨林那样为法国政权提供统治臣民智慧的巨匠，甚至都没有像科尔伯特（Colbert）这样的人来提高一下政府部门的效率。旧制度之所以消亡是因为对它们的批评都是确实无误的，就连统治者自身都认识到了这一点。作为管理出版机构的最高官员，马雷戴尔伯（Malesherbes）支持大百科全书的出版，这表明旧的制度已经受到了削弱。在新社会主张所提出的要求面前，旧秩序已经显得无能为力。

当然，我们也绝不能将哲学家看成是一个有组织的团体，他们也具有一套共同的观念，他们的影响力其实是零星而且偶然的。伏尔泰的追求完全不同于卢梭的理想，如果说在杜尔哥和重农主义者之间有相通之处的话，在他们的思想中也存在重大的差别。霍尔巴赫（Holbach）和爱尔维修（Helvetius）的思想和伏尔泰的观念大体相同，但是，他们二人的规划和方法却同伏尔泰不一致。马布利（Mably）可能赞同伏尔泰所追求的大部分目标，但他的核心观点却否定了伏尔泰哲学中至关重要的部分。此外，从某种意义上说，阿贝·梅叶的思想代表了这个世纪最显著的思想倾向，如果他加入哲学家阵营去推翻旧秩序的话，他肯定也将与其他哲学家们发生论战，就像布尔什维克为努力实现其自身的目标而与社会民主党人做斗争那样。[3]哲学家们看待英国的态度也是不同的。对伏尔泰来说，英国是一个持续不断的灵感来源，而在卢梭和霍尔巴赫看来，它是一个警示，而不是榜样。在这一时代里，还有一些重要的思想流派不能简单地将其归入任何模式的思想体系中，比如狄德罗的形而上学和林奎特的社会理论。这是一个充满混乱的时代，人们感受到了自己的不满，但又无法确切知道该如何解决这些不满。他们知道自己想要自由，却不知道追求自由是为了什么，也不知道应该根据什么原则来限定自由的范围。关于这些问题，他们还没有拿定主意该如何处理。

对新思想的抵制也是存在的。宗教可能已经处于守势，但至少它还在积极地自我防卫。我们往往会忘记，哲学家每发起一次攻击，都会出现多次的反抗，有时这些反抗还会得到人们的拥护。有些辩护者的能力和坚定程度是不容置疑的，弗热伦（Fréron）[4]、伯杰尔（Bergier）、阿比·顾尼（Abbe Guénée）和律师莫罗（Moreau）都不是平庸之辈。对佩里索（Palissot）称之为“哲学”（Philosophes）的新思想的攻击是这一时代最成功的举动。像卢梭和勒克这样的人，都很骄傲地为宗教存在的必要性进行辩护。赫洛特（Hénault）校长认为，伏尔泰的不虔诚行为是对社会的危害，这体现了一种非常普遍的态度。如果说社会存在像杜·德芳夫人（du Deffand）这样不了解宗教情感的伟大女人，那么还是有很多像德·蒙特利尔夫人（de Montbarey）这样的人，一生对宗教的虔诚不会让皇家港口（Port-Royal）的耶稣门徒为之蒙羞。克罗伊（Croy）公爵的回忆录也同样如此。像哈迪（Hardy）这样的书商和莫罗（J. N. Moreau）这样的历史学家都使我们认识到，一个简单的虔诚行为是如何可以不受新思想的影响。从勃列东（Rétif de la Bretonne）为其父亲所作的画像中我们可以看出，生活舒适的农民中广泛存在由信仰而激起的反革命情绪。[5]虽然戏剧很流行，仍然有很多观众在看到从传统角度对道德进行抨击时热情鼓掌。即使封建行为有所减少，但在大革命之后的几年里，人们对奇迹的信仰却愈发强烈。[6]

这还并不是全部。保存下来的政治文献大多是描写胜利的党派的。我们所熟知的作者都是左派的。但在 1770 年，比奥雷（Lefevre de Beauvray）出版了广受欢迎的《社会和爱国辞典》（*Dictionaire Social et Patriotique*）。这本书拒绝接受所有新的思想，并将自由描绘成“导致了所有社会秩序的倾覆”。像金（Gin）和杜布耶—南柯（Dubuat-Nancay）这样的作者找到了接受他们为传统君主制度进行辩护的读者。将杜尔哥称为愚蠢动物（un sot animal）的德芳夫人完全结束了对哲学家们的幻想，对于这些哲学家们的世界观，她曾经不遗余力地予以发扬光大——保守主义的永久性策略——以至于这些哲学家们错误地接受了特许而不是自由，傲慢而不是平等。我们可以看到嘲讽哲学家的小说，也可以读到赞扬哲学家的小说。有些小说还警示我们，越是渴望读到新书，就越倾向于忽视自己的妻子。旧制度和旧思想的道德约束力越来越弱。毫无疑问，人们迫切需要思想和习惯上的新鲜事物。但毋庸置疑，旧事物也具有保全自身的顽强毅力。后者一方面由权威提供了强有力的支持，另一方面，也得到了赞同传统方式的大众的支持。自由主义的缔造者们不得不为最后的胜利而努力奋斗。

但是，斗争总是朝着必然的结果向前发展。毕竟，这一时代的人是认可伏尔泰的。1778 年他最后一次造访巴黎，总结了其长达半个世纪的工作。甚至是卢梭的反影响（counter-influence）也间接地支持了伏尔泰，并延续到大革命以后，因为卢梭提倡建立一种情感的宗教而不是一种教条的宗教，他代表了清教传统的主流。我们无须通过评价伟大人物的立场来表明新精神的胜利。新精神已经获得绝对的权力，这一点可以从它们的反对者身上随处可证。作为旧思想化身的克罗伊公爵（上文所提到的）就曾经在野心的驱使下，在个人的习惯中出现了世俗化的倾向。[7]这一时代的卫道士充满对世俗主义的抱怨和对旧事物的哀悼。慈善行为不再受到尊敬，富人们也不再认为拥有财富就要面临来世得不到拯救的危险。放弃私人财产权已经不再是神圣的行为，取而代之的是对世俗利益充满了无止境的欲望。无论在哪里都可以见到人们那无休止的野心，这种野心不允许人们在生活上安于现状，故步自封。他们对待工作的态度同教会认可的观念完全不同，只要获得成功，他们就会对谴责赚钱的声音无动于衷。克若瓦塞（Croiset）神甫叹息道，人们太想成为有钱人了，他们夜以继日地追求财富，“以至于已经没有闲暇记得自己还是一个基督教徒”[8]。牧师们认为，对财产的热爱和对舒适生活的渴望，使得人们完全忘记了应该用宗教来规范自己的行为。[9]

从 17 世纪后期开始，关于高利贷问题的辩论明显又重新流行起来。像里格（Liger）[10]和盖斯奎（Hyacinthe de Gasquet）[11]这样有能力、有学识的教士不断地出版书籍，试图告诉人们遵从那些伤害人类灵魂的原则以换取商业利益是毫无益处的。不过他们也清楚自己的主张是徒劳的。如今每当人们读到他们愤怒的谴责篇章时，所有人自觉地意识到这些支持教会的道德家们正在维护一个已经逝去的时代。他们甚至想告诉人民（即使这些人无法读到他们的书），即使艰苦地工作，但自己创造出来的利润最后自己却没有份。他们攻击放高利贷的人，把他们说成是将穷人的血和肉摆在了贪婪的祭台上。但他们在谴责商人的时候也留有余地。商人们可能忽视了福音书的权威，然而他们为国家的发展作出了自己的贡献，是值得信任和有价值的人。他们的一位批评者认为：“没有哪个商人或银行家，也没有哪个单纯的商人相信，在这个世界上自己对高利贷的理解会比罗马教皇和神学家们少。对商人来说，后者完全不了解实际事务，他们了解的仅仅是从书上找到的，而这些书对解决商业问题毫无用处。”[12]商人们持这种观点只是出于一个简单的理由，一位倡导新秩序的人说道：“神学家们认为商人应该停止一切依赖借贷的商业行为……既然不能通过不含有利息的契约来维持一种社会秩序……（这么做）将会立即瓦解社会中的阶级，消除正在获得的自由和连续的交易行为。而在交易中，每个人都能找到自己的特殊利益。”[13]

事实上，支持教会的道德家们失败了，因为他们不能有效地回答一个简单的问题。他们的批评者问道，如果商业能养活世界上至少 1/3 的人口，那么金钱产生利息是不是必要的呢？资产阶级的回答是明确的。《致莱昂斯大主教的一封信》（*A Letter to the Archbishop of Lyons*）的作者这样写道："我的信仰的独到之处在于，在这个世界上，当我的财产尚未得到保证之前，我不会得到最终的幸福。"[14] 简单地说，就是在商人的权利和天主教的信仰之间存在终极矛盾。商人所需要的道德规范不是来自中世纪的经院哲学所推理出来的观点，而是源于商业企业的特定需求。教会拒绝适应企业的这种需求，并且，十分重要的是，在这种情况下，哲学家已经为商业企业提供了教会拒绝提供的东西。从这个角度来看，对商人来说，伏尔泰的价值是难以衡量、极为重要的。伏尔泰既富有又具有商人的习惯，并参与了很多重大的事务，他的世界观是成功人士所具有的实用而符合常理的哲学。这种哲学并不微妙和精炼，它并不深究过于琐碎的差别。正如我们看到的那样，它对财产充满了正常的尊重。从最好的意义上说，它是高尚人士的世界观。它认识到了节俭、谨慎和进取精神的价值。它也寻求能够为这些品质服务的自由。例如，热忱地追求英国式的言论自由、宗教信仰自由以及由陪审团审判所保证的人身和财产自由，这些都是它所追求的。伏尔泰认为，在英国，"异教徒"这个词只适用于描写那些在股票交易中走向破产的人。[15] 这个时代所需要的是世俗道德，并且，当这种道德不能在古代典籍中找到它的原则时，它会很自然地转向新书以寻找自己的原则。

我这么说并不意味着 18 世纪从根本上伏尔泰化了。中产阶级从伏尔泰那里得到了他们想要的东西，这在根本上是一种公民自由主义。正如勒克在其作品中所写的那样，中产阶级真正献身于宗教信仰是基于将宗教限定于适当位置的理解。这就意味着两件事情。首先，它不会建议允许宗教去干预创造财富的纯粹商业事务。其次，它想保留宗教的原则以获得充分的道德约束力，并以此使工人阶级安于自己所获得的地位。也就是说，它敏锐地意识到那些被剥夺了财产的人需要某种安慰。它认为有充分的理由答应人们，只要他们在今生遵守秩序、努力工作并很好地表现自己，他们就可望在来世获得拯救。对伏尔泰来说，宗教的规范可以作为令大众遵守秩序的手段，这是他这个世俗之人一直持有的犬儒观点。对于巴比尔（Barbier）这样的人来说，宗教还不只是这样。18世纪实现了宗教和道德的分离，这使得它们的本质对不同的社会阶级有不同的含义。对于那些有安全保障的人来说，宗教变成了一种公民和上帝或教会之间的私人事务；而对于穷人来说，宗教则成了一种社会环境所需要的维护公共秩序的机构。从这个角度看，宗教被灌输了一种功利主义的标准，这个标准会根据它所适用的阶级的不同而发生变化。当然，这并不仅仅局限在法国，在英国和美国，甚至在德国也同样如此。汉娜·莫尔（Hannah More）、沃森（Watson）主教、乔纳森·爱德华兹（Jonathan Edwards）甚至是康德，他们都完全理解伏尔泰。尽管他们的道路不同，但是他们所追求的都是同一类型的社会。

商人们在哲学家的著作中发现了他们正在寻求的新道德规范，但他们所发现的不仅仅是这些东西。当时社会的文献中存在的氛围是实证主义和怀疑主义的结合，也代表了他们的态度。人们完全相信，在社会领域中可以找到一种自然的政府形式，同自然科学中牛顿的伟大定律相适应。由于二者出奇地相符，这种自然的政府形式就会提出商业繁荣所需要的原则。人们会发现，促使英国繁荣起来的自由环境就是自然的环境。个人的财产应该是自由的，随意征税以及任何专断的干涉都是不可取的。个人应该自由地评论公共事务，更不用说去讨论他自己喜欢的事务。社会对伏尔泰所说的“愚民”和伯克所说的“粗野的民众”怀有正常的担心或戒惧。人民应该像一个坚定的资产阶级分子那样，自由发表自己的意见，不管是在商业领域中还是像伏尔泰那样著书立说，都应如此。个人应该在宗教的事务中保持自由，认为宗教迫害对人的良知有利这种观念得到理性人士接受的那种时代，已经一去不复返了。个人应该生活在法律的保护之下，而不是任由他人处置。这就是孟德斯鸠以后的大部分作者所热切盼望建立的某种宪政体系。人们将会发现像达加里德（Darigrand）那样的人，即那些超脱于商业之外的贵族只为国家作出了少得可怜的贡献。[16] 人们从邦瑟夫（Boncerf）那里可以听到有关封建特权的弊病。[17] 人们也可以从经济学家那里读到社会如何遭到旧的财政体系的损害。如果有人说农业比商业更重要，那么伏尔泰和加利亚尼(Galiani)的嘲弄也会令人们放下心来。严谨的律师会钻研古籍，以证明专制主义才是新出现的事物，而自由本身却是古老的传统，正如德·斯达尔夫人（de Stael）的著名格言所说的那样。像丽莎迪尔小姐(Mademoiselle de Lezardière)这样害羞的女孩都用八部有力的著作证明这一点[18]，甚至连国王都屈尊阅读她的著作，尽管事实上他读到的是缩写本。工业联合所带的危害、对统一法典的追求、改革当时严厉的刑罚制度、现代的度量和计量方式、有限政府的价值、确信通过改革能带来安全保障，所有这些主张都能在她的书中找到。像布里索（Brissot）这样的人也会告诉人们，在美国，老一套的欧洲社会的阶层划分是毫无意义的。[19]人们也会感觉到，深受法国社会热忱欢迎的富兰克林就是他们自己身上的资产阶级美德的化身。法国人为富兰克林所代表的美国而参加战斗，他们为什么就不为自己追求自由之梦而去斗争呢?

正是哲学家的怀疑主义帮助他们获得了解放。这些哲学家们怀疑教会的权威以及贵族特权的合法性，甚至对专制的君主制度也提出了谨慎的怀疑。这种怀疑主义的背景是理性的功利思想。伏尔泰向人们表明，教会寺院体系的成本是高昂的，它的盛宴和斋戒对工业来说是奢华的，生活在一个自己料理自家园地的社会才是明智的。教会告诉人们彼岸世界的繁盛。但是大百科全书的六次出版，记录了科学和贸易的进步，及其同物质利益的密切关系。人们可以感受到字里行间的热忱，也可以感受到理性的进步所带来的美好结果。而且人们也认识到这些大百科全书的编者的目标同自己的追求是一样的。当人们发现大百科全书对于一些著名的与忏悔有关的争论予以轻描淡写时，他们就会用全新的视角来看待世间万物，并且人们可以对比一下大百科全书的有关条目中对机器的热情描述和对宗教原则的马虎处理。在书中，人们也发现了摆脱了过去束缚的无限自由。封建主义受到了彻底攻击，新的政治经济学理论在各个领域建立起来。宗教信仰的不自由被彻底地抛弃了，因为它“在上帝和人们的眼中，都是一种令人憎恶的非正义行为”[20]。

毫无疑问，所有的这些因素产生的影响都是间接的，而不是立即产生作用的。自由主义的要点并不是来自本身的论证，而是源于它所形成的环境。信仰不自由、破产、腐败和专制等导致的结果是，人们自觉地感受到，已经到新事物出现的时候了。从1715年到1789年，法国的对外贸易增长了四倍[21]，但更重要的是，人们普遍认识到当时的政府机构和惯例阻碍了对外贸易更大规模的扩张。例如在采矿业，中央政府的控制在很大程度上阻碍了进步的可能。从理论和实践两方面来考察，人们在杜尔哥的作品中都看到了土地贵族的特权是如何抑制了商人们的雄心。《货币利息理论》（*La Theorie de l'Interet de l'Argent*）的作者告诉我们，如果这些都是真的，即"王国的资本家可能有1/3不敢将资金投入到贸易中"[22]，那么我们显然可以从中发现一种重要的利害关系，即王权和教会的勾结将成为资产阶级幸福生活的真正障碍。哲学家所说的良心和思想自由可以很容易转化到财产观念中。在这种转化的过程中，资产阶级可以构建一种有约束力的但又不会干扰到自己目标的社会道德规范。资产阶级追求财富，它看到失去权势的贵族和得到资助的教会也同自己一样渴望获得财富。此外，资产阶级认为，他们所坚持的道德规范必须建立在这样的前提之上：不会干预他们的活动，而且处处鼓励他们的事业发展。资产阶级从伏尔泰那里认识到，宗教迫害只会牺牲自己的利益而使邻国更强。一种新的风气可以使资产阶级发现，所有旧的承诺，还可以为其提供旧制度下所不能给予的事物。当面对一个约束的哲学和一个解放的哲学的时候，就不难理解为什么资产阶级做出了这样的选择。

二

我已经提到，英国在王朝复辟时期就出现了向自由放任发展的趋势，这种倾向在18世纪变成了一种运动。议会越来越不愿意通过工业规制的方式来干预经济。这种态度从塔克院长（Dean Tucker）的坚决言辞中就可以看出来。他曾经以强硬的口吻写道："斯图亚特王朝对工资和价格的管制是另一种荒谬的行为，这对贸易造成了巨大的伤害。第三方在买方和卖方尚未同意的情况下就强行将价格固定下来是荒唐和愚蠢的事情。因为，如果雇工不愿意以固定好的或法令规定的价格出卖自己的劳动力，或者雇主不愿以同样价格购买劳动力，那么制定一千条法律又有什么用呢？不仅如此，像工作成果的多寡、供给品的贵贱、城乡居住条件的不同、燃料、房租等，对于这些事务，国家又怎么能够人为地制定适合、理性的价格。并且，像工人质量的好坏、工人熟练程度和工作节奏的差异、工作所需原料的质量不均、制造业的不同状况、产品在国内或国际市场是有需求还是需求不足，又该如何根据这些因素的不同制定合理的价格呢？……就算可以制定出价格，仍然会出现很大的难题，那就是，除非双方彼此一致同意，要不然，你又能强迫谁、或者又能怎样强迫雇工去工作，以及让雇主为雇工提供工作呢？并且，如果他们一致同意的话，你或者是其他人又为何非要干涉他们呢?”[23]

这是一种为实现雇主和雇工之间的契约自由而发出的全面呼吁，而且，这种呼吁来自一位信奉英国国教的神学院长。这也是雇主们自身的态度。他们告诉下议院，对工资的管制面临无法解决的技术难题。他们想让个人解决问题。他们说道：“用法律来规定每一个劳动者的劳动都有相同的价值，这是不可能的，甚至是不公平的。”这个制度忽视了工人能力的个体差异。它试图发给能力差的工人超出他本应得到的工资，这样总会提高商品的价格。工资必须由供求法则这个不受人为控制的规律来决定。议会对学徒条令的看法也与此相同。一个下议院的委员会在1751 年发表报告指出：“最实用、最获利的制造业正处于发展当中，贸易在那些不受伊丽莎白条例束缚的城镇和地区发展得最为成功。”[24] 在这一世纪里随处可见的是不断准许贸易活动的特别条令。布莱克斯通（Blackstone）解释道，司法裁决的精神与对商业的约束相对立，自柯克爵士（Coke）以来，这种倾向就越发明显。对殖民体系的反抗也基本是出于同样的原因。1779 年一位作家指出，贸易发展得最繁荣的地方都是那些最易被人们忽视的城镇。[25] 当时像塔克、伯克和亚当·斯密这样充满智慧的人，很容易对殖民地与宗主国的财政关系产生同样的态度。伯克告诉他在布里斯托尔（Bristol）的选民："此时，一个伟大的帝国是不能仅依靠一个狭隘、严厉的商业体制或政府体制支撑下去的。"[26]

在这样的思想氛围中，亚当·斯密完成了他的伟大著作。要想理解这本书的伟大意义，我们就必须认识到，《国富论》不过是一个不完整的社会哲学体系中的一部分。"将自然原则联结起来的科学就是为了使自然的舞台更加连贯，因此也就更加宏伟壮观"[27]。亚当·斯密试图在混乱状态中建立秩序，让受教育的人接受财富的原理。这本书的主旋律是什么呢？它的基调是世俗主义，方法是理性主义，在观念上是个人主义。它首先提出了这样的假设：每个人都最适合于判断自己的行为。正像他在《道德情操论》（*Moral Sentiments*）所写的那样，"每个人都会出于本能首先也是首要地关心自己"[28]。这是人类的真正工作和命运。当人类专注于自身需要的时候，他就"受到一只看不见的手的指引，最终获得意想不到的结果"[29]。对亚当·斯密来说，个人的不同本能行为只是为了最终实现自己的私人利益和目标。然而，在一种神秘力量的影响下，个人的行为却产生了公共利益。同我们有意识地设法增加社会的利益相比，这种"简单自然的自由体系"能使社会获益更多。世界结构的基础是同情，同情使他人的利益同自我利益结合起来，由此产生了国家的"主要支柱"——正义。它根植于人的本性之中，可以使人分清善恶，并害怕因做错事而受到惩罚。个人是受到道德约束的，并且从长远来看，只有遵守这些规范，才能实现自己的目标。这令他产生了乐观的观念。贫富差距并没有我们想象中的那么大。如果人们是自由的，他就会努力拯救自己。不管是什么扰乱了自然的秩序，其结果必定是罪恶，而不是好处。

因此，亚当·斯密产生了厌恶国家行为的情绪。最高强制性权力的主要用途是保护我们不会受到不公正和暴力的侵犯，特别是对财产的侵犯。国家可以在教育或者在个人无法从中盈利的公共事业上采取行动。但是，除了这个狭窄的范围以外，它的最高目标就是保护个人的自发行为。当那些“阴险狡诈的动物（百姓将其称为政治家或政客）”给予我们国际和平和国内秩序以后，他们的主要工作就完成了。[30]远离了最高权力，我们可以根据“公正和独立于所有实际机构之外的自然法则”，而不再受到后者的干预，就可以更好地完成自己的工作。亚当·斯密似乎想说，只要获得了安全，就几乎不再需要政治行为了。政治行为是有意谋划的，是不自然的，是同“简单的体系”对立的。它侵犯了个人的自然权利，通常剥夺了个人的劳动成果。大部分为公益而热衷贸易的人从政治行为中得不到什么好处。只要允许人们按照自己的意愿自由地追逐个人利益，那么，他对自身利益的关注也会实现社会利益的最大化。

现实的结果又如何呢？除了像《航海法》这样一两个显著的例子以外，亚当·斯密对那个时代盛行的工业管制进行了坚决的批判。他反对关税保护，反对行业联合（不管是资本联合还是劳务联合），还反对津贴、劳工法律和垄断。他认为，工业生产是由一系列相互关联的个人活动组成的，只要个人信守承诺、禁止侵犯，就能非常好地完成自己的工作。并且，竞争越是充分，公众就能获得越大的利益。只要有自由体制的存在，每个人就会有最大的诱因去工作，因为他确信，只要努力工作就能获得最大的回报。亚当·斯密认为人天生所具有的禀赋是没有什么差别的。慷慨的上帝创造出一个自然的秩序，它要求个人财产所有者应该按照自己的目标为公共利益付出自己的努力。因为他必须生产出用来交换的产品，为了生存，他就必须满足其他人的需求。在人际关系中存在一种具有天生利益的互惠关系，而干涉只能是破坏这种关系。亚当·斯密费尽苦心，用翔实的历史材料向世人证明，任何干涉都只是有利于享有特权的少数人，而这些人主张自己的利益同公众的利益是一致的，以此来欺骗整个国家。

从某种意义上或许可以说，亚当·斯密完成了一个自宗教改革以来的思想演化过程。宗教改革用君主取代教会成为了规范社会行为的统治源泉。洛克和他的学派用议会取代君主，让其更好地满足社会的需求。亚当·斯密则向前更进了一步，他补充说，排除极少数的例外情况，社会根本不需要议会的干预。他说，事实上，只要自然赋予人们六种动机，即同情、自利、礼貌、交易习惯、防止生产过剩的正常劳动习惯和热爱自由，只要欺骗和暴力行为受到惩罚以及国家能够抵御外来的侵略，那么人们的需要就能得到满足。总之，政府的真正用途是保证安全。保证了这一点，就没有理由猜疑个人的习惯行为，除非个人联合起来或者要求某种特权。社会各阶级之间的利益是一致的，对这一点认识得越充分，人们就越自由。

这种思想对当时的人们产生了巨大的吸引力，这一点不需要过分地强调。它告诉商人们说他们是公众的恩人，并且极力主张，在追求财富的过程中商人们受到的限制越少，他们为公众带来的利益就越大。在亚当·斯密的著作中提出了很多实用、有远见的观点。他对每一个有文化的人都会经历的事实进行了权威性的总结，承认这些观点的理性特征就很难否定他在书中的结论。每一个读者都认识到努力奋斗就能改变自己的境况，所有的读者也从自己的日常经历中看到，在努力奋斗的过程中总会受到政府干预的制约，大部分读者都充分认识到了亚当·斯密所蔑视的政客的腐败和无能。将自身的渴望提升到自然法则这样的地位，为人们提供了前所未有的强大动力。"这样做原来并非为了自己"（Sic vos non vobis）可以说是对《国富论》的公允总结。如果《国富论》对商界的行为习惯表露出了一种谨慎，对沉默的股东表现出一种真实的厌恶，对理智的工人怀有真实的热爱之情，对用具体条件比用抽象条件更难界定对国家干预的限制这一事实表现出一种不安情绪，那么这本书的普遍影响就是，它不可阻挡地朝自由放任的方向发展，并通过对自由放任政策提供自然和理性的权威来予以支持。对生活在 18 世纪的人士，特别是对亚当·斯密来说，自然就是一系列遵从科学法则的有规则的现象，理性就是从过去的无数错误中探索新的真理的武器。在亚当·斯密的影响下，商人们获得了信用证。现在自由主义已经有了经过透彻分析而推理出的经济使命：让商人首先解放自己，而后解放整个人类。但是要想解放自身就必须将国家掌握在自己手中，这一点已经在很大程度上实现了。现在，商人们认识到，要想利用国家实现自己的最大目标，除了迫使国家尽量限制自己的职能以外已经别无选择。工人们可能会抱怨，在稍晚时候，被宠坏的土地垄断者，即农场主可能也会抱怨，但他们却没有领悟到这一庄严的进步法则所具有的意义，即管得最少的政府就是最好的政府。在亚当·斯密的影响下，商业企业的行为准则获得了类似神学的地位，而国家变成了一个工具。在以后的70年中，这些行为准则将被应用到日常生活中。

当然，亚当·斯密并不是孤立无援的。就像社会思想史上经常发生的那样，伟大的人物即爱默生所说的代表人物，所要做的就是根据时代的需要对前辈的思想进行总结，提出一套学说。休谟的思想虽不及亚当·斯密那样丰富，但他却以其同样的远见卓识指明了同样的方向。至于塔克，虽然缺乏亚当·斯密那样的广博和想象力，但他以更强的逻辑表达了同样坚定的信念。[31]伯克也提出了类似的观点。我们从亚当·斯密那里可以了解到这些内容，尽管我们将看到，伯克思想中的某些内容是亚当·斯密所没有的，但是，没有什么可以比对重农主义思想的分析更能使我们清晰了解亚当·斯密的普遍特征。[32]亚当·斯密同重农主义之间的联系是非常显著的，这主要是基于两个原因。首先，毫无疑问，他们所提出的观点彼此间是完全独立的，提出的治世方案也是不同的，但是，从根本上说，他们思想的基础是相同的。他们都是经济自由主义的倡导者，都寻求将国家变成仅仅是自然法则的诠释者，也就是说，国家可以扭曲自然法则，却不能改善自然法则。因此，他们都努力追求将财产所有者从国家管制的束缚中解放出来。重农主义的洞见力不如亚当·斯密，特别是就斯密认识到商业重要性的观点而言。但是，重农主义者推动的革命所产生的影响却同亚当·斯密不相上下。和他的思想一样，重农主义也是从18世纪国家的错误、无能和腐败中出现的，不过，同亚当·斯密思想不同的是，它所追求的目标和所获得的结果并不一样。

重农主义者是革新者，但他们的身上还承载着历史的传统。亚当·斯密直接继承了17世纪洛克和托利党自由贸易者的传统，也间接继承了当时由哲学和科学共同塑造的自然法学派。而重农主义者的起源可以直接追溯到路易十四统治后期的重商主义，并且间接受到了笛卡儿哲学的影响。笛卡儿主义者与其中世纪的先驱不同，赋予法律全然不同的意义。重农主义经常被比作一个宗教派别，这样做是有其现实正当理由的。它有自己的代言人，如魁奈（Quesnay）；有自己的信条，如《经济表》（*Table Oeconomique*）；有自己的倡导者，如米拉博（Mirabeau）和梅西耶（Mercier de la Rivière）；有自己的总结性论文，如梅西耶的《基本秩序》（*Ordre Essentiel*）；有自己的传教士，如包杜（Baudeau）；有自己的信仰刊物，如《日历》（*Ephémérides*）；还有自己的宣传机构，如农会和地方学院；甚至有与其相联系的政治家，如杜尔哥。

我在这里所关注的不是重农主义思想的技术层面，只想重点探讨一下这种思想的基本含义。就像亚当·斯密那样，重农主义从自然秩序这个概念开始论述，后者同“简单自然的自由体系”有很深的渊源。重农主义者认为（就像亚当·斯密一样），人生来就有一种追求幸福的冲动，所以必须有一种贯穿事物规则的秩序，才可以提供成功所需要的原则。他们关注的是将事物的规则从人类以及人为设计所掩盖的纠缠不休的乱象中分割开来。他们认为，如果政府可以有效组织起来，运用法律的力量保护这些原则，人们的幸福就有了保证。不论是政府还是民众，都应该遵守这些原则，因为这是正常生活所必需的。这是对人们生活的世界所赋予人们的自然法则的遵守。重农主义者毫不怀疑地认为，这些法则就像物理规律一样永恒和不可侵犯。事实上，他们认为自己在社会制度方面所作的贡献，可以同17世纪伟大的科学家在物理领域所作的贡献相媲美。他们为政治家们提供了一套行为准则。违背这一准则就会带来风险。杜尔哥在《古尔奈之颂》（*Éloge de Gournay*）一书中写道：“要想认识建立在自然基础上的那些首要而独特的规律（通过这些规律使得商业中所有的价值彼此间相互平衡，并最终固定在一种明确的价值上）……要想理解贸易和农业之间的互惠互赖……它们同法律、道德即所有的政府事务间的密切联系……就要从政治家和哲学家的视角来看待。”[33]实际上，统治者更多的是宣布法律，而不是制定法律。他应该辨明各种现象间存在的固有和永恒的联系，并从这样的联系中，推导出国民生活所需要服从的规则。把这些规则强加到他的臣民身上，他就可以保证国民的幸福；超越了这些规则所描绘的行为的边界，就会给他的人民带来不幸。

据我所知，重农主义者都是开明专制主义的拥护者。但重要的是认识到，对他们来说，专制君主并不是一个可以为所欲为的专断统治者。这些君主们必须服从自然规则施加到他们身上的法律约束。事实上，所有好的政府都是宪政政府，这并不在于宪政政府不是一个专断的政府，其法律不是源于立法机关的错误的一时冲动，而在更深层的意义上来说，政府是自然法则的必然产物，这些法则一旦被人们发现，就对所有的人都具有约束力。总之，最高主权属于自然法则。如果人们逃避自然法则的制约，结果只能是牺牲接受自然法则所带来的幸福。

重农主义的目标是什么呢？杜邦·德·奈莫尔（Dupont de Nemours）曾经说："他们制定了一套完整的学说，清晰地规定了人们的自然权利、社会的自然秩序和对团结在社会中的人最有利的自然法则。"[34] 正如魁奈说的那样，它的目标就是"要以最低的代价获得最大可能增加的快乐"，这就是"尽善尽美的经济"[35]。让我们共同记住这一学说的世俗和功利的目标。这一经济学派所关注的是劳动所带来的直接和世俗的回报。它的基础是对节俭、谨慎这些资产阶级典型美德的赞扬。其主要前提是自利，即人们有权利做那些对自己最有利的事情，有权利获得可以令其满足的东西。这些权利源于自我保护法则的"迫切需要"。在面临痛苦甚至是死亡的约束下，我们必须遵守这些法则。要遵守这些法则，就必须知道它的要求是什么。我们可以通过研究人类的理性和自利行为，把握事物的本质，来得知这些要求是什么。这一研究使我们可以利用自己的才能，了解什么才是对我们有利的。我们必须遵从这些研究在社会领域中发现的规则，就像我们必须遵循物理世界的规律那样。从这些已经获得的洞见出发，我们认识到需要自由贸易，需要一项税收制度来将政府的开支加于地主身上，需要保证财产权利的绝对安全（不完全符合逻辑）。重农主义者并不是要提出平等理论。人类能力的不平等是自然的，不平等的收获不过是服从自然规律而已。他们赞同为了教育和穷人的利益允许国家干预，甚至准备建立一种由有产者组成的委员会，来为政府建言献策。但是，这种制度的本质是契约自由。正是这种要求指导他们支持杜尔哥的项目，并废除了国内对玉米贸易的限制。也正是这种要求，使得他们强烈地支持 1786 年签订的英法商业条约。[36]重农主义思想的主要前提是，认为重商主义会导致一种人为的供应不足。政府的管制毁掉了农业，却使那些对国家财富增长没有作出丝毫贡献的特权阶级从中受益。他们实际上是在说，废除政府管制的政策就必定会带来国家财富的增加。

简言之，重农主义使主权和土地私有财产权两者统一起来。让土地所有者和农民都获得了自由，并且只要允许他们发挥自身的优势，就能实现社会和谐。我们不需要讨论这个观点的谬误所在。重要的是，我们应该重视这样的事实，即重农主义者关注于制定一个纲领，这一纲领的作用就是对路易十四所推行的同自然法则相对立的社会政策予以谴责。当然，这是一种为地主服务的哲学，而亚当·斯密可以说已经为商人构建了另一种哲学。重农主义试图证明的是，如果地主可以自由地追逐自我利益的话，那么他也必定会为了公共利益而工作。它试图缩小制定法的范围，因为这些法律是腐败的、多变的和错误的。而自然法则，即理性的地主对自身利益的追逐，则是仁慈和慷慨的。相应地，重农主义认为，地主越是自由地摆脱了各种限制，他就越能生产出充足的产品。并且由于地主为了国家也为自我利益而奉献自己的努力，他们的富裕也就是国家的繁荣。即使重农主义对商业缺乏热情，但这一点可以得到弥补，因为他们强调，国家管制对商业是有害的。他们从这些规章制度中看到，对特权的准许影响到了财富的积累，造成物资的匮乏，其结果是使少数人获得特别利润从而危及真正的繁荣。公正地说，对于穷人阶层，除了关注他们在农场的工作以外，重农主义者根本就没考虑过他们。如果这些穷人是手工业者，那他们也仅仅是转化一下农业生产者为他们提供的原材料而已。如果他们是仆人，那他们的利益就被包含在主人的利益当中。魁奈和他的学生从未将工人阶级看成国家内的一个自觉和积极的要素。工人劳力的供应要受到他们无法改变的规律的调节，虽然他们并没有增加公共利益，但这些规律还是有利于他们的。他们只是

"不结果实的"阶级中一个大的组成部分而已。

我们可以轻而易举地看到，重农主义的大体形象就是18世纪法国的理想化写照，如果每一个地主都有一种高度的社会责任感，并且，每一个农民都了解农业科学的最新发展情况，那么，这幅理想的画面早已成为现实。重农主义所关注的是土地的利益，而不是工业和商业的利益，理由很简单，因为法国始终是一个半封建国家，土地的重要性要比英国大得多。重农主义的产生源于以下这种感觉：重商主义所要摧毁的是一个可以很容易带来繁荣的体制。重农主义出于很多理由敌视民主。部分是由于民主信奉者的狂热，就像信仰宗教信条的传教士通常所表现的那样，他们相当急于将他们的信仰强加到别人身上，而不是冒着争论以后被拒绝的风险。部分是由于重农主义提出的将财产作为最高权力的主张，非常符合它所从中诞生的封建环境。部分也是因为重农主义有一种对商业和金融的现实恐惧，认为它们是通货膨胀、腐败和特权的根源，这些行政惯例的出现对农业利益产生了破坏性的影响。重农主义者为当时的统治阶级提供了一个在以自由为生活法则的基础上进行改革的良机，他们要求将特权转变为机会。他们认为，要想自己富裕起来，就需要提高全体国民的生活标准。他们未能实现眼前目标，但他们在将经济自由主义变为同代知识分子的部分思想底蕴方面，发挥了至关重要的作用。

重农主义者之所以失败，是因为他们没有领会亚当·斯密和杜尔哥已经察觉到的东西，即封建主义正在向资本主义转变，与此相适应，经济理论也不能仅仅局限在对土地的关注上。不论从哪个方面来看，杜尔哥的洞察力都是卓越的。他非常清楚地理解了资本主义社会利益的本质。[37]他看到，价格是由供求关系决定的。他认识到资本积累和资本流动的根本区别，这就使他理解了储蓄和投资之间的不同。在这个基础上，他就能够抨击对待金钱的教条态度的整个基础。他曾经写道："被人当做一种有形物质和一堆金属的货币不会产生任何东西，但是货币如果被用于推动农业、制造业和商业的发展，它就会产生一定的利润。一个人可以用货币购买地产，并可以获得一定的回报。把货币借出去的人不仅放弃了对金钱没有回报的占有，他也失去了这些金钱本应为他产生的利润收入。因为他失去了货币的所有权，所以为他提供利息补偿应该被看作是理所当然的。”[38]杜尔哥有关边际生产力的概念，使他可以证明，通过增加储蓄，进而降低利率，资本家可以帮助社会。考虑到这些规则所产生的作用，他总结道：“除了土地的净产出以外，一个国家不存在真正可以自由支配的收益。”[39]由此，他得出结论认为，国家有责任去除一切对工业和商业、借贷资本和农业的负担与约束，特别是在税收方面。地主最应该承担这些负担和纳税，因为一个国家中的所有阶级都要向地主缴纳租金。地主是“拥有财产权的阶级，也是唯一不会被特定劳动者的生存需要所束缚的阶级，他们可以满足社会的整体需要”[40]。根据他的观点，其他阶级获得的报酬同他们提供服务所获得的回报是成正比的。而土地所有者的收入是源于他对资源的占有，他并没有让这些资源增加任何东西。他这一理论的影响就像他的行为所产生的影响那样，最终将税收的负担施加到那个时代的贵族身上。比重农主义理论更有意义的是，他试图将耕种者和工业家从管制和特权中解放出来。根据他就各个阶级对社会提供的服务所做的解释，他认为，同样重要的是，劳动者的收入应该根据预示着工业革命的那些标准来进行评判。他写道：“只剩下劳动力可供出卖的工人的工资是由契约所决定的，而这个契约是工人同尽量少地为他们支付报酬的雇主共同制定的。当雇主可以在大量工人中进行选择的时候，他当然会选择最便宜的那个。因此，在互相竞争中工人被迫降低自己的价格，每一种类型的工作都是如此，事实上，工人的工资被限定在仅仅能够维持生计的水平上。”[41]

詹姆斯·穆勒曾经写道：“重农主义的目标是在不发生革命的情况下通过建立一些简单的理论原则来改造社会。”[42]如此描述他们的目标并不过分。让我们看一下它的基础为何是基于自由观念的。梅西耶认为：“个人的特殊利益根本无法同公共利益分离开来，这是秩序的本质。我们可以在完全的自由所产生的必然结果中找到确切的证据，这种完全的自由必须在商业中占据主导优势，以保证财产权不会受到伤害。”[43]因此，正如亚当·斯密所说的那样，“只有在完全自由和公正的体制下”[44]，国家才能繁荣起来。因为只有当所有阶级的利益都是平等和完全相同的时候，反对干预才能取得最后的胜利。从这一新的信条出发，一个政府只有当它放手的时候，才能做到最好。也许这个世界上会有罪恶，但是同自然界的巨大力量相比，政府纠正罪恶的力量是微不足道的。让每一个人管好自己，因为他比任何政府都懂得什么是对自己最有利的事物，因此，还是让他自己制定自己的行为规范吧，尤其是在有关商业交往的事务方面。在这种利益一致的原则下，除了秩序、实施自愿订立的契约和一个有限政体之外，没有什么东西更为重要。实现了这些，我们就得到了两个世界上最美好的东西：我们既拥有自然状态为国家制定的最好的规则，也获得了进步的文明带给我们的好处。就像杜尔哥认为的那样，我们已经穿越宗教和形而上学的时代，我们正生活在一个科学的时代。只要获得了自由，我们就可以认定，随着科学的发展，道德和知识的进步自然会实现。

我所总结的观点也可以通过参照边沁的《为高利贷辩解》（*Defence of Usury*）一书恰当地表达出来。该书于 1787 年出版，正是在法国召集三级会议的前两年。它的主要论点最终完成了我们已经讨论的发展过程。边沁曾经认为，从总体上说，贸易自由是有利的。他所关注的是，证明自由的原则也应该扩展到金融领域。如他所言，“所有成年和心灵健全的人士，行动自由，可清晰辨明对他有利的事情，均不应该受到限制，而应该让其进行议价，追求其获取金钱的最佳途径；没有人的供给应该遭到限制，只要后者认为其条件是合理和可接受的”[45]。边沁让其论辩对手的观点难以立足：这些要么是基于对财富持有偏见神学观点的结果，要么是源于亚里士多德认为的钱不能生钱的错误观点。第一种观点不过是一种传统的迷信行为，第二种观点也是错误的，因为钱代表了对丰富自然力量的利用。他接下来证明了针对高利贷立法所带来的危害。这些法律迫使个人在不利的条件下出卖自身的劳动力，这导致人们逃避法律的规定并因此轻视法律。它们违背了每个人都是自身利益的最佳判断者这一普遍真理。由于使用了错误的表达方式，从而将一种罪恶的声誉带到了有价值的公共服务中。它们简直就是对一些“完全清白甚至有功之士的谴责”[46]。这些人将消费从眼前推迟到未来，这对自己和他人都是有利的。但他们受到了谴责，就像投机者受到的谴责那样，用来描述他们的都是一些不好的词语。事实上，亚当·斯密已经证明中世纪囤积居奇者和垄断者是发挥有益作用的中间人，同样，放高利贷的人和投机者可能会促进社会价值的发展。他们从事的贸易越自由，社会从中获得的收益就越大。[47]

这一切在莫雷莱（Morellet）写给谢尔本（Shelburne）的信中进行了精辟的总结。我们知道，莫雷莱正是边沁的庇护人。他写道：“因为自由是自然状态，相反，限制则是一种强制状态，所以，只要重新获得自由，万物就能重回最佳位置；只要能不断捉住盗贼和杀人犯，世界就是和平的。”[48]有财产的人受益了（Beati possidentes）；国家的功能就是为有产者创造安全的环境，剩下的事情就交由个人来处理。其他所有干预都是邪恶利益的普遍无知所造成的后果，比如反巫术法。莫雷莱高兴地指出：“在贸易中我们需要良知上的自由。”[49]利益上的一致性可以使我们有权对结果持乐观态度。在自由条件下，只要每一个人都能得到劳动的成果，人们就会实现他们的自然权利。进取心和创造力将会受到鼓励，对美德、知识进行控制的那些腐败与无知的权力将会被制止。就像潘恩（Paine）所说的那样，社会是我们自身美德的结果，政府是我们自身邪恶的结果。将政府的职能限定在最狭窄的范围内，我们就可以为有道德的人提供最广阔的机会。

要理解一种信念是如何被设计出来以适应当时的精神氛围的，这是一件困难的事情。至少像在成功人士身上体现的那样，它所有的经历都朝着经济学家所指定的方向发展。限制性的法律无疑是对财富生产力的一种压制，这种法律被废除掉的越多（或者让其自然消亡），就越能带来国家的繁荣。甚至那些在失去美洲以后担心殖民体系瓦解的人也很快接受了塔克的观点及其中包含的真理，即解放以后的殖民地将同样容易成为贱买贵卖的市场。边沁也建议法国议会解放它的殖民地，这看起来既是出于理论的教条，也是源于实际的经验。在这个时期，每一次采纳自由放任的改革看起来都是对生产力的解放。至少在马尔萨斯（Malthus）时代之前，人口的增长看来是经济自由主义已经建立起坚实基础的另一证明。人们将每一次违背经济自由主义的例外行为都看成是一种“对人民的偏见”，而在亚当·斯密看来，这是政府“为了保持公共安全”而必须付出的代价。[50] 只要有了安全，商人就不会怀疑经济学家是正确的。在接下来的岁月中，他们将会赋予这个信念一种宗教正统的地位。

经历一个半世纪以后，我们很容易看出这种思想的缺陷。事实上，它的公民概念要比它所知道的狭窄得多，因为它的前提是假设值得尊敬的人应该是那些在国家中拥有一定地位的人。它所颂扬的契约自由并未考虑到人们交易能力的不平等。它将个人利益和社会利益结合起来的时候，忽视了人们起点的层次差异，也没有考虑到如果有人是从较低层次发展起来的，那他们就必须付出更高的代价。甚至亚当·斯密也懂得，“社会稳定”在多大程度上被视为仅仅是保护财产使其免于履行社会责任，它对中产阶级的影响自然会小于对其他阶级的影响。事实上，经济自由主义即使实现，它也只是一种局限于为社会上小部分人服务的学说。使这种学说付诸实施的代价是由工厂主和无地的工人支付的，后者被禁止联合起来，大部分又被剥夺了投票权，受制于把保护资产阶级所有制作为终极目标的法庭。[51] 在新的分配制度面前，他们更多的是无助。而我们既不应怀疑经济学家在热切追求自由的过程中所表现的真诚，也不应怀疑商人和政治家在追求自我目标的实现过程中所具有的崇高信仰。我们也不应该怀疑，在资本主义扩张时期，自由要比规制体系产生更好的结果。但事实依然是，这个规制体系的利益没有公平地加以分配。对这种缺陷的真实批判不仅在于社会主义的兴起，而且在资产阶级获得解放之后不久，它也需要以博爱的名义提出一种新的干预主义。当商人们看到童工的出现所造成的结果，看到他们所生存的城镇破乱不堪，看到格林（T. H. Green）所说的自由概念似乎可以为食不果腹的人提供去任何酒吧消费的选择时，商人们也会反对他们自己提出的学说所带来的负面影响。当资产阶级掌握了国家的统治权以后，新的自由意味着什么？我们不但可以从雪莱、拜伦、胡德、狄更斯、金斯利和加斯克尔夫人身上看出，也可以在大量的政府文件中发现它的存在，这些文件的起草者用不屈不挠的公正态度记录了他们所看到的一切。[52]确实，经济自由主义使中产阶级摆脱了国家奴役的枷锁，但同样，接受经济自由主义的必然结果，是获得解放的中产阶级又将这些枷锁套到曾经帮助他们获得自由的工人身上。

三

英国政治哲学的重大分水岭是埃德蒙·伯克，因为正是伯克超越任何其他思想家，为洛克国家理论的形而上学框架提供了流传至今的实质性内容。如果说伯克主要强调的观点是保守的，那么其思想的功利主义基础则包含了可以从自由主义的角度予以阐释的因素。伯克观点的重要内容，在今天就像他刚开始提出来的时候那样富有活力。正如人们已经公认的那样，他是英国第三帝国的真正奠基者，因为当他为美洲殖民地免于税收和印度帝国免于专制统治进行辩护的时候，他就为后世制定了法则。他是大不列颠第一个支持建立政党体系的人。从那时起一直到今天，党派政府就是代议宪政体制的基本原则，除了那些要抛弃代议宪政政府基础的人以外，这种观念没有受到过任何挑战。他对法国大革命的批评本质上仍然是最正确的，依然是当今我们挑战俄国实验的基础。他认为自然权利应该符合时宜；政府就是一种信任；他坚持认为，为逻辑而牺牲生命是危险的；他强调法律规定和财产权限定了国家的现实轮廓；他认为判断政治家身份的标准是“维持秩序的倾向和做出改善的能力”。伯克的这些思想已经深入到英国人的思维当中，怎么评价它都不过分。至少直到今天，这个国家几乎所有的政治哲学都或多或少地受到了伯克思想的影响。[53]

从根本上说，伯克无疑是一个伟大而胸怀宽广的人，他的同情心广博而深切。然而，要想完全理解他解决问题的方法，我们就必须稍微衡量一下他是怎样对待他所接受的传统。要想理解这一点，我们就必须记住，他所继承的思想实质是洛克的思想。这是一个有关英国社会的理念：在这个社会中，人们拥有财产并关注财产的安全保障。这一理念在洛克提出时尚属于不切实际的空想，但它还是符合长期以来形成的传统的。在伊丽莎白统治时期，托马斯·史密斯（Thomas Smith）爵士就曾写文章指出，没有必要考虑劳动这类事情[54]，劳动者本就应该受到统治和管理。在共和国时期，哈灵顿看到，政治力量与经济力量并驾齐驱这一事实，将国家分为两个阶级，对于仆从或附属阶级来说，他认为他们的地位是"同自由或参与共和国的管理相矛盾的"[55]。这也是《平等的标准》（*Standard of Equality*）[56]一书的无名作者所持的观点。他这样写道：穷人"是贫困的人，对国家不感兴趣，由于并未获得大量财富，所以他们不会对国家心存感激"。艾尔顿为军队辩护的时候也是站在这样的立场上。对他来说，工人、商人和佃农对国家并没有什么利害关系，他们只是对活着感兴趣。他们就像定居在这个国家的外国人，有权利居住和工作，但是，他们也必须像外国人那样，把制定法律的权力交给拥有财产的人（他们的财产使他们对法律的内容感兴趣）。[57]因此，由于同样的传统，亚当·斯密也认为正义的主要功能就是为了保护财产。他说道："有钱人的富裕刺激了穷人，穷人经常会出于需要或嫉妒而侵犯富人的财产。只有处于政府执法官的保护之下，那些辛勤工作多年甚至是靠几代人而积累下来的财富的所有者，才能安然地睡个好觉。"[58]

伯克对这个传统产生了重大的影响。财产权，特别是土地财产权在国家处于无可争议的显要地位。民众在国家中是没有地位的，他们不过是"粗野的大众"。下议院"实际上代表"了他们，并且，他认为，"这种代表权……在多数情况下要比实际行使这一权利好得多"[59]。对他来说，人民的权利仅仅是接受上级的统治。他们是"悲惨的绵羊"，表现出"被激怒的乌合之众的狂怒"，如果不受到法律的约束，他们那无知的热情看起来就会为最残酷的暴政提供合法的理由。[60]伯克有一个著名的观点，就是将"道德"的法国从"地理"的法国中分离出来，由此，他坚信法国人民的真正意愿不是由国民议会来体现，而是与移民到科布伦茨（Coblentz）的人士相一致。他对“无知粗野的地方省份利益的辩护者……小地方司法机构的办事员……乡村争斗的煽动者和行动者”充满了蔑视，因为他们缺乏经验却敢为社会立法。[61]对伯克来说，有产者的统治权利，是他全部思想中的“不言而喻的主要前提”。他写道，“在人民和统治者之间发生的争论中，最后定论的依据至少应该对人民有利”，并且同萨利（Sully）一样，他甚至坚持认为大众的暴乱是他们遭受苦难的结果。但是，从根本上说，他认为大众是不适合自治的，也是不值得信赖的。他也许承认公共舆论的力量，甚至可能已经认识到了当时政府的腐败，然而，他并没有考虑做一些可能会危及权威的变革。

这种观点的依据是什么呢？毫无疑问，这部分是由于他对理性的不信任和对“我们祖先的智慧”的信任感，也部分是由于他对政治进行了宗教的阐释。他认为秩序是美好生活的条件，而法规是对秩序唯一有效的保障。但是，我想在《关于稀缺的思考》（*Thoughts on Scarcity*）中，我们可以正确地发现伯克思想的中心思路，这与当时的环境非常吻合。这些观点在很多方面都值得我们注意，它们显然受到了亚当·斯密的影响，在一定程度上也预示着马尔萨斯思想的出现。一方面，伯克的思想反映了18世纪的乐观主义，相信如果“天然自由的简单体系”能够发展起来，那么一切都会很好；另一方面，它们结束了关于未来的悲观主义，这种悲观情绪是从马尔萨斯攻击戈德温的时候一直到人们普遍接受古典政治经济学这段时间出现的。

他们的学说究竟是一种什么样的学说呢？首先，它认为政府相对来说是重要的。伯克写道：“政府是没有能力为我们提供必需品的，政治家们也不要徒劳地认为自己能够做到这一点……政府的权力能够阻止大部分的罪恶，在这些事情上它也只能提供很少的积极利益，在其他事务上也是如此。”[62]同富人对抗并不会为穷人带来多大的利益。富人是“劳动者的委托人”，他们的积累就是“穷人的银行”。所以，应该劝告穷人们“耐心、勤奋、节制、简朴和虔诚”，要求他们做其他的事情都是“彻头彻尾的欺骗”。国家的行为无法帮助工人阶级改善他们的经济状况。“劳动者同其他商品一样都是商品，劳动力价格的涨跌都应依据需求的变化”。实际上，工资“是同他们的劳动成果完美匹配的”，任何试图干涉劳资关系的国家行为不但都不会产生好的结果，而且会对雇主的权利造成侵犯。伯克争论道：“在任何职业中，在劳工和雇主之间都存在一个隐含的契约，这个契约比任何一个有形契约的条款都具有说服力。只要劳动投入到生产当中，他就应该为雇主生产出资本的利润，以及补偿雇主所冒的风险。总之，劳动力应该生产出同工资相等的利益，除此之外就是直接的税收。并且，如果税收数量是根据另一个人的意愿和享乐来确定的话，那么，这种税收就是专制的税收。”

但伯克走得更远。一个无知的立法机关干涉雇主和雇员之间的关系是愚蠢的。在幸福的环境中，两者的利益通常是一致的。伯克坚持认为：“谈到农民和工人，他们的利益通常是相同的，要说他们之间的自由契约对任何一方是一种负担，那绝对是不可能的事情。农民的利益就是高效而快乐地工作，如果吃不饱，他们就不可能做到这一点。如果他们得到了生活的必需品，以他们的习性来说，他们也会浑身是力、精神饱满。”由此他得出了一个重大的结论。他认为，整个农业“处于自然和公平的秩序当中”，干涉这种秩序就是一种鲁莽和愚蠢的行为，因为这会伤害到劳动者本身。因此，伯克认为：“农民应该完全占有自己劳动所创造的产品和利润，这是农民最重要、最根本的利益所在。这一论断是不证自明的。除了恶意、刚愎和人类不加控制的狂热，特别是人们对他人财产的嫉妒以外，没有其他东西可以妨碍人们认识和承认这一点。人们怀有对仁慈而英明的万物之主的感恩之情，万物之主要求人们，不管人们是否愿意，都要追求自身利益，并将普遍福利与他们的个人成功结合起来。”事情应该顺其自然。伯克认识到，政治权力和经济权力是不同的。“毫无疑问，从任何实例和任何角度来看，权威的独占都是一种罪恶。但是，资本的垄断却与之相反，它会带来极大的好处，尤其是对穷人来说。”在这一体制的运行过程当中，有些地方发生了不幸，但我们的商业目标是清晰的。我们“应该果断地拒绝接受这样一种最初的观念，不管它是源于思索还是源于实践。这种观念认为，政府甚至富人对穷人提供生活必需品，是其能力范围内的事情。而有时候拒绝给穷人提供这些必需品，这也是上帝的旨意。商业法则就是自然的法则，也就是上帝的法则。因此，我们应该明智地认识到，在指望缓和上帝的不悦，以去除我们所遭受的或是悬在我们头顶上的灾难时，不能打破这种法则”。

根据这样的观点，伯克就有信心提出对国家行为进行限制的建议，尽管他承认（正如他经常这样承认）在他的原则中允许例外的存在。他的原则“大多是永恒的，一些是偶然的”。他写道：“国家应该将自己限制在自己应该关心的事务上，或者管理好国家机器，包括国家宗教的外在机构、地方行政官员、财政收入、陆海军事力量，由业绩决定其存在的市政机关，总之，一句话，应使国家做的每一件事情都是真实的、恰当的，都是为了公共和平、公共安全、公共秩序和公共繁荣。在预防性的警察队伍中，国家应该减少自己的努力，其利用的手段应该尽可能的少，不经常使用，而又是强有力的手段，绝不能过多和频繁地使用。当然，如果国家过分地增加警力的使用，其结果将是效能的下降，无力维护公共秩序。”应该补充的是，伯克并不否认应该帮助那些“根据商业法则和司法原则而无权获得任何东西”的人。但是，这同国家没有任何的联系，这属于“仁慈的管辖范围”。伯克认为：“在这一领域中，执法官什么也不能做，他的任何干预都会对它的机构所要保护的财产构成侵犯。”他毫不怀疑基督教有义务施舍穷人，但是，这是私人事务，与国家无关。就算是人们大声疾呼，也不会引起政府的注意。“尽管不幸的是，人们对城镇居民的呼声给予了最多的关注（由于他们人数众多和团结），但事实上，他们应该是最少受到关注的对象，因为公民完全不知道自己是通过什么手段获得温饱的。除非通过非常间接的方式，否则，他们就只为自己的生计作出了很少，甚至是没有作出任何贡献。他们是真正的寄生虫（fruges consumere nati）”。

从广义上说，这就是 18 世纪重要的思想家所接受的“简单自然的自由体系”。这也解释了为什么《估计》（*Estimate*）一书的作者布朗断定，人民在塑造社会生活的过程中是无关紧要的。他写道：“领导人的行为方式和原则……而不是被统治者的行为方式和原则……将决定一个国家是强大还是弱小，因此，也就决定了这个国家是团结的还是分裂的。”[63]这也可以解释，为什么洛尔默（Lolme）认为地位低下的人仅仅拥有被统治的权利。他认为，“为了国家的安全，被动的分担（passive share）是赋予这种人的唯一职责”，因为，“民众中绝大多数的人专注于维持生计，既没有充足的闲暇时间，也没有受过完整的教育，所以他们不能获得信息，也就不能要求他们履行这样的职能”[64]。这同样解释了为何布莱克斯通可以认为，拥有社会地位的人士同时拥有财产。上议院作为一个独立的机构存在，就是为了阻止人们对贵族特权的侵犯；而由在上议院没有获得席位但又拥有财产的人组成下议院。[65]最重要的是，它可以解释帕利（Paley）在《满足的理由——致不列颠劳工大众》（*Reasons for Contentment Addressed to the Labouring Part of the British Public*）一书中所阐述的令人惊异的观点。在书中，那位著名的教士居然可以证明（至少令他自己感到满意），贫穷（如果劳动人民的条件必须这样称呼）所带来的匮乏和需求不但不是艰辛，反而是一种愉悦；而饱食生厌、感官倦怠、四肢无力的富人的悲惨境况则值得怜悯。从伯克到帕利的距离比一般人所认为的要直接得多，虽然承认这一点不那么令人轻松。

当然，毫无疑问，18 世纪也包含着一种不同的传统。这个世纪中期以后，受法国思想的影响以及乔治三世对美国宪法的攻击，唤起了更加深刻的激进主义，美国革命对此也产生了显著的影响。但是，这些因素所产生的影响都是表面的，而不是深切的。[66]普赖斯、普里斯特利、卡特赖特和杰布都是激进主义的典型代表人物，他们关注的是政治的形式，而不是隐含在其背后的社会内容。普赖斯和普里斯特利反对把非国教徒排除在完整的公民身份之外。他们敌视议会的狭窄基础，在这种敌意的引导下，他们坚持人民主权理论，其推论的基础是人们有权推翻治理不善的统治者，这一推论在 1776 年和 1789 年是备受关注的。但是，没有证据表明他们的激进主义有任何的社会内容。他们所说的一切并不表明他们意识到了财产和权力之间的关系。相反，正因为他们感觉到未经其同意就将重要财产利益置于政府的统治之下的事实，从而走进了改革派的阵营。当读到他们作品的时候，根本就感觉不到社会问题的存在。自由对他们来说就意味着政治自由和公民自由，由此，也就意味着公民拥有被选举的权利和完全自由的宗教信仰权利。他们二人都接受亚当·斯密的基本原则，但却没有意识到这些原则留下了很多尚未解决的问题。他们政治思想的基本内容同伯克差别不大，但由于其特殊的宗教利益，所得出的结论却存在差异。

事实上，这一时期的英国政治思想存在着非常奇特的现象，就是缺乏，至少是没有明显地表现出任何意义上的社会问题意识。几乎没有人关注威廉·奥格尔维（William Ogilvie）的小册子[67]、华莱士（Wallace）博士散乱的见解和曼德维尔（Mandeville）在其作品《论慈善学派》（*Essay on Charity Schools*）中带有讽刺性的批评，而这些都是对当时社会问题的主要评论。值得注意的是，当时对社会问题表述最清晰的是伯克的《对自然社会的辩解》（*Vindication of Natural Society*）一书。他在书中试图通过归谬法推翻对社会秩序的攻击。他写道："在一个不自然的国家中，存在一个永恒不变的法则，那些最辛苦的人却享受最少的成果，而那些根本不劳动的人却能享用最多的东西。这样的体制真是超乎想象的奇怪和滑稽。"[68]但是，伯克的整个人生都是在捍卫这种"奇怪和滑稽"的体制，因为他自己认识到："政治家将会严肃地告诉你，劳累的生活使得大多数人类不适合探索真理，并且他们只有一些平庸和不适当的思想。这是非常正确的，也是我为何谴责这些制度的原因之一。"然而，在伯克活跃的政治生涯中，他恰恰成为了他所攻击的政客的典范。

事实是，在法国大革命之前，关于国家对财产的支配权力的问题尚未进入英国政治的视野，当然，人们已经把它当成了一个问题。像科登（Gordon）这样的记者，像哥尔斯密（Goldsmith）、詹姆斯·汤姆森（James Thomson）和克拉贝（Crabbe）这样的诗人，还有像菲尔丁（Fielding）这样的小说家，他们都隐约地看到了这个问题的重要意义。但是，这些都无法同发生在法国的那场大辩论相比。在英国，没有林奎特，没有梅叶，也没有马布利和摩莱里（Morelly）。同大陆的国家相比，英国人的相对自由、当时伟大帝国的胜利和生活水平的提升，都意味着英国作为一个民族对自己的命运感到满意（除了一些细节以外），而不是倾向于重新讨论洛克所界定的契约的条件。在1789年以后，一旦工人意识到自己的权利，他们就开始在法国大革命引发的不安全的战争氛围中讨论这些条件了，其影响对原先的慷慨宽容气氛是致命性的。就像康宁（Canning）对乔治·本廷克（George Bentinck）勋爵所说的那样，有产者愿意为贫民法律付出成本以确保不会发生叛乱。[69]除此之外，他们并没有为未来40年左右的事情做准备。在这些年里，可以说，“简单自然的自由体系”的最坏特征被凝结成一套标准。伯克引人注目的同情心堕落成沃森主教和汉娜·摩尔油腔滑调的自满情绪。当时流行的是埃尔登（Eldon）、锡德茅斯（Sidmouth）、布拉克斯菲尔德（Braxfield）和埃伦伯勒（Ellenborough）的观点。在滑铁卢战役以后，英国开始从长期的紧张反应中清醒过来，经济自由主义的原则已经成为了有产者的规则，而大众的幸福同这个规则没有关系。因为，到了那个时候，工厂体系的出现产生了城市无产者，农业劳动力被驱逐出土地。当他们寻求自己的自由时，社会不得不发展出一种新的哲学，作为他们诉求的基础。

这就是说，一种为了解放中产阶级而提出来的学说，在1789年以后则变成了一种控制工人阶级的方法。有产者所追求的契约自由将他们从束缚中解放出来，但当他们获得自由以后，却使那些一无所有、只有劳动力可供出卖的人处于奴役之中。胜利者用一个最简单的说教手段来证明自己的胜利是正当的。他们宣称他们的自由就是国家的自由。有产者坚信，如果不能同时实现那些依靠他们的人的利益，那他们自己也无法追求自己的利益。正像我所要表明的那样，这种观点暗含在所有思索社会法律问题的人的学说当中。当他们面对自己的哲学成就时，他们很容易同哲学的推论保持一致。他们要么像福音复兴运动（Evangelical revival）的发起者那样，想要为穷人提出一种学说，将穷人对社会苦难的反抗视为对神的旨意的攻击；要么像皮特（Pitt）和他的继承者那样，无情地运用国家的强制力量恐吓那些针对他们的批评者，迫使他们服从。在 1806 年，帕特里克·科尔克霍恩（Patrick Colquhoun）用一种简洁的形式总结了令胜利者满意的辩护，他写道："没有大多数人的贫穷，就不会有富人的存在，因为财产是劳动的产物，而劳动仅仅是在贫穷的状态下发生的。贫穷是一种社会状态。在这种状态中，个人没有剩余劳动，备而不用，或者换句话说，个人没有财产或生存手段，而只有在不同职业的位置上从工业的不断运行过程中获得生活必需品。因此，贫穷是社会中必要的、不可或缺的组成部分。没有贫穷，国家和社会就不能以文明的状态存在下去。"[70]

这是一个令人慰藉的观点，至少对于那些稍稍摆脱了贫穷重担的人来说是这样的。至少从曼德维尔时期开始，这种观点就成了一个时代的特征。从这一观念出发可以推导出不同的观点，这些观点都劝诫穷人接受自己的命运。其中最简单的观点要属约翰逊（Johnson）博士提出的独特结论，他认为，服从是社会所需要的。而最可憎的观点是由卫理公会的教徒提出来的——卫斯理（Wesley）和他的同事们不停地主张今生的被动服从可以换取来世的拯救。[71]但是，没有谁比阿瑟·杨（Arthur Young）更好、更简洁地描述了这种新观念的动机。作为一名谨慎的观察家，一个具有人文和自由倾向的人，他愿意进行试验，并能够认识到（正如他对法国所描写的）一点，即从某种角度说革命是国家治理不善的必然结果。他对英国的研究比任何一个与他处于同一时代的人都要彻底。他在 1771 年写道："如果有人认为下层阶级必定是贫穷的，认为他们根本不会勤奋上进，那么这个人一定是个白痴。"[72]这种英国自由主义的因素，可以充分解释接下来一百年中自由主义发展的历史。

四

18 世纪英国政治思想的突出特征就是缺乏独到的见解。人们太满足于他们所取得的成就，而不能从陈旧的路线中走出来，甚至连激进分子也回到了17世纪自由主义的主流中。在法国，则正好与之相反，由于法国政治哲学流派众多，以至于我们无法用一个简单的结论对它做一个完全公正的评价。在法国的政治哲学中，有孟德斯鸠的自由保守主义，也有建立在为平等进行道德辩护的乌托邦共产主义，其最著名的代表人物是马布利和摩莱里，但乌托邦共产主义的代表人物还远不止他们两个。[73]梅叶自成一派，他是一个令人信服和不屈不挠的革命者，不过，他的思想基础同经济决定论存在密切的联系。经济决定论的悲观主义特征使林奎特成为一个极端保守分子，因为他不敢存在任何期望。卢梭的观点又与他们所有人的观点不同。在理论上他是激进派，在他的思想中甚至还有一种无产阶级的微妙意味，但他对当时社会的积极建议却很少。他的独特影响并没有决定人们在处理社会体制问题时该如何思考，而是深深地打乱了人们的思想，以至于为人们的思想提供了新的基础。卢梭本身就代表了当时社会所有的不满，他告诫人们应该用新的视角来看待自身的错误。但是，他所产生的影响作为一个整体，很难说是激进的还是保守的。如果说马拉（Marat）和罗伯斯庇尔是属于一个世代的卢梭的弟子，那么，黑格尔和萨维尼（Savigny）就是下一世代卢梭最伟大的门徒，而卢梭具有直接而浓厚的浪漫主义色彩。就像在历史上永恒不变的规律那样，寻找任何简单的模式都容易造成对事实的亵渎。

然而，这一时期的法国政治思想最具代表性的人物是伏尔泰。[74]同以往一样，他并没有新的发现，但也同以往一样，他异常精确地代表了当时的思想。他的独特性在于他觉察到了即将到来的重大事件，也在于他不仅关注政治的基础，还更关心现实问题的具体补救措施。伏尔泰是出色的社会改革家，他不关心制度的构建和连续性，只追求实现直接的政治结果。他是协调不同思想的中间人，而不是一个制度的缔造者。尽管他认识到了整体思想的重要性，但还是在他们需要付出的代价面前退缩了。宽容、不可战胜的自由主义、折中主义，这些都能在他身上体现出来，并且总是向他发出政治学是次佳的哲学（a philosophy of the second best）之警告。在伏尔泰思想的背后，总存在着这样的观念：为了公平正义的逻辑，人们付出的代价可能太高了。他是一个有产者，对他来说，维持秩序是自然的第一法则。他所关注的是那些不会危害到国家基础的改进措施。对环境的敏感是他的重要特征，因此，他感觉到他所关心的国家基础正在遭到破坏。这就是为什么伏尔泰不准备接受那些可能增加他所感觉到的风险的社会哲学。

当然，从根本上说，在伏尔泰眼中，政治本身就是第二位的事情。他所倡导的变革总是要求建立在这样的基础之上，即他坚持认为："我并不关心政治……政治并不是我的事情，为了使人们减少愚昧和更加正直，我一直致力于做出我自己微不足道的努力。"[75]这就是伏尔泰内心真实的想法。他所关心的不是建立一个思想体系，而是实现可能的改进。他几乎同伯克一样，蔑视那些坐在书房的扶手椅上构建政治制度的人。攻击狂热和迷信，为可能实现的改革而奋斗，这就是他所领悟到的自己的使命。如果他有时陷入理论思考，那也绝不是他最感兴趣的工作。更清楚的是，正因为孟德斯鸠和卢梭全神贯注于一般观念，伏尔泰就发现了他们的主要弱点。伏尔泰出色地代表了他那个时代精明而人道的资产阶级所持有的正常观点。他们认识到社会存在着显著的不道德行为，为了保护自己的幸福，而急于不断地改变这些错误的行为。但是，在伏尔泰的思想深处，总有一种害怕在变革的方向上走得太远的恐惧。他害怕一旦打开闸门，当大潮席卷而来的时候，没有什么东西能不受到这股潮流的冲击。因此，他需要的是能满足直接需要的补救措施。他不愿意去更深入思考那些他因感到恐惧而不想面对的事情。

尽管他认为人们很少值得管理自己，但伏尔泰并不反对共和主义与民主，他知道法国的制度降低了人民的地位。他写道："阿姆斯特丹的公民是人，而在几英里外的公民则是身背重负的动物。"[76]但是，一旦涉及法国的问题，他就是一个明显的君主主义者，并且，他对律师专制的恐惧甚至超过了对君主专制的恐惧。他告诉达朗贝尔："我宁愿服从一只远胜于我的优秀的狮子，也不愿服从与我同类的两百只老鼠。"[77]当然，他追求的是英国式的自由，也从未将君主制同专制混为一谈。像英国那样的宪政体制（伏尔泰称之为“君主共和制”），已经可以满足他的主要政治抱负。[78]

但是，如果说伏尔泰热切关注宪政体制下的公民自由，那么，他也是一个有产者，也会同样认真地关心自己的权利。他厌恶宗教狂热，然而他确信，如果富人不想被杀死在自己的床上，宗教就是人们所需要的。我们需要一个为了社会的目标而惩恶扬善的上帝。他在《A. B. C》中写道：“我希望我的代理人、我的裁缝、我的女人本身都相信上帝，而且我也会少一点倒霉事情。”[79]伏尔泰眼中的上帝是为了满足维持秩序的社会需要。如果没有上帝，人类的行为就会失去控制。他写道：“至于其他哪种约束能够抑制人们的贪欲和逍遥法外的违法行为，这其实是一种我们要加以研究和判断的甚至更加神秘的永恒主宰思想。”[80]正是出于同样的原因，使得他追求意志自由和灵魂不朽。他不是基于形而上学的原则接受上述这两样东西。但是，正如他对爱尔维修（Helvetius）[81]所说的那样，社会考量迫切要求为这二者进行辩护，仿佛它们在现实中是真实存在的一样。

从本质上说，伏尔泰没有为平等发挥任何作用。平分财产不过是一个幻想。要实现这个目标，只能通过不公平的掠夺方式。[82]他写道：“在一个不幸福的世界里，生活在社会中的人们不被分成富人和穷人两个阶级是不可能的。”[83]事实上，没有穷人就没有文明，因为人们必须工作，社会才能存在下去。我们的才能是不平等的，而一般来说，财产就是对才能的回报。自称人人都应平等的社会成员，或者像让·雅克（Jean Jacques）所说的那样，认为一个君主应该愿意让自己的儿子娶一个刽子手的女儿，这简直就是野蛮人般的欺骗行为。[84]服从是一种社会需要，并且，富人对社会的补偿就是为穷人开放更多的机会。不管怎样，财产和幸福之间的关系被严重夸大了，因为一个牧羊人常常可能比一个国王还要幸福。[85]我们应该为穷人提供增长财富的机会，但是超过这些就没有必要了。

事实上，伏尔泰对普通人怀有深深的蔑视，认为他们是狂热和迷信的源泉。[86]尽管有时候他会热情地写一些关于国家教育的潜在价值的文章，但在很大程度上说，他都认为这是不值得的。“愚民”（伯克所说的粗野的大众）是不值得启蒙的。[87]当拉·查洛泰（La Chalotais）禁止向穷人提供教育的时候，伏尔泰表示了对他的赞扬。[88]他这样写道：“在我们的土地上，需要的是工人，而不是秃顶的牧师。”他对达密拉维尔（Damilaville）说，让没有受过教育的人生存下去是必不可少的，并且所有拥有财产和需要仆人的人都是这样认为的。[89]他在写给达朗贝尔的信中提到，所有为教育仆人和鞋匠而付出的努力都是在浪费时间。[90]只要像哲学家这样的人在自由地思考，即使裁缝和杂货商仍旧处于教会的统治之下也无关紧要。实际上，伏尔泰害怕大众启蒙所带来的社会后果。他写道：“当人们胡乱争论的时候，一切都失去了。”[91]他确实希望理性的力量能够一点一滴地从重要的公民传递到穷人阶级手中，在写给林奎特的信中，他似乎相信熟练的工匠师可以接受教育。但是，从本质上看，伏尔泰对已经建立起来的秩序怀有深深的敬意，他不愿过分猛烈和广泛地破坏这种秩序的原则。

越是仔细地审视伏尔泰的改革计划，就越明显地看到这一点，即他所要求的改革大部分都是富裕的资产阶级提出的要求。他要求自由，但他所要的自由与为有产者提供的最佳机会相一致。在曼德维尔的影响下，他写下了一篇为奢侈辩护的文章。[92]他在商业的发展中发现一种与商业的成果分配无关的社会利益。他反对禁止奢侈浪费的法律，因为这是对财产权利的侵犯。他反对教会，这在很大程度上是因为教会的戒律同国家的繁荣是互不相容的。他对穷人的关注仅仅是一种同情，希望能明显地改善一下他们的命运。在伏尔泰的思想中，看不到他对不公社会秩序的强烈义愤，而这种义愤感却贯穿于卢梭的整个思想中。甚至，伏尔泰从来不会像狄德罗那样，有时候还会质疑人们的直觉是否能认识到社会的不合理行为。当然，他所要建立的世界要比他所继承的世界会更加美好。然而，这种进步仅仅是有利于有产阶级。尽管伏尔泰的自由主义是一种积极和坚定的原则，但他并没有超越资产阶级的需要。

事实上，与伏尔泰领导的启蒙运动关系密切的思想家们也持这种思想。毋庸置疑，在狄德罗身上，存在着广泛的激进主义色彩，但这只是不时发生的激情爆发，而不是经过深思熟虑得出的知性原则。他攻击爱尔维修所提出的减少不平等的建议，他认为，这将损害到财产，并将破坏整个工业。他蔑视普通人，并这样写道："普通老百姓是整个人类中最愚昧最危险的人，是招人讨厌还是变得更受欢迎，这是他们自己的事情。"[93]他将财产权看成是一种绝对的权利，并发展到了一种无可复加的地步。他认为："社会中的有产者已经拥有了一定比例的一般财产，成为后者的绝对主人，他有权像国王那样使用甚至是滥用自己的财富。只要他愿意，一个地位低下的公民也可以选择耕种或者不去耕种，政府没有权利干预他们的事务。因此，如果政府干预了财富的滥用，它也会很快干预财富的使用。一旦发生了这样的情况，就会终结财产和自由的真正概念。"[94]狄德罗对梅西耶的热情是出了名的，并且，他对重农主义的敬意也是坚定不移的。的确，他与伏尔泰不同，他不喜欢奢侈，并拒绝相信在贫穷和幸福之间很容易达成一致。甚至，他还猛烈攻击当时社会中的不公正现象，这几乎反映了卢梭的精神。但是，从一般意义上说，狄德罗的经济观念更多的是属于重农主义。他同情穷人，然而，他并没有对自由经济思想的基本特征提出批评。[95]

尽管狄德罗在其重要著作《谈话录》（*Entretien de l'aumonier et d'Orou*）和更加著名的《叶子花纪行增补》（*Supplément au voyage de Bougainville*）一书中抨击了文明社会的基础，这似乎已经超越了卢梭，但是，我想上述结论依然是成立的。[96]因为，就算是将这两部作品同他收录在《百科全书》中的其他激进的作品放在一起阅读的话，它们也都只不过是表达了一种希望世界会更好的虔诚愿望。累进的税收、更加平等的财富分配、少一些奢侈、多关切一下穷人、更加广泛地关注教育，除了这些，很难在狄德罗的作品中读到更多的东西。《增补》一书中的哲人并不要求任何根本性的变革。狄德罗说："我们应该攻击坏的法律，直到它们得到改善；同时，我们也应该遵守法律。为了个人自身的权威而违反一个坏的法律的人，也为人们违反好的法律提供了正当的依据。对一个疯子发狂要比个人独处时保持睿智的心态方便得多。"[97]

实际上，狄德罗所谓的社会主义在本质上不过是一种怀疑的感觉，每一个敏感和宽宏大量的人士，在面对社会呈现在我们面前的无情反差时都会产生这种怀疑。正是这种怀疑使狄德罗在道德上摆出了反对社会结果的姿态。然而，这并不会令他走得更远。对爱尔维修同样也可以这么说。爱尔维修认为，适度的工作不难得到穷人的支持，富人也不会厌倦。对他来说，社会问题是以一种肤浅方式进行感悟的知识问题，即一个贵族气派人士的仁慈心肠。虽然如此，他对自己所面临的环境感到不安。[98]他不喜欢奢侈，也讨厌不平等的经济条件，他认为，这将会导致国家的毁灭。不过，除了建议扩大所有权以外，他也没有其他的补救办法，而且，就算是为了实现扩大所有权这一目标，他也没有提出具体的方法，只是希望明智的议会能保证它的实施。他认为应该重新分配土地所有权，但是，这一计划也是“不合适的，因为它侵犯了所有原则中最神圣的财产权利”。他写道，财产是“帝国的道德上帝”，它使国家的统一成为可能。它是那些如果没有它们，国家就不会维持下去的法则之一。因此，我们应该致力于幸福的平等，幸运的是，在一个管理得很好的国家里，不需要在根本上改变经济制度的本质就可以实现这一点。

爱尔维修是一个自由主义者，他不准备面对变革所带来的代价。从根本的政治原则来看，霍尔巴赫男爵（Baron d' Holbach）的观点也是保守的。[99]和当时的许多人一样，霍尔巴赫可能承认政府的制度完全是罪恶的，罪恶到将人们自身变成了罪犯。他认为应该限制奢侈浪费。他说，一个国家真正的财富在于多数人的舒适，而不是少数人的富裕。民众获得面包比一个君主拥有一座华丽的宫殿重要得多。在每一个社会中都存在这样的倾向，即富人总是竭尽所能地追逐他能够获得的东西。他希望能有更多的慈善团体和工厂，这样穷人就能找到谋生的手段。但是，霍尔巴赫还是赞同不平等。他认为，贫富分化是不可避免的。他害怕一切可能伤害到私有财产神圣原则的手段。从根本上说，当社会的悲惨景象引起他的不安的时候，他仅仅摆出了一副道德的姿态对社会结果予以批评，这么说并不有失公允。同当时大多数思想家一样，他也明显地受到了卢梭攻击社会基础适当性的影响。但在他的作品中，他对卢梭的攻击所做的回应只占很少的篇幅。对他来说，只需清楚地指出罪恶的存在就足够了，至于解决的措施，他并没有作深入系统的研究。

可以说，这种态度广泛地代表了这一时代的特征。毫无疑问，很多人已经认识到了社会存在的问题，仅就贫困问题而言，就存在大量饱含深情和创造精神的文献。但是，任何文献的分析都不愿抓住私有财产这一中心议题。社会中出现了平等精神和对富人慷慨救助穷人的责任的颂扬。还有一些值得我们注意的事件，比如巴黎的大主教不得不训斥有些教士们对这一问题过于激进。甚至，还有很多计划（有些还制定了大量的细节）提出建立国家工厂，这样，失业的工人就可以在那里工作。但是，即使是最激进的计划也是建立在这样的原则之上：付给他们的工资不能同私有企业所要求的工资水平相冲突。一言以概之，穷人就应该自己承担贫穷的代价。这一时期的思想家们都急切地减轻穷人的贫困，然而，他们的努力也是有限制的。就像马布利那样，即使是为社会组织的共产主义框架辩护的时候，他们实际上也都承认自己正在描绘一个不可能实现的梦想。甚至林奎特也无比清晰地描述了文明社会所遭遇的贫困的根源，并且预言，穷人的苦难将会导致一个新的斯巴达克斯（Spartacus）的出现，但他自己也找不到解决的办法。他赞扬东方式的专制主义，因为人民盲目的服从可以维持国家的安全。他曾经对伏尔泰说，在他看来，艺术和文化知识对工人阶级来说是危险的。在他写给伏尔泰的信中，他这样写道："社会条件迫使一个人仅仅可以利用身体的力量。一旦他知道自己还有一颗头脑，那么，所有的东西都将失去。"[100]总之，林奎特预见到，在社会的不公正中隐含着不可避免的灾难性结局，但是他也不知该如何阻止这场灾难，而且他还认为摧毁旧的制度不会带来任何好处。在大革命爆发之前，除了梅叶以外，没有哪个法国人能像他那样强烈而无情地撕掉旧社会的罪恶面纱。然而，经过分析以后，他能做到的也仅仅是举手投降而已。[101]

简言之，法国旧制度的批评家们试图完成两件事情。法国需要一种新的宪政制度，以便能在旧的政治制度和新的经济权力分配制度之间保持平衡。这些批评家们花费了很大的精力来描绘这一新制度的轮廓。在构建新制度的过程中，他们也试图将制度的文化基础从宗教的束缚中解放出来，因为组织化的宗教始终束缚着文化的基础。他们敌视宗教和贵族，批判这些在社会中不劳而获的人。他们同情穷人的遭遇，经常会慷慨解囊帮助他们。但是除了施舍以外，他们并不准备严肃地面对穷人的问题。他们无法在第三等级的背后发现第四等级：这一等级的要求跟资产阶级的要求一样广泛，但其利益同后者相比又截然不同。他们认为自己解放了也就意味着工人获得了好处，他们对此已经感到心满意足。除了施舍，他们也找不到解决贫困问题的办法，因此，他们也就不再关注这个问题。伏尔泰以其一贯精确的风格总结了他们的现实态度，他在《哲学辞典》(*Philosophic Dictionary*)[102]中写道："人类应该分成两个有很多分支的阶级：压迫阶级和被压迫阶级。由于习惯和惯例，以及缺乏闲暇时间，导致大部分的被压迫阶级无法认清自己的境况，等他们认识到以后，紧接着就会爆发内战，但内战只能是以人民受到奴役而告终，因为国家的最高权力是金钱。"他在另一部著作《路易十四的世纪》(*Siècle de Louis XIV*) 中也表达了同样的看法。伏尔泰写道："如果工人和手工业者想要得到工作，就必须削减消费，维持基本生活必需品而已，这是人类的本性。大多数人都不可避免地成为穷人，但也没有必要认为这是一件悲惨的事情。"[103]

一位著名的评论家曾指出，所有读过伏尔泰讨论经济问题的作品的人都会认为，伏尔泰对自己的结论并不轻松自在。这就能够解释伏尔泰的逃避和玩世不恭，也可以解释在不得不对欠缺宽容予以批评的时候，为什么他的分析中缺少高尚的愤慨。这种评论是公正的，尽管应该附加说明一下，这一评论不仅仅适用于伏尔泰一个人，所有 18 世纪法国的自由主义者都持这种态度。事实上，所有自由主义的倡导者都要求整个国家的解放，但当他们将这一计划的细节运用到自己身上时，他们的想象力就只是局限在为有产者提供自由，他们也不准备超越这个范围。自由主义者为自己辩护的理由非常复杂，在某种程度上说，就像他们所解释的那样，他们回避了公正问题，却直面慷慨的责任。国家为穷人提供救济在他们的讨论中占据了很大的一部分。另外，也部分是由于他们具有不可阻挡的个人主义倾向。他们所知道的国家是专制、腐败和无能的。他们努力将自己从国家的控制中解救出来，并为国家的行为设立限制，不想在新的制度下再次受到国家的控制。另一部分理由是，自由主义者害怕和不信任工人阶级，害怕他们的无知和野蛮，不相信他们能为国家的价值作出贡献。而自由主义者从一无所有变成了拥有一切。他们对社会最重要的责任就是将他们的道德主张转变为法律权利。自由主义者将自己的主张变成了普遍的规范，因为他们就像 1832 年的英国改革家那样，需要工人阶级的支持才能获得胜利。但是，他们不认为自己的胜利就是工人阶级的解放，半个世纪以后的英国改革者也是这样认为。他们的观点是非常明智的，因为我们知道，直到 19 世纪中叶，工人阶级才开始有组织地意识到自己的权利。一个阶级只有在法庭上成为原告的时候，它才真正地走上了历史的舞台。在 18 世纪，只有资产阶级拥有这一地位。很少有思想家能够认识到，革命要求所获得的仅仅是人类发展的舞台，而不是发展的条件。法国自由主义以其伟大的力量和洞察力，系统阐述了新的权利主张者所提出的人权要求，但却没有看到，当人们的要求得到满足以后，他们仅仅是为一场新的冲突准备了条件。但历史就是通过这种办法，不让人们看到自己所付出的努力最终会得到什么样的结果。也许，他们之所以走了这么远的路途，就是因为他们还不知道此番旅行的目的地是在何方。

五

没有什么可以比法国大革命本身更能决定性地导出这里所谈及的论点。无论是国民议会的构成，或是对路易十六提出的《诉苦清单》（*Cahiers de Doléances*）的特点，还是拿破仑出现之前标志着大革命进程的立法，或是不断涌现的小册子和期刊，从中我们始终可以看到中产阶级对自身本质的肯定。在这种肯定中，工人的需求找不到有效的位置。法国贵族德·莫雷（de Moret）在 1789 年所写的文章中对此有一段精确的描述。他说：“我们错误地认为第三等级是一个单一的阶级，它应该是由两个利益不同甚至是对立的阶级所组成。”[104]

实际上来说，工人被排除在选择代理人的选举会议（electoral assemblies）之外，这些会议都是由纳税人构成的。没有证据表明工人阶级参加过会议，或者有人考察过工人阶级的需求。比如，在巴黎，被选举出来的人主要是一部分专业人士、律师和医生。正像约雷斯（Jaurès）曾经指出的那样，如果工厂主以工人阶级的名义抱怨他们没有被充分地代表，那么，他们的这种态度所假定的是，雇主和工人之间的利益是一致的。[105]从《诉苦清单》中我们发现不了任何的东西，它所提出的关于穷人的建议仍然停留在慈善事业阶段，它首先关注的是那些不会伤害到神圣不可侵犯的财产权利的救济措施。对工人阶级的组织，实质上仍然持一种敌视态度，这是旧制度下议会的典型特征，正如后来的《制帽工人法》（loi le Chapelier）所总结的那样。这些态度也有一些具体的体现，例如在朗格多克（Languedoc）就规定，雇主可以强求任何一个想要工作的工人面对雇主的组织回答问题。如果没有看到它们所体现的有限经验和需求，那么就没有人能从《诉苦清单》中读到，尽管反对封建贵族特权，但那些人一直在为资产阶级财产权利进行辩护。他们害怕破产，因为这将损害已经投入资金的中产阶级的利益。他们想要一部终结专制统治和特权的宪法，特别是在财政事务方面。他们希望，国家能够通过他们自己的代表来控制税收制度。他们寻求公民自由和政治自由，哲学家已经教会他们理解这些东西。不过，他们最终的目标是农业和商业自由，希望能从限制所有制权利的束缚中解放出来。每当关于劳动保护的问题出现的时候，解决这一问题都是从公共援助的角度出发，而根本不会从这样的观点出发：劳动阶级也是国家中拥有权利的阶级。有产者一直以来都是想当然地认为，雇主和农场主的幸福包含了那些依赖于他们的人的幸福。[106]

当然，原因是很清楚的。工人阶级尚未意识到利益的一致性，有关大革命的基本文献显示，他们只是孤立的团体，只提出一些特定的问题，还未意识到他们所面临的共同问题。直到旧制度崩溃以前，他们对理想的胜利感到满足，尽管这对他们来说只有间接的意义。直到战争和反革命进一步加剧了他们的灾难，才使得他们形成了独立的目标意识，而这种意识是当时已经取得胜利的革命所无法促成的。之后，在昂哈杰（Enragés）和巴布韦斯特（Babouvistes）出现了一些人士，就像克伦威尔当政时期的平等派和农业共产主义那样，这些人开始认识到，已经取得的胜利不管多么重要，都不是他们的胜利，已经颁布的法律并未触及他们所关心的问题。同英国的先驱者一样，他们也感觉到自己赢得了一场运动，但胜利的果实被他人窃取了。不过，认识到这一点要么是为时已晚，要么或许还为时尚早。

要检验这一假设的正确性可以采取很多的标准。我想，最简单的办法是分析一下《拿破仑法典》的态度，因为它用立法的形式将革命的经验积淀下来。我们也可以分析一下巴纳夫（Barnave）对大革命的看法，因为在这场革命中他发挥了重要的作用。就前者而言，同以往的革命重建一样，《拿破仑法典》的形成是一个缓慢努力的最终结果，这些努力的部分内容可以追溯到盖伊·科奎尔（Guy Coquille）、卢瓦泽尔（Loisel）和波蒂埃（Pothier）等人在纷繁复杂的古代法律传统中对一系列普遍原则的探寻。路易十四时期的拉莫娃涅农（Lamoignon）以及他的后继者德·阿格索（d'Aguesseau）都为统一付出过努力。早在1790年8月，制宪会议（Constituent Assembly）就投票表决制定了“一部一般性的法典，其所涵盖的法律简单明了，符合宪法”[107]。为最终实现这一目标所付出的能力持续了11年之久。毫无疑问，只有像拿破仑这样的天才统治者才能坚持将如此巨大的工程即刻付诸实施。这部法典被它的制定者称为“普遍的道德规范”[108]，拿破仑本人也在圣·海伦娜（St. Helena）称这部法典“没有什么能将其抹掉”[109]。这部法典的明晰度，几乎可以震撼1789年获得胜利的法国自由主义的有效原则。通过对其几个重要方面的分析，我们就可以清楚地洞察到这部法典的本质和局限性。

这些告诫的观点就是，自由主义所说的自由存在于财产环境中，两者的并列关系是《拿破仑法典》最主要的特征。它记录了商人和农场主反抗封建特权的胜利，总之，它体现了大革命的原则。《拿破仑法典》

的倾向也是那些在 1793 年将农业法的倡导者处以死刑的人的倾向，这也是巴黎公社的倾向，在 1791 年，巴黎公社就警告工人阶级不要采取任何“可能会打扰市民，劝说富人从城市中搬出去”[110]的举动。每一部革命性的法律都宣布财产权利是“神圣不可侵犯的”[111]，因此可以认为，《拿破仑法典》为这一原则提供了充分的法律程序保障。它将 50 年来尽管急迫但却不够明确的宣言变成了一个有保障的有机体系，其基本纲领足以抗拒时间的挑战而不过时。

《拿破仑法典》的起草者们都清楚他们正在做的是什么。卢威特（Louvet）说：“它的主要目标就是规定财产的原则和权利。”[112]乔伯特（Jaubert）在拿破仑时期的立法机关中谈道：“《拿破仑法典》的每一页纸上都体现着对财产的尊重。”[113]拉阿里（Lahary）法官写道：“它最宝贵的真理就是将财产权利神圣化，其他所有的事情都是这一事实的逻辑结果。”[114]在法律范围内，享受和处置财产是一种绝对的权利，有产者没有义务以有用的方式处置财产。有产者甚至得到保障，不必因为资产得到了改善而对其租用者进行补偿。在处理未成年人和婚姻事务时，首要解决的问题也是对财产的保护。在处理契约问题时，不会控制作为资本的财产的使用，并且，服务类契约几乎没有受到任何保护。尽管在借贷中禁止实行高利贷，但并没有禁止收取过高的租金和支付不可能的工资。在组建陪审团的时候，其成员仅限于拥有财产的人。在更强调技术性的程序中，福雷（Faure）概括性地阐明了《拿破仑法典》的实质，那就是，“一句话，它就是为了保护财产”。

在《拿破仑法典》中，对劳动条件的规定只占了有限的篇幅。终身服务契约是被禁止的。一旦主人和受雇者发生口角，经过宣誓以后，主人所说的话“就能够决定工资的数量、上一年的支出和本年度的全部会计账目”[115]。佣人可以在发生争论后 12 个月内提起诉讼反对他们的雇主，但产业工人只有 6 个月的时间。在承租人对不动产的口头契约问题提出诉讼时，出租人在宣誓以后，他所陈述的观点就被认为是可信的，除非承租人要求由专家展开调查，但这个费用是任何一个穷人都支付不起的。一切罢工和工会都是被禁止的，罢工的发起人可以被处 2～5 年监禁。另一方面，允许商人组建自己的商业团体。但如果雇主为了胁迫工人接受其条件而采取联合行动，不准工人进厂，则可能被处以六天监禁或处以 2 000～3 000 法郎的罚金。还应该再加上一点，工人在工作中的某些行为权利也被制定出来，但事实上，围绕这些权利而产生的程序难题使得这些规定起不到任何的效果。这种保护财产的动机也可以从对《拿破仑法典》的另一个条款所做的评论中表现出来，“那些增加了企业家财产的人”[116]正当地享有利益。

法国历史学家格拉森（Glasson）写道：“老实说，在《拿破仑法典》中，工人完全被遗忘了。”[117]事实上，这样评价《拿破仑法典》是不公正的。工人并没有被遗忘，从法律的内容和程序来看，它都刻意规定，工人的权利要服从雇主的权利。工人不能组织工会，不能罢工，但对雇主却没有这样的限制，这就像《1749—1800 年英国联合法案》(British Combination Acts of 1749—1800）所规定的那样。在工人的所有工作物质条件方面，雇主的话要比工人的话具有更大的可信度。工人的行为权利是有限的。如果他是个佃农，那么，一切好处都在地主这一边。实际上，我们所看到是为资本主义社会中的资产阶级而制定的法律。必须说明的是，没有人试图掩盖这一事实。布莱·德·梅特（Boulay de la Meurthe）坦率地指出，只要那些有极大兴趣维持法律秩序的人士了解法律，他们就会根据其需求程度，让民众知道法律的存在。他写道，因为“这些人有时间，也有合适的手段确保法律的制定和实施”[118]。总之，就《拿破仑法典》的起草者而言，当博瓦西·德·安格拉斯（Boissy d' Anglas）作为报告人将第三年度的宪法（Constitution of the Year III）介绍给国民公会（Convention）的时候，他所做的精彩演讲就解释了一切。他告诉他的成员们：“我们应该受到最优秀的人的统治，而这些人是那些受过最好的教育、对维护秩序最感兴趣的人。现在，除了相当少的例外，这些人只能在有产者中寻找。因此，有产者是同他们的国家紧密联系在一起的，是同保护他们财产的法律，以及维护他们财产的社会安全密切相关的……由有产者统治的国家是一个真正的公民社会，而由无产者统治的国家则陷于一种自然的状态之中。”[119]确实，这种说法同《拿破仑法典》的作者贬低工人阶级大众的地位是类似的。但重要的是，我们应该注意到，即使这样做，他们也没有怀疑自己正在实现革命的目标。

在一直被人忽视的《法兰西革命导论》（*Introduction à la Revolution Française*）一书中，我们能发现与《拿破仑法典》观点相同的理念。此书出版于1845年，是在巴纳夫死后根据他的手稿编写而成的。巴纳夫曾经是法国国民议会中自由派的领导人之一。[120]从广义上说，他的奋斗目标同雅各宾派失败以后法国社会所接受的原则是相当一致的。不仅如此，仔细聆听巴纳夫演讲的学生将从其内容中发现，他的思想同另一种观念存在着切实的联系，在王朝复辟以后，在罗耶-科拉德（Royer-Collard）和本雅明（Benjamin）的努力下，这种观念了变成法国自由主义的精华。《法兰西革命导论》一书是非常重要的，因为其大部分内容并非从公共影响的角度撰写，我们在书中所看到的是巴纳夫对自己所经历事件的分析，而在这些事件中，他都发挥了关键的作用。因为他是国民议会的成员，没有资格参加制宪会议的选举，所以，他就利用这段迫不得已的闲暇时间，在多芬（Dauphiné）钻研大革命头三年中所发生的激越事件的意义。正如手稿本身所表现的那样，我们可以清楚地领会他的思想，也就是说，我们看到了他脱去制服以后的思想，因为这次出版的巴纳夫的著作，更像是一本为书稿所准备的笔记，而不是经过精心润饰的句子。在逝世之前，他本来也可以同意这本手稿的出版。

巴纳夫将重大事件分为偶发事件和有深厚的历史原因引发的事件。在大革命的环境中，他只关注其历史原因。他确信，大革命的根源就是革命爆发前所发生的巨大经济变化。就像一位18世纪的优秀哲学家那样，他追溯了财产的演变过程，从原始的共产主义发展到一种土地制度，在这种土地制度中，高深的知识赋予贵族以控制经济财富的无比优越地位。[121]随着个人所有制的出现，产生了一种新的分配经济权力的制度，并随着人口的增长，这种分配权力越来越大，这也反映在这种制度的特征上。巴纳夫写道：“当所有的收入都来源于土地的时候，巨大的财产就会一点点地吞噬小的财产，这是一个确定的原则。”[122]在这样的情况下，弱小的财产所有者会更加依赖富人，并最终被富人兼并。在面对自己的需求时，弱小的财产所有者是无法保持独立性的。他认为："如果农民继续愚昧下去，或者忽视技术，并且土地的所有权继续成为财富的源泉，那么，权力就仍然会掌握在富人手中，贵族的统治也会持续下去。"[123]

但是，当工业开始发展的时候，不管那些适应土地贵族要求的制度如何阻碍，变化还是发生了。巴纳夫认为，"一旦技术和商业成功地渗透到社会生活当中，并且为劳动阶级提供了新的财富源泉，那么，就已经准备好发生一场政治法则的革命。一种新的财富分配制度会产生一种新的权力分配制度。就如同对土地的占有产生了贵族政治，工业财产也提升了人民的力量。他们获得了自由，并不断获得数量上的优势，开始在各种事务中发挥影响"[124]。巴纳夫评论说，在一些小的国家，这些新的财富产生了一个"新的贵族政治，一种资产阶级和商人的贵族政治"[125]。他们的财富使自己成为国家的主人。而在一些大的国家，"它的各个部分通过交往互利联系在一起，因此形成了一个庞大的公民阶级，他们拥有巨额财富，对维持国内秩序带有浓厚的兴趣。并且，他们通过税收为国家提供了必要的权力以推动法律的实施。大量的税收、人口在中心和周围地区之间的流动、一支纪律严明的军队、庞大的资本、大量的政府部门，这一切都成为保障国家统一和提升内部凝聚力和生命力的众多纽带"。

这种观点同法国大革命之间的关系是非常清楚的。就像在他之前一个半世纪的哈灵顿那样，巴纳夫也认为，一种新的经济分配制度同政治权力的重新分配直接相关。商业经济的出现意味着在一个统一和中央集权的国家中，资产阶级的民主取代了农业的贵族统治。他写道："在欧洲政府中，贵族统治的基础是土地所有制，君主制的基础是公共权力，而民主制的基础是流动资本。"[126]除此以外，他还说："随着工业和商业使工人阶级富裕起来，使大土地所有者陷入了贫困，这就使得各个阶级在财富上日益均等，而教育的进步也使各个阶级在知识上趋于平等。长时间被遗忘之后，原始的平等观念又盛行起来。"[127]巴纳夫认为，从对欧洲的制度所产生的影响来看，大革命经历了三个主要阶段。在第一个阶段里，通过劳动而富裕起来的公社首先购买了自由，然后购买了土地，由此，贵族阶级相继失去了帝国和财富，作为一种公民国家形式的封建制度已经被剥夺了合法的效力。在第二个阶段中，工业日益增长的重要性强化了这一过程，将所有的欧洲国家从教皇的世俗权力中解放出来，并从教皇的手中夺取了一半的精神权威。[128]

第三个阶段是最重要的阶段，我应该用巴纳夫自己的话来描述比较恰当。他写道："流动财产的增长是欧洲民主制发展的动因，也同样是将国家的各个部分连接在一起的黏合剂，由此，它成功地改变了所有欧洲国家的政府。由于地理位置都或多或少地对它有利，因此，它所建立的政府体制也就多种多样。在小的国家中，人民拥有强大的力量，因此那里就建立了共和国，而在另一个疆域辽阔的国家，它只能通过征税收权力来维持君主的权力，以反对国王和人民共同的敌人——贵族，也就是说，它所建立的是绝对君主制。在很长的一段时期内，它支持君权，反对大贵族，其后，一旦它能够再向前发展一步，它就变成了革命者（革命已经爆发），并取代君主在政府体系中的地位，建立君主立宪政体。只有在它的发展比较薄弱的地方，贵族制和联邦制的封建政府形式才得以生存下来……在法国，正是这种发展（所有的欧洲国家都是如此）才使人们准备进行一场民主革命，这场革命终于在 18 世纪末爆发。"[129]

我不需要强调这种分析的非凡洞察力。巴纳夫比马克思提前 60 年看到了法国大革命的整体特征。他按照经济基础来理解意识形态。他以全方位的视角观察大革命，不是局限在一些地方性的事实上，而是把它恰当地看成更大范围的欧洲运动的一部分。他认识到，财产特征的改变也要求改变政治制度的特点，并且，革命对于实现必要的改变是至关重要的。对他来说，法国大革命并不是一个地方性的事件，而是一种普遍和世俗趋势的体现。他说，事实上，财产关系才是至高无上的，并且从长远来看，它们注定要征服政治的帝国。

因此，对巴纳夫来说，法国大革命显然可以被描述成历史发展进程的巅峰。经过人们长期的艰辛努力，经济力量终于获得了控制政治的权利。它顷刻间废除了国王和封建制度的权力，进而建立了民主，而在封建制度下，农民和商人处于土地所有者权威的奴役之下。对巴纳夫来说，新的民主就是使自由和平等处于统治地位。他认为，在获得这个胜利以后，就再也看不到更远的目标了。经过人们的努力而获得的工业资本同土地财产是对立的，后者是通过暴力而获得的。极为重要的是，他的观点根本没有认识到，工业资本可能产生于特权，它又反过来可能产生一个新的特权体制，而这一体制的危害性比它所取代的体制并不见得逊色。就像约雷斯描述的那样，在巴纳夫的所有分析中并没有讨论工薪阶层，也没有一句话能够表明他认识到了工薪阶层的存在。尽管巴纳夫拥有出色的洞察力，但他并没有能设想出另一场革命的发生，而这场革命超越他以一种如此以众不同的方式参加的革命。在他眼里，根本就没有无产阶级的存在。大革命以工业资本家的胜利而告终。他看到已经意识到了自己力量的工业资产阶级，他认识到，在他们的力量尚未体现为征服国家权力之前，他们是不会满足的。但是，他没有料到，在工业资产阶级以外，还有一个新的阶级正准备登上历史舞台。他没有想到，这一新的阶级同工业资产阶级的对抗就像后者同土地所有者之间的敌对一样激烈。他也从未预测到，这一新阶级将会采取与旧阶级的类似方式，变成革命派。所以说，巴纳夫的自由主义受到了他所从属的资产阶级视野的限制。他将中产阶级的要求和主张转化为政治制度，做完这件事以后，他的使命也就完成了。但是，当新的阶级以同样的方式逐渐认识到自己的命运以后，就会要求新的阐述者按照他们的利益来勾画一种新哲学的轮廓。历史只是让巴贝夫和圣西门播下种子，而让马克思和恩格斯来收获这丰硕的果实。

【注释】

[1] 普里斯特利确实否认任何人拥有以反社会的方式利用财富的权利。他的语句是有力的。“任何社会都有权利运用它所发现和所要求的财产，实现整个社会所真正要求的公共利益。”参见 *An Account of a Society for encouraging the Industrious Poor* (1787), p. 13。但这几乎不是普里斯特利思想的要旨，除了强调社会对穷

人的责任之外，他并没有发展它的内涵。

[2] 关于美国宪法诞生的环境，参见 Charles Beard 教授的重要著作 *An Economic Interpretation of the American Constitution*（1913）。

[3] 关于阿贝的 *Testament*，参见 Charles Rudolf 为其 1856 年出版的全集所撰写的导论。

[4] E. Cornu 的 *Eliè Fréron*（1924）一书对 Fréron 进行了充分的研究。

[5] *Vie de Mon Père*（1927）.

[6] 参见我在 *Studies in Law and Politics*（1932）一书第一章题为"理性时代"（Age of Reason）的论文。

[7] *Journal Inédit*（1906）.

[8] R. P. Croiset，*Reflexions Chrétiennes*（1752），I，p. 79；and cf. his *Parallèle des Moeurs de ce Siècle avec la Morale de Jesus Christ*（1743）.

[9] B. Groethuysen 的著作 *Origines de l' Esprit Bourgeois en France* 第一卷（1927），对这一主题进行了出色的论述。

[10] *Lettres Critiques et dissertation sur le pret de Commerce*（1774）.

[11] *L' Usure Démasquée*（1776）.

[12] *De L' Usure，intérê t et Profit*（1710），p. 458. 作者为 J. A. de la Gibonais。

[13] *La Thèorie de l'Intèrèt de l' Argent*（1762），p. 243. 据说此书是由 Gouttes 和 Turgot 合著的。

[14] *Lettre a L' Archêveque de Lyon*，p. 45.

[15] *Lettres sur les Anglais*.

[16] *La Noblesse Commerçante*（1756）. 对于这本著名小册子所引起的争论，参见 H. Carré，*Noblesse de la France*（1920），p. 141f。

[17] *Les Inconvénients des Droits Féodaux*（1776）.

[18] 参见她的著作 *Thèorie de la Constitution Française*（1792）。从她未出版的手稿中产生的这一选集是在 1930 年由 M. Carcassone 编辑的。

[19] *De la France et des États Unis*（1787）. 关于 Brissot，参见 E. Ellery 教授的著作，*Brissot de Warville*（1913）。

[20] 关于大百科全书，最好的概括性著作是 L. Ducros 的 *Les Encyclopédists*（1900）。

[21] Cf. H. Sée，*The Evolution of Modern Capitalism*（1928），p. 84f.

[22] *Op. cit.*，p. 180.

[23] *Instructions* (1757)，p. 34.

[24] *House of Commons Journals* (1751)，XXVI，p. 292.

[25] Cf. Lipson，*op. cit.*，III，p. 292.

[26] Letter of 1778 in Latimer，*Merchant Venturers of Bristol*，p. 196.

[27] *Essays* (1790)，p. 20f.

[28] *Theory of the Moral Sentiments* (1759)，p. 181.

[29] *Wealth of Nations*，(1776)，ed. Cannan，I，p. 421.

[30] *Wealth of Nations*，ed. Cannan，I，p. 432 (Book IV，Chapter II).

[31] 塔克院长的作品现在很难看到。但其作品的一个很好的选集由 R. L. Schuyler (1932) 出版。关于塔克的经济思想，最好的论著还是 W. E. Clark 的 *Josiah Tucker as an Economist* (1903)。

[32] 关于重农主义，主要作品是 G. Weulersse 的 *Le Mouvement Physiocratique* (1910)。Henry Higgs 的 *The Physiocrats* (1896) 是用英语写的简短而富有吸引力的著作。极其需要对他们的政治思想，尤其是他们的自然法概念进行充分的研究。

[33] *Oeuvres* (ed. of 1808)，Vol. III，p. 321.

[34] Schelle，*Dupont de Nemours* (1888)，p. 44.

[35] *Dialogues sue lestravaux des artisans* (ed. Daire)，p. 192.

[36] Higgs，*op. cit.*，p. 144.

[37] *Réflexions sur la formation et distribution de richesses* (1767). Cf. Cassel，*Nature and Necessity of Interest* (1903)，p. 20.

[38] Ibid.，Sec. 73.

[39] Ibid.，Sec. 95.

[40] Ibid.，Sec. 15.

[41] Ibid.，Sec. 10.

[42] *Elements of Political Economy*，p. 76.

[43] *L'Ordre Naturel et Essentiel des Sociétés* (1767)，Chapter XVIII.

[44] *Theory of the Moral Sentiments* (1759)，p. 190.

[45] *Works* (Bowring ed.)，III，p. 3.

[46] Ibid.，p. 10.

[47] Ibid.，pp. 28−29.

[48] *Lettres de l'abbé Morellet à Shelburne*，p. 102.

[49] Ibid.

[50] *Wealth of Nations*, V, I, p. 11.

[51] Cf. Acton, *Letters to Mary Gladstone* (1906), pp. 194-195.

[52] 这些难以令人忘却的影响已经由 Hammond 先生和夫人在他们的经典名著中描述出来。他们的观点总结在 *Rise of Modern Industry* (1926) 一书中。

[53] 关于 Burke，最概括性的阐述依然是 Lord Morley 的 *Edmund Burke*, *An Historical Criticism* (1867)，但在 A. Cobban 博士的 *Edmund Burke and the Revolt against the Eighteenth Century* (1929) 中也有很多有价值的材料。也可以参见我的 *Locke to Bentham* (1920) 一书的第六章。

[54] *De Republica Anglorum* (1583), Book I, Chap. 24, ed. Alston (1906), p. 46.

[55] *Oceana* (1656), p. 147. Cf. Russell Smith, *Harrington and his Oceana* (1914), pp. 46-47.

[56] *The Standard of Equality* (1647). *Harleian Miscellany*, IX, p. 114.

[57] *Clarke Papers*, I, pp. 299-345.

[58] *Wealth of Nations*, Book V, pp. I, ii.

[59] *Works* (Bohn ed.), III, pp. 334-335.

[60] Annual Register (1781). Cf. *Select Letters* (World's Classics ed.), p. 213。

[61] *Reflections in Works* (1815), Vol. V, p. 93.

[62] 此处以及接下来的引用均来自 *Thoughts on Scarcity*。

[63] *Estimate of the Manners*, etc. (1757), p. 86.

[64] *The Constitution of England* (ed. cf. 1817), p. 243.

[65] *Commentaries* (1765), I, p. 171.

[66] 参见 G. S. Veitch 教授的经典著作 *The Genesis of Parliamentary Reform* (1913)。

[67] 关于 Ogilvie 和 Wallace，参见我的 *Locke to Bentham* (1920) 一书的第五章。

[68] *Works* (1813), Vol. I, pp. 69-70.

[69] B. Disraeli, *Life of Lord G. Bentinck* (ed. Whibley, 1905), p. 127.

[70] *A Treatise on Indigence* (1806), p. 7.

[71] W. J. Warner 博士已经在 *Wesleyanism in the Industrial Revolution* (1930) 中提出了反对这一观点的论点。参见 J. L. and B. Hammond, *The Town Labourer* (1918), Chapter XIII。

[72] *Eastern Tour*（1771），IV，p. 361.

[73] 关于18世纪的法国社会主义，经典著作是 A. Lichtenberger 的 *Le Socialisme Français au XVIIIme Siècle*（1895）。然而，读者应该注意到，M. Lichtenberger 称之为“社会主义”的大量东西，与 Rousseau 和 Diderot 的观点一样，不过是对社会不公正的极度愤慨，并没有以任何严密的经济分析作为基础。

[74] 关于 Voltaire 的社会思想，用英语写得最好的作品是 H. N. Brailsford 的名著 *Voltaire*（1935），也有 G. Pellissier 写的优秀法语著作 *Voltaire Philosophe*（1908），这本书提出了不同的观点。

[75] Letter to Frederic the Great，November，1769. *Oeuvres*（ed. Beuchot），LXVI，p. 76.

[76] *Pensées sur le gouvernement*. Ibid.，XXXIX，p. 427.

[77] Lettre à St. Lambert，April 7，1771.

[78] *Siècle de Louis XIV*. *Oeuvres*，XIX，p. 461.

[79] *Oeuvres*，XL，p. 134.

[80] *Dieu et les Hommes*. *Oeuvres*，XLVI，p. 102.

[81] Letter of Sept. 11th，1738.

[82] *Diction. Philos.*，s. v. *Egalite*，XXIX，p. 10.

[83] Ibid.，p. 8.

[84] *Siècle de Lovis XV*，XXI，p. 431.

[85] *Premier Discours sur l' Homme*，XII，p. 45f.

[86] 参见他 1765 年 4 月 27 日写给 d' Argental 的信。

[87] 参见他 1757 年 2 月 4 日写给 d' Alembert 的信和 1757 年 1 月 5 日写给 Frederick 的信。

[88] 1763 年 2 月 28 日的信件。

[89] 1766 年 4 月 1 日的信件。

[90] 1768 年 9 月 2 日写给 d' Alembert 的信。

[91] 1766 年 4 月 1 日写给 Damilaville 的信。

[92] *Le Mondain*（1736）. 关于这一点，以及它所涉及的争论，参见 A. Morize 在 *L' Apologie de Luxe*（1909）一书中的批评，以及 F. B. Kaye 博士对 Mandeville 的 *Fable of the Bees* 进行编辑时的有价值的评论。

[93] *Oeuvres*（ed. Assézat et Tourneux 1875－1877），III，p. 263（*Essai sur les règnes de Claude et de Neron*）.

[94] Ibid.，VI，p. 449 and cf. Ibid.，V，p. 298.（*Fragments du portefeuille*；*Entretien d'un père avec ses enfants*）.

[95] Cf. *Oeuvres*，II，p. 419.

[96] Ibid.，II，p. 225.

[97] Ibid.，II，p. 240.

[98] 关于爱尔维修，参见 Lichtenberger，*Le Socialisme au XVIIIme Siècle*，p. 261f（1895）。

[99] 关于霍尔巴赫，参见 W. H. Wickwar 的 *The Baron d'Holbach*（1935）一书中对他的观点所做的令人折服的叙述。

[100] *Oeuvres de Voltaire*（ed. Beuchot），XLV，p. 123. 关于这位杰出人物，还真的没有充实的著作出现。最好的著作是 Jean Cruppi 的 *Un Avocat Journaliste*（1894）。H. R. G. Greaves 在《经济学》（*Economica*）第 10 卷第 40 页总结了他的政治思想。也可参见 Lichtenberger 的上引书，288～305 页。

[101] 关于 Meslier，见他的 *Testament*（1864）一书的编者在编订中所做的研究。Lichtenbeger 在上引书中对他的思想做了一个简短的总结，p. 75f。

[102] *Oeuvres*（Beuchot），Vol. XVIII，p. 473.

[103] *Siècle de Louis XIV*，Ibid..

[104] Quoted by Jaurès，*Histoire Socialiste de la Revolution Française*（1927）。

[105] *Histoire Socialiste de la Revolution Francaise*（ed. Mathiez，1927），I，p. 173.

[106] 关于《抱怨清单》和工人阶级，参见 E. Champion，*La France d'Après les Cahiers*（1906），Chapter XI；R. Picard，*Les Cahiers de 1789，et les classes ouvrières*（1910），esp. Chapters II－V。也可参见 Jaurès 在上引书，Vol. I，Book II 中的睿智讨论。

[107] 参见 P. Sagnac 的 *La Législation Civil de la Revolution Française* 中对革命的法律结果进行的概括性讨论。

[108] Locré，*La Legislation Civil de la France*，I，p. 589.

[109] *Recit de la Captivite*，I，p. 401.

[110] Arrêté of May 4，1791. 参见 1791 年宪法第 87 条和 1793 年宪法第 16 条。

[111] 关于这一时期对财产的基本态度，参见 Jaurès，*Etudes Socialistes*，p. 91。

[112] Locré，Ibid.，XXXI，p. 169.

[113] *Op. cit.*, I, p. 357.

[114] *Op. cit.*, XVI, p. 499.

[115] Art., 1781.

[116] Art., 1789.

[117] *Le code Civil dt la question ouvrière*, p. 68; cf. Pic, *Ttaite Elementaire de legislation Industrielle*, pp. 81-83.

[118] Locré, *op. cit.*, I, p. 515.

[119] 关于第三年度的宪法，参见 *Moniteur*（ed. of 1842），Vols. XXIV and XXV；Lavisse，*Histoire Contemporaine*（1920），Vol. II，p. 274f.；Aulard，*Histoire Politique de la Rev. France*（1901）。

[120] 关于巴纳夫，E. D. Bradby 的 *Barnave*（1915）一书是主要的权威。但是她几乎忽略了巴纳夫思想中的经济因素，对于这一点，我是因为 Jaurès 在上引书中的卓越论述才有所注意的，通过他我才熟悉了《导论》的内容。

[121] *Oeuvres* de Barnave（1843），Vol. II，p. 4f.

[122] Ibid., p. 9.

[123] Ibid., p. 12.

[124] Ibid., p. 13.

[125] Ibid., p. 14.

[126] Ibid., p. 18.

[127] Ibid., p. 19.

[128] Ibid.

[129] Ibid., pp. 19-20.

结论：后续发展

一

19 世纪是自由主义获得胜利的时代，从滑铁卢战役到第一次世界大战，这期间没有什么学说能获得同它一样的权威，或产生相同的影响。毫无疑问，它的胜利是一种复杂的现象。说其复杂仅仅是因为，在它刚开始出现的时候，很多对它给予最重要奉献的人士都认为，他们是在对一个不同的祭坛顶礼膜拜。自由主义所征服的领域是巨大的，以至于就连亚当·斯密这样重要的自由主义学说的缔造者都认为，它在百年间所创造的世界几乎是难以想象的。它是工业主义的主要提倡者，它将大不列颠变成了世界工厂；它是自由贸易的鼓吹者，创造了一个世界市场，甚至打破了最边远地区的人们所处的孤立状态；它是宗教宽容的倡导者，它打破了罗马的教会权力，并终结了宗教所把持的定义公民身份界限的权力。它认为，一般来说，国家的地位应该同国家的边界联系起来。并且，在它的帮助下，意大利、希腊、匈牙利和保加利亚都对自己有了新的认识。它建立了普选制和议会制政体，几乎将其作为自然法的原则。在西欧，那些反对这些原则的人总是处于防御地位。事实上，有人认为，过去一百年间的美国文明，必须被公允地视为自由主义理想的实现。美国和古老东方的觉醒为自由主义向世界范围的发展作出了贡献。

确实，不论是作为一种实践还是作为一种理论，自由主义的胜利都不是一件简单的事情。当对法国大革命的热情消退以后，在将近半个世纪的时间里，自由主义都不断地在两个方面展开斗争。一方面，它要面对经过革新的保守主义。像麦斯特和黑格尔这样的人就试图以权威的名义限制个人主义。在他们看来，这种权威，不论是国家还是教会，都会阻止社会无政府主义的倾向；后者是自由主义思想中所固有的。[1]另一方面，自圣西门开始，以自由放任的状态呈现自我的个人主义开始遭到攻击。理由是在残酷的现实当中，只属于有产者的自由不是真正的自由，只有在国家有意和积极的干预下所营造的平等环境中，才能产生真正的自由。在政治哲学史上，这种观点同以往所推崇的观点都不一样。[2]有一个学派试图将个人的权利限制在同中世纪观念直接相关的基督教原则的框架之内，这一流派最著名的代表人物是拉芒内（Lamennais）。还有一个学派对自由放任所产生的社会后果是如此恐惧，以至于设想了一个有义务为所有失去应享权利的人提供服务的国家，这一学派的杰出代表人物是西斯蒙第（Sismondi）和布里特（Buret）。[3]孔德和他的门徒以科学的名义反对自由主义思想，在他们看来，科学使国家应该根据一个有机共同体的利益义不容辞地担当起管理社会生活的责任；这一共同体的权力高于它的任何一个成员。[4]在英国，科尔里奇（Coleridge）、卡莱尔（Carlyle）、索西（Southey）和迪斯累利（Disraeli）以出色的洞察力发展了国家观念，他们认为国家超出了金钱关系的范围，进而有意识地缓和不平等所带来的后果。[5]

但在19世纪，对自由主义思想最根本的攻击是社会主义。社会主义不是一场可以简单总结的运动。它的思想是从根本不同的各种来源中产生的。但我认为，我们可以确切地强调，这种攻击的本质是起源于人们对一点的认识，即自由主义理想保证了中产阶级可以彻底地享有特权，却没有解除仍然套在无产阶级身上的枷锁。社会主义所付出的努力就是为了纠正这种不足。从马克思恩格斯对社会主义思想的重要论述中可以看到，他们所坚持的观点是，资产阶级革命仅仅是将有效的政治权力从土地所有者手中转移到了工业财产所有者手中。在他们看来，国家不是一个尽最大努力寻求所有社会成员幸福的中立组织，而是将有产者在追逐利益的过程中所要求的社会规范强加到工人阶级身上的一种强制性权力。他们否认一个正义社会可以在这样的条件下存在。他们还认为，既然中产阶级已经推翻了封建贵族的统治，那么，工人阶级也不得不根据自己的利益推翻其统治者以获得国家的统治权。对于马克思恩格斯来说，有效的革命不在于过去，而在于未来。马克思在《资本论》第一卷中描绘了一幅不朽的画面，认为自由放任国家就是利用强制性权力使资产阶级对利润的要求合法化，从而通过组织的力量迫使大众接受；这种强制性权力总是同经济所有权存在直接的联系。只有通过工人阶级的革命运动，将经济权力转移到作为一个整体的社会手中，人们才能在完整的意义上获得他们的天赋权利。

社会主义者反对自由主义思想，因为他们看到自由主义不过是伪装成普遍规律的历史特例而已。事实上，他们认为，自由主义并不是一个终极思想，只不过是在人类同环境的不断斗争中出现的一个不规则和暂时的学说阶段。在19世纪的前半部分时间里，它们在表面上看起来是正确的。直到1849年，欧洲都还没有从阴谋和革命的阴影中解放出来。1848年所发生的奇迹表明，在正式的政治主张背后，一种社会意识形态总是力图展现自我。在1848年以后的半个世纪里，自由主义思想似乎已经完全进入了自己的王国。它所创造的财富使其可以对大众让步，就算这些让步并未阻止社会主义的发展，但至少在政治民主已经取得稳固地位的大多数国家中削弱了革命热情。自由主义并未放弃对生产方式私有制有效性的信念，它所征服的领域非常引人注目，特别是在美国，以至于这种放弃是不可能的。但是，一方面，它至少接受了工会压力的教训；另一方面，它也碰到了思想家们所提出的挑战，比如英国的格林（Green）和马修（Matthew）[6]、法国的托克维尔[7]以及德国重要的社会主义者。所以，自由主义必须采用积极的国家概念。根据大众的利益而提出的累进税收的概念，变成了自由思想的基本组成部分。就像张伯伦所说的那样，革命的挑战可以通过“赎救”的信条来得以避免。从本质上说，这种信条试图通过为穷人提供合理福利的措施而证明财产占有的正当性。因此，从上个世纪 70 年代以后，出现了社会服务型国家（social service state）。自由主义的基本原则具有两重性，一方面，它坚持认为，生产方式的私有制作为一个普遍的原则将会持续下去，而另一方面，它又准备根据那些靠自己的工资无法购买福利的人的利益来控制私有制的不利影响，因为这些福利已经被认为是维系生活的一种合理标准。

至少在 1914 年战争爆发以前，除了那些受马克思哲学影响的人以外，这一阶段的自由观念已经主宰了所有欧洲人的思想。它的主导程度可以从马克思主义在这一阶段的失败中看出来，当时的马克思主义无法控制英国人的思想。典型的英国社会主义是费边主义，在这种思想中，约翰·斯图尔特·密尔的观点比马克思的观点要重要得多。费边主义认为，革命作为一种社会变革的方式已经过时了。这么说是基于两个原因：首先，由于费边主义是在英国维多利亚时期的高贵自信中产生，带有明显的理性主义倾向，因此，它相信，让多数选民转而接受社会主义，就可以简单地控制议会，这样就可以通过宪政民主机器，将资本主义国家和平转变为社会主义国家。[8]其次，费边主义接受了自由资本主义的基本经济原理，认为没有理由预期战后年代会出现经济崩溃。经济崩溃将不但会给获利动机基础上的政治体制之征税能力造成一定限制，而且，一旦无法获利就会说服（如意大利和德国）经济权利所有者为了他们获得利润的权利，而抛弃社会的民主根基。然而费边主义者和进步的自由主义者都没有认识到议会政府的成功需要两个条件：第一，它需要能从持续创造利润的能力中获得安全感，这样就能从剩余财富中继续对大众进行福利分配。第二，它也要求各政治党派在所有基本的社会制度问题上达成一致，以确保每一个党派都有可能战胜其他党派而获得执政地位，却不会产生暴力情绪。如果不能实现这两个条件，议会政府就无力在理性的基础上解决异议。总之，自由主义的政治表现形式依赖于经济环境的发展态势，而这种经济环境的持久存在就能够保证政治体制发挥有效的作用。[9]

在 19 世纪刚开始的时候，圣西门就认识到了这一点。他写道："对于国民的幸福来说，规定权力和政府形式的法律还不如规定财产及其使用的法律重要。"[10]他认为议会制政府要比其他的政府形式更好，但从根本上说，它始终是一种政府形式。并且，"规定财产的法律才是赋予它真正特征的东西"[11]。这就是自由主义从未认识到的重要事实。它没有认识到由它所产生的政治民主是建立在这样一种隐含的假设之上的，即它不会触及生产方式的私有制。它可能向所有者提出一些需求条件，当营利制度的结果令人满意时，它也可以使有产者做出让步，这也许会让施惠方比受惠者更为惊讶。但是，政治民主以及表现政治民主内在目标的自由主义意识形态，都无法超越限制它的框架，就像封建社会也无法超越自己的基本原则一样。15 世纪末阶级关系的根本性变革要求一场革命，同样，如今，如果阶级关系的根本性变革想要有效改变生产力的特征，那么，它也要求进行一场有关财产观念的革命，即改变国家就是财产的守护者这一观念。

二

这可以解释我们这一时代自由主义权威的衰落。它全神贯注于它所创造的政府形式，而无法充分认识到这些政府形式所依赖和代表的经济基础。自由主义告诉已经建立了民主制度的公民，他们才是拥有至高无上权力的人。并且，自由主义者坚持认为，国家应该满足作为统治者的人民的愿望。但是，自由主义者没有告诉人们，他们所享有的至高无上的权力是附有条件的，概括来说，在观念和财产关系发展的过程中，人们必须承认资产阶级革命为最终结果。19 世纪的经验已经教育人们在国家中去理解一个组织，在充足的压力下，人们就能从这个组织中获得源源不断的物质利益。科学使更先进的生产力成为可能，它的魔力似乎能使人们获得更大的利益。他们把物质财富的不断增加作为自然法则，从这个法则的运用中，他们就可以要求得到属于他们的全部份额。随着这一点变得越来越重要，他们就会使用由普选所赋予他们的政治权力来保证这一份额。

随着这一发展进程，经济制度中的缺陷已经被人们遗忘。它所建立的阶级关系使分配能力无法赶上生产能力，生产力与生产关系处于矛盾当中。创造利润成了经济制度的全部动力，对利润的追求使生产工具的所有者被推到日益激烈的市场竞争中。在激烈的市场竞争中，开始出现殖民地与帝国主义间的冲突以及经济民族主义。后者使世界的政治格局不会受到经济格局的鲜明影响。在资本主义扩张时期，经济制度尽管存在缺陷，但在很大程度上它已经具备了自我调节的能力。当时出现了危机，出现了战争，还有因为贪婪地追逐新财富而出现的战争。但早在19世纪80年代，在资本主义衰退时期，一位敏锐的观察家就观察到它的灾难性程度，但显然只是在战争之后，经济制度的自我调节和自我恢复能力才不断消失。

随着这一能力的消失，资本主义为大众增加物质利益的能力也消失了。于是人们不得不停下来要求制定社会法律来提高工人的生活水平，因为根据资本主义的假设，这样做是对人们获取利益途径的干预，而获取利益是整个经济体存在的理性原因。自由主义国家的有产者也同封建社会的有产者一样，都不准备放弃自己的特权（所有权）。他们可能试图劝服工人阶级做出牺牲，并且坚称这种牺牲只是暂时的。很清楚，就像托克维尔几乎在一个世纪前所看到的那样，这仅仅是他们为了保持正当性而提出来的一个理由。[12]人们应该利用自己所掌握的政治权力来提高自己的生活水平，这是自由主义所固有的观念。资本主义越来越发现自己正陷于困境当中，一方面，如果它坚持自由主义的道路，就等于是与别人一起自掘坟墓；另一方面，如果它摧毁自由主义，自己就只能在未知的海洋中航行，只能通过经济上的成功来证明自己的正当性，而经济上能否成功却是不确定的。在这种困境中，它所有的自信和安全感都消失了。面对社会主义（苏维埃俄国的出现显著地增强了社会主义的实力）的挑战，资本主义陷入了恐慌的情绪中，而在法国大革命期间，它就受到过这种恐慌情绪的困扰。它正确地认识到，新的精神氛围已经将它的传统价值扔到了熔炉当中，它也正确地认识到，自己面临的挑战正危及自身权利的基础。资本主义做出了每个经济制度在其基础遭到挑战的时候都会做的事情，即它将自己武装起来以捍卫它所认为的自然权利。

因为从法律意义上说，这些的确是它的权利，在超过四个世纪的时间里，资本主义已经逐渐利用国家的最高强制权力，将这些权利渗透到了它所控制的社会的每一个角落和缝隙。法律、教育、宗教和家庭，这所有的一切都受到了它的影响。它的受益者不但出于历史上所有人类的习惯行事，而且还使他们赖以成长的机构适应社会基础的需求。他们真心实意地认为，对他们赖以生存的特权所进行的攻击，实际上就是对文明社会的基础的攻击。正如在法国大革命中英勇奋斗的人士，或是试图将列宁推离权力宝座的俄国资产阶级一样，他们也丝毫不怀疑自己的道德正确性。它们已经变成了捍卫传统社会观念的武装起来的思想，然而，当思想有了武装的翅膀以后，自由主义在社会中就失去了立足之处。

简言之，要想理解我们所处的时代，我们就必须回到宗教改革或法国大革命的时代来思考自己。当一个制度为了自己的生存而斗争的时候，它是无暇顾及充满争论的社会习惯的。斗争的狂热将理性变成了自己的奴隶，那些准备使用各种手段实现自身目标的人主宰着政治舞台。在这样的时代里，几乎不能指望有宗教宽容或理性主义的存在。首先，那些认为统治是由他们的目标决定的人将会牺牲一切，并且，不能容忍对自己的目标提出批评和反对。显然，在这样的氛围中，立宪政府的自由理论不可能有任何意义，因为这种理论的固有观念认为，公民有权质疑制度的根本原则。而在专政国家中，这是不可能实现的。专政国家排斥自由主义哲学，理由很简单，因为一旦允许自由主义哲学存在，那么专政国家就不可能生存下去。迄今为止，在历史上还没有哪个政权会有意纵容自己的倒台，即使是自由体制也只有当其未处于危难中的时候才会允许争论的存在。

这方面的证据不用追溯很远就能找到。从某种程度上讲，欧洲法西斯主义的含意就最明显地表现出了这一点，另外，从美国最高法院对待罗斯福新政的态度上也可以同样清楚地体现出来。从本质上说，法西斯主义就是要摧毁自由主义的思想和制度，它代表的是那些拥有经济权力手段的人的利益。毫无疑问，法西斯主义出现的原因是复杂的，但是，它所要达到的目标是清晰明白的。无论它在哪里获得了权力，它首先要做的都是摧毁工人阶级的防御手段——他们的政党、他们的工会和他们的联合社团。与此相对应的是，它镇压了除法西斯政党以外的所有政党，取消了言论自由和罢工的权利。在获得权力之前，法西斯主义者总会公开赞扬带有社会主义特点的目标。但值得注意的是，首先，他们总是在符合军队和大企业利益的情况下获得权力；其次，在获得权力后，法西斯主义者会一成不变地保留原有生产方式的所有制形态。总之，法西斯主义是在资本主义的制度手段处于衰退的时候出现的，它摧毁了资本主义扩张期所允许的自由主义，以便将社会规范强加到大众身上，法西斯主义者希望这些社会规范所创造的条件可以让他们重新获得利润。这就可以解释为什么在法西斯国家，自从镇压了自由主义思想和制度以后，工人阶级的生活水平会不断地下降。[13]

美国的情形尽管微妙复杂，但却朝着类似的方向发展。罗斯福在1933年的危机中开始执政，自美国建国以来，还没有出现过这样的危机。他根据自己接手的特殊局势在联邦立法上做了大量的探索。他所提出的措施在参众两院以压倒性多数获得通过。在这些措施中，至少是那些试图帮助穷人的措施在农村获得了广泛的欢迎。然而，他的两个主要措施，即《国家工业复兴法》（National Industrial Recovery Act）和《农业加工税》（Agricultural Processing Tax）都被联邦最高法院宣布违宪。其所持的理由在性质上极为宽泛，以至于人们可以怀疑，根据现有对宪法解释，联邦政府是否已经被授予足够的权限以承担这些职能；而现代工业国家受其本性的驱使，授权自己去承担这些功能。[14]

从表面上看，美国联邦最高法院的决定无疑只是对国会所制定的一些法案是否符合宪法所做的纯粹的法律解释。最高法院在“美国诉斯喀特”（*U. S.* v. *Schecter*）一案的判决中表明[15]，实际上属于立法的权限不能转授予总统，人们认为，总统被授予的是一种执行职能，他不能违背作为宪法之基的分权原则。关于《农业加工税》，最高法院认为根据宪法，将近五千万农业人口的福利只是各州的事务，不管在什么紧急情况下，联邦政府都不能干预这项事务。我们必须在早先禁止立法的判决背景中来理解这些判决。例如，一些寻求强迫铁路部门向雇员提供养老金[16]和禁止雇用童工[17]的立法。这些判决所依据的真正基础，更多的是社会哲学而不是纯粹的法律问题。它们取决于法院，或者说取决于绝大多数法官如何解释像“理性”、“契约自由”和“法律的正当程序”这些词语。[18]实际上，这些判决是用法院对这些词汇的含义的见解，通过一般讨论后，取代了州或联邦政府的立法机构所选择赋予这些词汇的意涵（即法院的观点取代了州或联邦立法机构的观点）。[19]

从本质上说，美国立法权威的真正源泉是联邦最高法院中的大多数法官；当然，这是受制于联邦宪法修正案的权威的。正如最高法院所解释的那样，这样就不会导致宪法的最高目标被突发事件所控制[20]，由此，这就意味着选举出来的美国政府只能制定那些法院可能同意的措施。既然法院所同意的立法在本质上多是基于限制政府干预私有财产权力这一理念，法院的态度所产生的结果就是使国会的主张能够符合霍尔姆斯法官（Justice Holmes）多年前所评论的国家理论。霍尔姆斯法官当时在他的不同意见书中，着重提醒联邦最高法院在第十四条宪法修正案中并未使斯宾塞的社会静力学（Social Statics）成为法律。广义上说，这些判决显示出来的是，美国自1906年所通过的主要社会立法已经超过了联邦政府的权力，如果这些决定交由不同的州来制定，那么，它们的正当性就主要取决于它们与“理性”标准的一致程度，而对这种“理性”标准的控制纯属联邦最高法院的权限。

因此，在美国，总统和国会所拥有的制定自由主义措施（或偶尔为之的社会主义措施）的政治权利受到了有关财产权利的司法观念的限制，后者只有凭借总统任命权的偶然行使才能予以控制。这种对总统和国会立法权的限制在世界上堪称绝无仅有。这种限制的后果是非常严重的，因为它将财产权利的解释权委托给了一个法律阶层，而这个阶层主要通过对其被授予进行审查的财产权利进行辩护才能赢得声望。在宪政体制的框架下，没有什么比政治服从于经济权力更显著的事例了。但是，这一体制也产生了一个严重的问题，即政治民主被剥夺了确保其自身本质的机会后，这样的政治民主还能走多远，持续多久。例如，如果大众对既定的社会秩序不满，从而选举出一个支持社会主义的总统或者一个社会主义者占多数的议会，那美国的体制将会发生什么样的事情？它还能试图实现自己的规划吗？并且，如果根据联邦最高法院现在所诠释的宪法的范围，这个规划在法律上不可行，那么，一个社会主义者占多数的议会，甚至是一个自由主义者占多数的议会，就不会受到某种力量的驱使，尝试大幅度地修改宪法吗？一个经济寡头集团，如果它已经习惯于相信联邦最高法院对它试图实施的新原则判定为“不合理性”，那么，它还会平和地接受对宪法所做的大幅度修改吗？[21]

美国的资本主义似乎和欧洲的资本主义一样，已经进入了一个危急的衰退期，结果是它的自由主义意识形态在特征上并没有明显的不同。它试图满足已经形成的大众期望，但是，这又与拥有经济权力手段的人提出的分享国家红利的利益主张相矛盾。民主的权威想要加强自己的意志，至少有可能通过选举出来的代表来表达这一意愿，但这在目前都受到了联邦最高法院的阻挠。在欧洲也出现了同样的结局，甚至以更野蛮的方式，由像希特勒和墨索里尼这样的人的出现来实现有产者的目标。在这种情况下，利益攸关的主要是一种社会哲学，一种关于国家收入应该以哪种方式来进行分配的观点。总统和国会试图运用国家的最高强制力量来贯彻自己的主张，但宪法挡住了它们的去路。在这种困境中，政治舞台上所上演的就是根本性的冲突，并且，没有人能够预见到这种冲突的最终结果。

重要的是，我们应该记住，美国资本主义的困境在150年前制定美国宪法的时候就已经暴露无遗了。麦迪逊在《联邦党人文集》（*Federalist*）中写道：“人类才能的多样性产生了财产权利，它是达成利益一致的一个不可逾越的障碍。保护这些才能是政府的首要目标。保护这些能够创造财富的独特的才能，就会立即产生不同程度和种类各异的财富占有。并且，从不同财产所有者的情感和观点所产生的影响出发，可以将社会分化成不同的利益和党派……财产分配的差异和不平等，是党派存在的最普遍和最持久的源泉。拥有财产和没有财产的人在社会中不断形成了不同的利益；债权人和债务人也出现了类似的区别。地主的利益、工厂主的利益、商人的利益、金融家的利益以及许多次要的利益，是文明社会的必然产物，由于情感和观点不同，促使他们分化为不同的阶级。对不同类型和相互冲突的利益进行管理就成了现代立法的根本任务，并且，在政府的必要和日常管理中，涉及党派精神。”[22]

当时很多人都与麦迪逊持同样的观点，如杰斐逊、马歇尔和亚历山大·汉密尔顿。通过对宪法解释，在马歇尔担任首席大法官时期，财产权利就确立了其在美国体制中的特殊地位。他们所有的目标就是阻止大众侵犯这些权利，并且，他们在付诸努力后也成功实现了这一点。只要美国处于扩张当中，对资源的开发就可能创造巨大的机会，这在很大程度上掩饰了这种扩张的结果。而在今天，这种扩张的含义已经清楚地表现出来。和旧世界的经济制度一样，美国的经济制度也陷入了相同的困境当中。旧世界的矛盾对自由主义哲学的威胁，与当今社会对其的危害如出一辙。在美国，经济演变已经到了这么一个阶段，其对所有制的要求同政治民主的要求发生了矛盾。要想实现基本的利益目标，美国要么必须改变阶级关系，要么必须被迫改变社会的民主基础。

这种矛盾不是我们这一时代所特有的现象。19 世纪早期对民主的恐惧，主要是害怕民主的扩张将会破坏有产阶级的安全。这种恐惧隐含在麦考利（Macaulay）对下议院有关普选将造成社会后果的警告之中。[23]后来，在白哲特（Bagehot）和亨利·梅因（Henry Maine）爵士对民主的分析中，这也是一个中心议题。[24]在法国，它奠定了罗耶-科拉德和基佐（Guizot）[25]哲学的社会基础，而且，它的含义也成为托克维尔所提出的最惊人、最富有前瞻性的警告目标。也正是因为这种矛盾，德国的俾斯麦试图通过社会保险计划来阻止社会主义的发展。实际上，在国家内部，一个小范围的有产阶级和许多只靠出卖劳动力为生的工人的存在，必定会导致矛盾的出现，这种矛盾只有靠政府的极为英明的决断才能克服。对工会的敌意、在19世纪六七十年代对第一国际的恐惧以及对工人选举权的长期搁置，从这些事实中，都可以看出这种矛盾的存在。在19世纪的大部分时间里，大多数西欧国家的政府都将自己定位为有产者的防御堡垒，以保护有产者的特权不会受到穷人的侵犯。对于有产者来说，直到戴雪（Dicey）所称的"集体主义"来临之前，在本质上，国家的主要功能仍然是亚当·斯密在不够谨慎的情况下所主张的那样，国家让富人可以在自己的床上睡个安稳觉。

值得注意的是，这种态度解释了李嘉图赋予19世纪的古典经济学的独特形式。他的方法可以说非常简单，尽管他的观点在实际运用当中产生了相当不同的影响。他提出了两条基本的宪法原则，即私人土地财产与资本不受侵害；个人之间的自由契约应该作为神圣的东西予以实施。他认为，在这两个原则基础上，只要有产者充满干劲并连续工作，那么，他们就可能为社会中的其他人提供维持生活的工资。有产者也会将他们的剩余收入作为资本用来投资，这就可以维持国家的持续发展。李嘉图没有对他自己和他的同代人隐瞒这两个原则将造成的巨大贫富差距，他也没有怀疑，这种悬殊差距会引起民众严重的不满。但是，由于他生活在法国大革命所造成的理想极度破灭的时代里，所以对他来说，任何其他前景都是乌托邦。就像奥斯汀（Austin）、老纳索（Nassau Senior）、麦卡洛赫（MacCulloch）和马尔萨斯那样，李嘉图认为社会已被限制在所设定的原则范围内，没有其他现实可行的选择。

有人可能会问，为什么李嘉图这一代人没有认识到建立一个积极国家的可能性呢？我想，答案很简单，因为当时距离资产阶级战胜国家的时代太近了，以至于他们无法看到国家的干预具有什么创造力。当时有超过2/3的欧洲国家依然在同腐朽的封建残余作斗争。在李嘉图这一代人看来，国家的行为就是对工业施加的令人厌恶的管制，在不同程度上还是一种政治和宗教迫害，所以，他们将国家视为需要战胜的敌人而不是需要与其结盟的伙伴；在他们的眼中，国家就是一股保护旧事物、反对新思想的力量。并且，没有现代意义上的文官可以显示行政管理技术的能力。在李嘉图所处的时代，罗伯特·皮尔爵士（Sir Robert Peel）还没有改革警察力量。国家看起来就像是一部机器，一方面保护城市生活的大量腐败行为，另一方面保护像斯宾汉姆兰制度*这样的“罪恶利益”。在李嘉图时期，可以称为社会主义（这个名词本身还没有被发明出来）[26]的事物，更像是一种心灵的呐喊，而不是一种具有凝聚力的社会学说。即使是在李嘉图之后的一个时代，由于社会主义混合了傅里叶（Fourier）和圣西门所提出的影响广泛的浪漫乌托邦主义，从而使得清醒和注重实效的人士认为，社会主义不是一个值得信仰的思想。值得记住的是，密尔直到晚年的时候才从他早期信仰的李嘉图思想中完全解放出来，并在社会主义中找到唯一能够消除苦难的方法，因为他再也忍受不了这些苦难了。[27]

其结果是在19世纪的形成期，自由主义意识形态使契约自由大放异彩（由此，就出现了这样一个冷酷的事实，即缺乏对任何资本主义企业的有效监督），并且全面和一致地拒绝承认国家是社会利益的潜在源泉。毫无疑问，当时也确有反对者存在，比如在政治学方面有奥斯特勒（Oastler）和沙夫茨伯里（Shaftesbury），在文学领域有索西（Southey）、科尔里奇（Coleridge）和卡莱尔（Carlyle）。但是，利用科学发现的成果，契约自由取得了辉煌的胜利，以至于人们已经遗忘或者不再考虑胜利所付出的代价。事实上，直到19世纪的最后1/3的年代里，也没有什么比社会主义的支持者对该学说的全然忽视更能清楚地呈现后李嘉图时代的经济学家的高亢态度，他们认为，事实上没有什么现实可行的方案能够替代契约自由的基本原理。当社会主义不能再被忽视的时候，已经为时已晚，因为此时的资本主义已经通俗化，渗入到社会结构的每一个角落和缝隙，并形成了无论如何也不会冒险牺牲的既得利益。正如凯恩斯所写的那样，它已经“绝对不具备宗教信仰的特点，既

---

* 斯宾汉姆兰制度（Speenhameland system）是对《伊丽莎白穷人法》的修正。英国卷入1793—1815年法国战争期间颁布了这一制度，这一制度允许雇主（主要是农场主）支付低于生存标准的工资，其得名于斯宾汉姆兰这一地名。——译者注

没有内部的统一，也没有多少公共精神，虽然不是永远，但也经常只是一个由有产者和财富的追求者构成的组合体”[28]。正如在《凡尔赛和约》起草时期他所预见的那样，它的基础是建立在一个原则之上，而这个原则“所依赖的是不可能令它获得重生的不稳固的心理条件”。人口在大幅度地增加，而只有很少的人能过上舒适的生活，这是不自然的事情。战争向所有人展现了消费的可能性，也向大多数人展现了禁欲的空虚。因此，骗局被揭开了。工人阶级再也不愿意放弃这么多的东西。资产阶级也不再相信自己的未来，只要还活着，他们就会尽情地享受消费的自由，从而加速了他们的财产被没收的时刻的来临。[29]

应该再附加说明一下，现实情况比凯恩斯所描绘的要严峻得多，因为尽管他的洞察力很有预见性，但他也无法预测到战后一些因素的全面影响。世界对俄国革命的态度，与其对 1790 年后的法国的态度，同样缺乏理解；在世界市场的条件下，经济民族主义将会重新发现重商主义思想的谬误，然后又强化这些谬误；债权国和债务国的关系将会瓦解世界货币体系；资产阶级即使放弃消费也找不到安全的投资地区；通过战争为民主建立一个安全的世界，将给世界上超过一半国家的民主基础造成破坏；正如法国在杜尔哥问题上所经历的那样，尝试适度的创新将使资产阶级陷入对极端保守主义经济（reactionary economy）的恐慌之中；美国的扩张也将结束；在《凡尔赛和约》签订后的十年中，对世界财富的狂热争夺产生了新的帝国主义，世界又笼罩在新的战争阴影之下。所有这一切都是那些在敌视状态结束后看到短暂希望的人很难预见到的，他们幻想，人类最终可以运用新的自由主义意识形态来解决自己的问题。

三

他们没有预见到这一点，但这却写在了自由主义的历史当中。实际上，作为一种学说，自由主义就是中产阶级在为赢得令世人瞩目的地位的努力过程中所产生的副产品。一旦获得了解放，中产阶级就会像其先驱者那样，完全忘记社会的公正主张还没有胜利实现。资产阶级遇到的危机并不是什么新鲜事物。锡格纳·德·鲁杰罗（Signor de Ruggiero）写道，资产阶级“长期以来被幸存下来的外在形式和自由主义所创造的历史制度所掩饰，在完整的外表下面掩藏着的是内部的腐朽；只有当罪恶延伸到了外表，并摧毁或分解了它的某些部分以后，资产阶级的全部危机才会显现出来”[30]。但是，这种内部的腐朽可以追溯到自由主义学说的基础。因为，正如我在这里试图要表明的那样，法国大革命前的自由主义者都只有一套否定国家的理论。对于他们来说，出于理智的原因，国家是他们试图躲开的暴君。自由主义者在获得革命胜利以后，就把国家当成了保护自身财产不受社会底层人士侵犯的手段。以后又把国家当成一种向挑战资产阶级最高地位的人分配利益的工具。这样，自由主义者可以在更大在范围内维持统治秩序。而关于对公正的需求，他们则通过提供慈善来作出回应。

毫无疑问，这样描述对那些心胸更为宽广的思想家是不公平的，比如格林、托克维尔和霍布豪斯。但是，把它看成是对作为一个整体的学说之演变所做的解释，特别是把自由主义看成是社会环境和一系列立法的表现时，这样的描述就不会有失公允了。自由主义始终受其认识倾向的影响，即认为穷人之所以失败是他们咎由自取。它总是无法认识到拥有巨额财富就意味着拥有统治男人、女人和世间万物的权力，总是无法认识到，没有经过平等协商的契约自由是没有多少意义的。它也没有尽力去领会工业对人类个性所造成的扭曲后果，即工人从一个人转变为一只“手”（这方面是非常重要的）。尤其值得注意的是它对农业的处境所产生的影响。在农村，自由主义已经开始打破大的土地财产，但它没有看到由此会产生一个农业有产阶级，这一新的阶级没有有效的经济独立手段，也没有凝聚力和闲暇时间提出改善公共事务的观点。整个自由主义哲学不过是它关注权力和自由企业家可能性的结果。自由主义的兴起与自由企业家相伴随，为此，企业家的需要对自由主义原则的形成产生了非常大的影响。毫无疑问，自由主义的目标总是用普遍的术语表达出来的，但是，在实际运行的过程中，这些术语不过是为社会中的某个阶级服务，正是这一阶级的要求主导了自由主义国家的形成过程。

事实上，由于自由主义国家形成过程中利益的介入，国家的目标受到了限制，不足以实现社会的普遍幸福。国家的基本目标就是为有产者服务。毫无疑问，自由主义通过这种方式扩展了私有制思想，将法律规定的权利赋予所有提出有效需求的人。它摧毁了人们对与生俱来的特殊权利的要求，它阻止了土地所有者在国家中对任何特权的要求。但是，它的基本范围并未超越这种成就。这可以从自由主义对待穷人的态度中体现出来，可以从它对待工会的兴起的态度中看到，也可以从它为建立教育、卫生、住房和劳动保护的公平标准所进行的必要斗争（这一斗争还远没有结束）中表现出来。鉴于自由主义国家的本质，所有的问题都最终会涉及建立自由主义国家的根本动机，即追逐利润的动机。

正是为了创造利润，自由主义者打破了中世纪基督教共和体所制定的规范；正是为了阻止对其发展机会的干预，他们建立了立宪政府；也正是出于同样的动机，在经历了一个半世纪的艰苦斗争以后，自由主义承认了宗教宽容的经济必要性。正如功利主义所表现的那样，即使在自由主义信徒接受（至少在理论上接受）可以在更广泛的范围内使用的标准并且在他们运用这些标准的时候，他们也始终假定，商人就是麦考利所说的中产阶级，是“人类的自然代表”。作为一个组织化的社会，除了创造财富以外，自由主义国家在根本上没有其他明确的目标；除了获取财富的能力，没有什么标准来衡量国家的职能和地位。例如，在英国，在刚开始的时候，自由主义允许偶尔有一位诗人、科学家或医生获得上议院的席位，但到19世纪中期以后，自由主义便将商人提到与上议院议员同等的地位，从而使上议院的规模扩大了一倍。自由主义将中世纪手工业者的地位贬低为工厂的一只“手”，或者是看管机器的人，所以，它认为，一个“成功”的人就只能是创造财富的人。自由主义已经痴迷于自己的物质财富，以至于无法认识到其他任何形式的成功。

自由主义认为，创造利润就是社会的根本动因，所以，为了实现这一目标，它被迫对人类的关系施加影响。这就意味着需要阶级国家（class-state）运用最高强制权力，将可以产生利润的社会条件强加到所有人身上。不仅如此，由于人们本能地为自己的生活观念寻找一个道德基础，所以，道德和宗教也被自由主义拿来为其服务。对于狄更斯在《艰难时事》（*Hard Times*）中所描述的残酷现实，麦考利可以不屑一顾，认为这是“一个过分的、动人的、令人心裂的故事，剩下的就是沉闷的社会主义”[31]。这就是19世纪的典型特征。到了90年代，一位美国著名大学的代表可以在基金会上发言，反对在大学中教授社会主义，因为他认为社会主义是对一些人士的不恰当的攻击，而这些人的慷慨行为促进了社会主义的出现。[32]这也是19世纪出现的代表性观点。私有财产的权利观念已经深入人心，所以伯纳德告诉我们，即使是像亨利·西奇威克（Henry Sidgwick）这样善意和持怀疑态度的人，都以不道德为借口在不列颠协会（British Association）中拒绝倾听土地国有化的呼声。[33]萨克雷（Thackeray）、特罗洛普（Trollope）、巴尔扎克（Balzac）、普鲁斯特（Proust）、阿诺德（Arnold）和贝内特（Bennett）为我们描绘的都是生活在残酷社会现实中的人。索姆斯·福赛特（Soames Forsyte）、巴比（Babbit）、克莱亨厄（Clayhanger）和庞德罗沃（Ponderovo）也没有为我们建立一个公平正义得到认可和伸张的世界。

毫无疑问，作为一种思想，自由主义试图超越它所依赖的生存环境。自由主义被人们急切宣导，有助于缓解它所帮助建立的社会的所有负面结果。而一旦自由主义作为一种启发制度习惯的精神，试图影响制度的根本变革，它将发现自己命中注定会成为自身目标的囚徒。因为那些为自由主义服务的人，不相信自己的主张可以同目标相分离。他们所看到的通常是自由主义所创造的成就，而从来没有对等地看到人们为自由主义所付出的代价。他们已经习惯于以征服者的身份自居，以至于和他们的先驱者一样，不愿意放弃他们相信自己所享有的“自然统治权利”。因为他们活着，所以他们就有思想；在他们看来，在他们成功之际，对他们生活的批评仅仅是失败人士的无知攻击而已。

在追求权威的过程中，自由主义者发动了战争和革命，而这些他们已经记不起来了，或者说是他们选择忘记这些事情。曾经有一段时间，他们也追求理解、正义和怜悯，不过他们对这些也回忆不起来了。恰当地说，自由主义者所追求的自由，是不对他们的绝大多数同胞开放的，这点很少能够进入他们的思考范围。他们不认为一个正义的社会要么意味着人们对公共福利财富拥有平等的权利，要么意味着收入差异至少应该同公共财产相适应才是正当的。自由主义非常乐意地认为，一个追逐利润的社会就会创造可观的财富，由此就可以用物质上的让步来收买对手，这就如同科学家将自己的发明成果奉献给了人类一样。在这种观念的影响下，他们就无法预见到生产力同生产关系将会产生深刻的矛盾，这种矛盾会危及已经塑造了他们生活习惯的连续性。19 世纪的发展历程已经预示着这种矛盾的到来。但是，绝大多数的自由主义者都拒绝采取措施来减轻这种矛盾所产生的危害。

所以，当矛盾发生的时候，自由主义者还没有为它的到来做好准备。和前辈们一样，他们也陷入了愤怒的恐慌之中，并且坚信，只要能够保留他们的特权，任何高昂的代价都可以付出。即使需要付出的代价是摧毁自由主义精神，他们也会毫不迟疑地证明这种牺牲是正当的。他们宣称，这种牺牲是为了共同的幸福，是为了维持秩序，为了保护文明生活。他们不承认社会中充满活力的原则已经是穷途末路。即使证据就鲜明地摆在眼前，他们仍不相信人类已经准备在新型人际关系的基础上建立一种新的社会秩序。他们有权在战争与和平之间做出选择，但是，他们彻底地被追逐利润的动机束缚着，以至于他们以博爱的名义，盲目地选择了战争，而未能认识到，他们所宣称的博爱只不过是贪婪而已。因此，同 16 世纪一样，人类似乎进入了一个漫长的冬天。我们只能从对下一代的期望中获得一些慰藉，期望着下一代人能够发现这一严酷的序幕将导向一个更加明媚的春天。

【注释】

[1] 关于 de Maistre，参见我的 *Problem of Sovereignty*（1917），Chapter V。

[2] 参见我的 *Authority in the Modern State*（1919），Chapter III。

[3] Sismondi 的最重要的文章是 *Nouveaux Principes d' Economie Politique*（1819）和 *De la Richesse dans ses rapports avec la population*（1820）。在他的思想

同 Herrenschwand 的著作——*De l'Economie Politique Moderne*（1786）——的关系中出现了一个有趣的问题。Buret 的主要著作是 *De la Misère des classes ouvrieres en Angleterre et en France*（1842）。目前尚未对这两个议题进行过充分讨论。

［4］关于孔德的政治思想，参见 Alengry，*La sociologie de Comte*（1910）and R. H. Soltau，*French Political Thought in the Nineteenth Century*（1931），Chapter VIII。

［5］对于 Coleridge 的政治思想，参见 Cobban，*op. cit.*。Macaulay 在其论文中对 Southey 的 *Colloquies* 的分析是非常有代表性的。

［6］Cf. E. Barker，*Political Thought in England from Herbert Spencer*（1914），Chapters II and IV and Crane Brinton，*English Political Thought in the Nineteenth Century*（1933），Chapter IV. 格林的根本思想体现在他的著名演讲 *Liberal Legislation and Freedom of Contract*（1881）中，收录在 *Collected Works*，Vol. III，p. 315。Matthew Arnold 的立场在他有关民主和平等的论文中有很好的总结，参见 *Mixed Essays*（1879）；*Friendship's Garland*（1871）。

［7］对托克维尔思想的概括性的总结，可参见我的演讲 *Some Representative Political Thinkers of the Victorian Age*（ed. Hearnshaw）（1933）。对托克维尔的最好论述是 P. Marcel 的 *Essai Politique sur Tocqueville*（1913）。

［8］特别参见 Bernard Shaw 给 *Fabian Essays* 重印版写的序言，现在已经收到他的作品中：*Works*（1931），Vol. 30，p. 299f。也可参见他为 E. R. Pease 的 *History of the Fabian Society*（1916）所加的注释，p. 258。

［9］Cf. my *Democracy in crisis*（1933）.

［10］*Vues sur la propriété et la legislation*，ed. Rodrigues（1832），p. 255.

［11］Ibid.，p. 257.

［12］*Recollections*（Eng. ed. 1896），pp. 99－102.

［13］Cf. my *State in Theory and Practice*（1935），pp. 188ff.

［14］参见我于 1936 年 1 月 14 日在 *Manchester Guardian* 上发表的评论。

［15］295 U. S.，495.

［16］*Railroad Broad* v. *Alton R. R.*，295 U. S.，330. 关于这个问题，参见 T. R. Powell 在其著名的文章：49 *Howard Law Review*，I 第 193 页所作的评论。

［17］*Hammer* v. *Degenhart*，247 U. S.，251.

［18］参见 Justice Holmes 所提出的著名异议，见 *Lochner* v. *New York*，198 U. S.，45，74。

[19] 参见 Justice Holmes 的观点，见 *Noble State Bank* v. *Haskell*，219 U.S.，104。

[20] *U. S.* v. *Schecter ut supra at* p. 503.

[21] 关于最高法院和它的功能，现在有很多文章，我特别贸然地从中参考了相关的文献：E. S. Corwin，*The Twilight of the Supreme Court*（1935）；L. B. Boudin，*Government by Judiciary*（1932）；以及 Brooks Adams 的著名作品 *The Theory of Social Revolutions*（1913）。

[22] No. 10.

[23] 1842 年 3 月 3 日的演讲。

[24] Cf. his *Works*，Vol. III，p. 109f；Maine，*Popular Government*（1885）。

[25] 参见我的 *Authority in the Modern State*（1919）一书第四章中论及 Roger-Collard 的内容。Guizot，E. Faguet 在他的著作中有一篇出色的文章，参见 *Politiques et Moralistes*（1896），Vol. I，p. 307。

[26] 它第一次是刊登在 1827 年的 *The Co-operative Magazine* 上。参见 M. Beer，*History of British Socialism*，（1919），Vol. I，pp. 185-187。

[27] 关于密尔向社会主义的转变，参见 L. Stephen，*English Utilitarians*，III，pp. 224-237。

[28] *Essays in Persuasion*（1931），p. 306.

[29] *The Economic Consequences of the Peace*（1919），p. 165.

[30] *History of European Liberalism*（Trans. Collingwood，1927），p. 417.

[31] G. O. Trevelyan，*Life and letters of Lord Macaulay*（Nelson's ed.），Vol. II，p. 382.

[32] Joseph Dorfman，*Thorstein Veblen and his America*（1935），p. 122f.，esp. pp. 133-134.

[33] Pease，*op. cit.*，p. 258.

当代世界学术名著·政治学系列

现代政治分析（第六版）	[美] 罗伯特·A·达尔 等
论民主	[美] 罗伯特·A·达尔
民主及其批判	[美] 罗伯特·A·达尔
美国宪法的民主批判（第二版）	[美] 罗伯特·A·达尔
复合共和制的政治理论（第三版）	[美] 文森特·奥斯特罗姆
使民主运转起来	[美] 罗伯特·普特南
民族—国家与暴力	[英] 安东尼·吉登斯
现代性与自我认同	[英] 安东尼·吉登斯
社会的构成	[英] 安东尼·吉登斯
制度激励与可持续发展	[美] 埃莉诺·奥斯特罗姆
第三波：20 世纪晚期的民主化浪潮	[美] 塞缪尔·P·亨廷顿
民主政体的崩溃	[美] 胡安·林茨
欧洲自由主义的兴起	[英] 哈罗德·J·拉斯基
民主理论的现状	[美] 伊恩·夏皮罗
资本主义与社会民主	[美] 亚当·普热沃尔斯基
美国注定领导世界？——美国权力性质的变迁	[美] 约瑟夫·S·奈
伟大的社会转型：20 世纪的经济思想与制度变迁	[美] 马克·布莱思
遏制民族主义	[美] 迈克尔·赫克特
利益集团社会（第 5 版）	[美] 杰弗里·M·贝瑞 等
论全球秩序：权力、价值和国际社会的构成	[英] 安德鲁·赫里尔
正义的制度：全民福利国家的道德和政治逻辑	[瑞典] 博·罗思坦

图书在版编目(CIP)数据

欧洲自由主义的兴起/(英)拉斯基著；林冈，郑忠义译．—北京：中国人民大学出版社，2012.6
(当代世界学术名著·政治学系列)
ISBN 978-7-300-15796-2

Ⅰ.①欧… Ⅱ.①拉…②林…③郑… Ⅲ.①自由主义-研究-欧洲 Ⅳ.①D095

中国版本图书馆 CIP 数据核字（2012）第 101082 号

当代世界学术名著·政治学系列
欧洲自由主义的兴起
［英］哈罗德·J·拉斯基（Harold J. Laski） 著
［美］约翰·L·斯坦利（John L. Stanley） 新序
林 冈 郑忠义 译
欧阳景根 校
Ouzhou Ziyouzhuyi de Xingqi

出版发行	中国人民大学出版社		
社 址	北京中关村大街 31 号	**邮政编码**	100080
电 话	010－62511242（总编室）		010－62511398（质管部）
	010－82501766（邮购部）		010－62514148（门市部）
	010－62515195（发行公司）		010－62515275（盗版举报）
网 址	http://www.crup.com.cn		
	http://www.ttrnet.com（人大教研网）		
经 销	新华书店		
印 刷	北京联兴盛业印刷股份有限公司		
规 格	155 mm×235 mm 16 开本	**版 次**	2012 年 6 月第 1 版
印 张	14 插页 2	**印 次**	2012 年 6 月第 1 次印刷
字 数	198 000	**定 价**	39.80 元